创造价值的根因分析
与问题解决之道

——成为根因分析与问题解决高手

郭 彬 黄德悦 郑贤斌 靳 诚 宋树林 著

机械工业出版社

本书总结了作者二十余年在工作中实践过、学习过、思考过的关于根因分析与问题解决的思路、方法、工具、流程、文化、沟通协作和经验教训等，并分享了大量案例以便读者切实理解。本书共八章：第一章介绍根因分析与批判性思维；第二章说明What型和Why型根因分析；第三章阐述根因分析之文理科方法；第四章分析根因分析之因果关系；第五章讨论刨根问底之5Why法；第六章探讨Why之一二三四五；第七章研究问题解决之倒漏斗法；第八章论述建立问题解决管理体系；之后，还给出了附录。

　　本书适合生产制造企业的工程师、流程设计人员、各级管理人员，以及从事质量管理工作的相关人员阅读。

图书在版编目（CIP）数据

创造价值的根因分析与问题解决之道：成为根因分析与问题解决高手/郭彬等著. —北京：机械工业出版社，2022.1（2023.6重印）
ISBN 978-7-111-69511-0

Ⅰ.①创⋯　Ⅱ.①郭⋯　Ⅲ.①质量分析　Ⅳ.①F273.2

中国版本图书馆CIP数据核字（2021）第225050号

机械工业出版社（北京市百万庄大街22号　邮政编码100037）
策划编辑：王　欢　　责任编辑：王　欢
责任校对：王　欣　　封面设计：严娅萍
责任印制：单爱军
北京虎彩文化传播有限公司印刷
2023年6月第1版第3次印刷
169mm×239mm・18.25印张・313千字
标准书号：ISBN 978-7-111-69511-0
定价：68.00元

电话服务　　　　　　　　　网络服务
客服电话：010-88361066　　机 工 官 网：www.cmpbook.com
　　　　　010-88379833　　机 工 官 博：weibo.com/cmp1952
　　　　　010-68326294　　金　书　网：www.golden-book.com
封底无防伪标均为盗版　　　机工教育服务网：www.cmpedu.com

推 荐 序

我是美国质量协会（American Society of Quality，ASQ）的院士。在2020年退休之前，我已经在福特汽车公司工作了28年。我在福特公司担任过各种技术和领导职位，包括福特中国质量和新车型投产副总裁、福特亚太质量和新车型投产副总裁、福特全球质量技术首席负责人和技术顾问委员会成员。我很荣幸能为本书作序。

根据美国学生奖学金组织网站（StudentScholarships.org）的说法，"工程师们应该拥有应用科学和数学的原理来为技术问题开发经济的解决方案的能力"。而在解决这些问题的过程中，进行根本原因分析是关键的一步。本书就是为根本原因分析而编写的。本书涵盖了技术问题和非技术问题的根本原因分析的各种方法。作者从三个维度对根本原因进行了剖析，每个维度有两个方面，共八种组合原因。分析方法应用了演绎和归纳总结等科学方法，对流行的六西格玛分析方法也阐述了自己独特的观点和经验。本书包括了大量的案例研究，并总结了一百多个图表。我非常欣赏作者不仅有多年解决问题的经验，而且能活学活用各种解决问题和分析根本原因的方法。

基于我多年在解决问题方面的经验，我强烈向各位工程师、经理和问题解决者推荐本书。通过实践本书所述之"道"，读者将获取和发展属于自己的根本原因分析的专业知识和能力，并为他们的工作和专业领域做出贡献。

周建华博士
美国质量协会院士
福特中国质量和新车型投产前副总裁

前　言

成为根因分析与问题解决的高手
（From Know-why to Know-how）

根因分析（即根本原因分析，本书简称为根因分析）与问题解决是每个人的必修课。在生活与工作中，时时刻刻都会遇到大小不同、缓急各异的各类问题。其中，有些次要问题、暂时性问题可以不用理会，它们大多会随着时间的流逝而消失，但有的问题必须正视和解决。解决小问题收获小成长，解决大问题收获大成长；通俗地说就是，"解决小问题发小财，解决大问题发大财"。

解决问题，不仅要应急处理，还要根除问题，并且设法预防类似问题的再次发生；就如同治病，不仅要应急对症，还要根治病灶、根除病因，并持续做康复防病、保健养生，是进行三位一体的改进。

问题，包括哪些种类呢？我认为问题主要有以下四类：

第一类问题是有标准答案的，如小学数学关于1+1等于几，或者一段文字有多少个标点符号，或者速度乘以时间等于距离等问题。

第二类问题是思辨类的，如人活着有什么意义，或者人为什么要掌握根因分析与问题解决的技能等问题。

第三类问题是指产品或服务指标与标准有差距而导致产品或服务不满足要求，因而不满足客户要求，如常见的产品质量问题，或者餐馆里的菜夹杂着小虫子，或者大学考试成绩不及格等问题。

第四类问题是指现状满足标准要求，但与预期的理想值或者目标值有差距，因而不满足股东要求。比如，公司今年利润率是5%，但离公司10%的预期目标有差距；或者某个大学生考试成绩的平均分是80分，但离其预期的88分有差距；或者产品性能指标都满足设计规格，但与竞争对手的产品性能有差距。

本书主要针对第三类和第四类问题，特别是第三类问题，通过根因分析，寻找$Y=F(X_s)$的因果关系，以及导致问题Y的关键原因X_s，并针对X_s进行改进，恢复Y的正常水平；或者提高Y的绩效水平，同时能够有助于其他Y_s的改进和提高。

本序言副标题中的"From Know-why to Know-how",可以理解为"从知因到应对""从知缘到解缘""从调研到决策""从诊断到治疗"。具体来说有以下三个含义。

第一个含义:面对问题,通常情况下需要知道问题为什么会发生,因此,要有根因分析、必须"Know-why"、必须"了解为什么"。同时,在搞明白问题产生的原因后,需要知道如何解决问题,解决问题必须"Know-how",必须"知道怎么办"。

第二个含义:"Know-why"是认清问题根因和本质的底层逻辑,是"知其所以然"。"Know-how"是在工作中积累的经验技能,以及驾轻就熟解决问题的技巧,是"知其然"。作者在西门子公司工作时发现同事们十分重视"Know-why",即积累的知识、经验和诀窍等。对于像西门子这样人员稳定性较高的企业而言,员工掌握"Know-how"相对比较管用,但同时需要应用"Know-why"优化"Know-how"。

第三个含义:"Know-why"和"Know-how"是培养批判性思维的关键元素和思考方式,可以参考《学会思考》上李开复的推荐语:

1)多问"How",不要只学知识,要知道如何实践应用;

2)多问"Why",突破死背知识,理解"为什么是这样"之后才认为学会了;

3)多问"Why not",试着去反驳任何一个想法,无论你真正如何认为;

4)多和别人交流讨论,理解不同的思维和观点。

根因分析与问题解决太重要了,相关技术标准我就学习过下面四种:

标准 AS/NZS IEC 62740:2015《Root Cause Analysis》(根因分析),由国际电工委员会(International Electrotechnical Commission,IEC)发布。

标准 CQI-10《有效解决问题》(*Effective Problem Solving*),由美国汽车工业行动小组(Automotive Industry Action Group,AIAG)发布。

标准 EN 9136:2018《航空航天部门 根因分析与问题解决》(*Aerospace Series. Root Cause Analysis and Problem Solving*),由欧洲标准化委员会(Comité Européen de Normalisation,CEN)发布。

标准《解决问题的 8D 法》(*8D-Problem Solving in 8 Disciplines*),由德国汽车工业协会(Verband der Automobilindustrie,VDA)发布。

关于根因分析与问题解决的通识类书籍就更多了,如就职于麦肯锡的高杉尚考的著作《麦肯锡问题分析与解决技巧》，如用故事形式写的关于问题解决的书籍《你的灯亮着吗？——发现问题的真正所在》，如畅销书《史上最简单的问题解决手册》等。

关于根因分析与问题解决的方法很多，市面上通用的方法就有六西格玛方法、8D方法、QCC方法、谢宁DOE（Red X）方法以及创新性方法TRIZ等。另外，一些知名企业，如麦肯锡、丰田、IBM、西门子等，都有自己特定的持续改进方法。

上述诸多关于根因分析与问题解决的标准、书籍或方法，有的理论性太强，有的仅是关于某一个狭窄领域的知识或方法，有的"包装过度"而实用性欠缺。

而我在根因分析与问题解决的企业实践中，看到诸多问题。

首先，根因分析方面存在的典型问题有，分析的思路不清晰；一团乱麻不知道如何分析；分析过程太烦琐；照葫芦画瓢、误入歧途；带着偏见分析原因；以偏概全等。从而导致原因找不到，找不准，找不全，找不深，找不对。

其次，在问题解决方面存在的典型问题有，未做根因分析就采取对策，或者采取的对策治标不治本，或者不知道如何采取对策等。这些问题主要是由于根因分析方面的问题导致的。当然，有个别问题，即使找到根本原因也未必能够解决，如遇到技术瓶颈未能突破，或者某些个人因素的问题不能突破。

我1999年从电子科技大学毕业后到三洋华强工作，一开始就接受了正规的根因分析与问题解决方法培训，并在工作中学习应用。2000年接受六西格玛黑带培训，后来陆续地深入学习、实践和总结各种解决问题的方法和理论，"学思用"各种解决问题的理论、方法和技能。

基于上述客观的和主观的原因，2019年我决定第三本书就写根因分析与问题解决方面的内容，把关于流程管理方面的书往后排。我试图把这二十余年在工作中实践过、学习过、思考过的关于根因分析与问题解决的思路、方法、工具、流程、文化、沟通协作，以及经验教训等总结出来，分享给大家。

本书有八章：第一章根因分析与批判性思维；第二章What型和Why型根因分析；第三章根因分析之文理科方法；第四章根因分析之因果关系；第五章刨根问底之5Why法；第六章Why之一二三四五；第七章问题解决之倒漏斗法；第八章建立问题解决管理体系。

读者最好能够按顺序阅读本书，因为书中有些概念是我总结归纳提出的，或者是一般的书籍或资料介绍的方法论很少提及的，所以按顺序阅读容易理解本书内容。当然，读者根据喜好直接阅读后面的章节也可以，遇到不明白的概念时，翻看前面的相应章节即可。

因为精力、知识和能力有限，书中难免有错误或者偏颇之处，敬请各位读者朋友雅正。

希望书中实实在在的"砖头"能够引出您聪明大脑中的"灵机"，经过您的"巧手"，结出美丽的"果实"。

知乎的专栏"北美求职"列出了2020年最受雇主看重的十项技能，前五项分别是复杂问题解决能力、批判性思考能力、创造力、人员管理能力和团队协作能力。希望本书能够为您的关键能力提升和职业发展助一臂之力。

根因分析与问题解决对公司来说也至关重要。大家都知道华为公司最著名的是集成产品研发（Integrated Product Development，IPD）流程，这是华为业务流程中的第一大核心业务流程，解决了产品研发混乱低效及系列后遗症的问题。华为第二大核心业务流程是从线索到现金（Lead To Cash，LTC）流程，是从市场机会、销售、订单、生产、交付一直到回款变现等端到端的全流程，解决了市场、技术、供应链甚至外部供应商等端到端协同的问题。华为第三大核心业务流程是从问题到解决（Issue To Resolution，ITR）流程，是针对发生的问题进行根因分析和实施解决，并彻底解决和关闭问题的流程。

可见，公司有问题不是问题，没有问题才是问题。把问题当作向上攀登的阶梯，把问题当作机会，这就是公司进步的力量！

本书的共同作者黄德悦先生、郑贤斌博士、靳诚先生和宋树林博士，都是各领域的优秀代表，为本书贡献了诸多智慧和素材。感谢刘东升先生为本书认真审校，并提供了宝贵的修改建议。感谢孟祥明和宋荆汉先生提供的经典案例。感谢编辑王欢先生专业的建议和出版策划。感谢我亲爱的家人的鼓励与支持。下面借用刘工赠送的小诗为自己鼓励，并再次感谢刘工。

寂静黑夜，寒冷清晨，

脑力激荡，态度端正，

才疏学浅，偏颇难免，

敬请指正，奋力前进。

郭彬

微信：bretGB

邮箱：bin.guo@marstd.com

公司网址：www.marstd.com

郭彬老师主讲精品课程/咨询项目

1. "根因分析与问题解决能力提升"
   - 参考著作《创造价值的根因分析与问题解决之道》
2. "质量管理人员综合能力提升"
   - 参考著作《创造价值的质量管理（实战）》
3. "TQM 质量领导力与 ZDC 质量执行力"
   - 参考著作《质量管理领导力》

郭彬老师推荐精品课程/咨询项目

1. "国产化电子元器件（含芯片）可靠性改进"
   - 获得北京市政府多项奖章的电子元器件领域专家主要负责
2. "可靠性设计、测试与工程化方法"
   - 北大硕士、曾服务多家世界 500 强企业，具有丰富可靠性工作实战经验的专家主要负责
1. "研发流程 IPD 场景化应用与实战"
   - 华为前 IPD 及研发质量专家主要负责
2. "研发质量管理体系化与工程化实战方法"
   - 华为前 IPD 及研发质量专家主要负责
3. "研发质量、效率与绩效管理 GIT 二次开发"
   - 华为软件开发与项目管理外部咨询退休专家主要负责
4. "六西格玛改进或设计"
   - 《六西格玛管理统计指南》合著者、曾服务于世界 500 强公司的黑带大师（MBB）主要负责

北京汇航科技有限公司 WWW. MARSTD. COM

研发-质量-可靠性-软件

联系微信：bretGB　助理微信：avay2016

目　　录

推荐序
前言

第一章　根因分析与批判性思维 ·· 1
　第一节　根因分析是什么 ··· 2
　第二节　根因分析有什么用 ··· 3
　　一、根因分析用于问题分析 ··· 3
　　二、根因分析用于决策分析 ··· 4
　　三、根因分析用于提高应变能力 ··· 7
　　四、根因分析用于训练批判性思维 ··· 9
　　五、根因分析用于提高思维层次 ·· 28

第二章　What 型和 Why 型根因分析 ·· 31
　第一节　定期报告的分析方法 ·· 32
　　一、定期报告的常见问题诊断 ·· 32
　　二、What 型和 Why 型原因 ·· 37
　　三、根因分析的"假设"方法 ·· 39
　　四、定期报告的分析流程 ·· 42
　　五、真正用好 20/80 定律 ·· 45
　　六、锁定问题关键的方法 ·· 48
　第二节　"非马后炮"的根因分析 ·· 52
　第三节　根因分析的逻辑思路 ·· 54
　第四节　必须进行根因分析吗 ·· 59

第三章　根因分析之文理科方法 ·· 62
　第一节　文理科问题的根因分析 ·· 63
　第二节　根因分析的五个方法 ·· 69

一、正向演绎逻辑方法 ·· 69
　　二、头脑风暴法 ·· 79
　　三、逆向归纳总结方法 ·· 83
　　四、假设验证法 ·· 89
　　五、三现法 ·· 92
　　六、RCA 五星法 ·· 93
　第三节　克服根因分析的两种困难 ···································· 94

第四章　根因分析之因果关系 ·· **96**
　第一节　根因分析的概念 ·· 97
　　一、客观原因及主观原因 ·· 97
　　二、阿波罗行为原因和条件原因 ·································· 99
　　三、普通原因和特殊原因 ······································· 102
　第二节　因果关系的特点 ··· 106
　　一、因果关系与相关性 ··· 106
　　二、因果关系与条件关系 ······································· 107
　　三、因果关系的协变和机制属性 ································· 114
　第三节　因果关系的进一步探讨 ····································· 119
　　一、原因的原因是原因吗 ······································· 119
　　二、人的短板是不成功的原因吗 ································· 121

第五章　刨根问底之 5Why 法 ······································· **123**
　第一节　5Why 法的基本概念 ······································ 124
　　一、丰田精益之 5Why 法 ······································· 124
　　二、小工具的大作用 ··· 124
　　三、为什么要问为什么 ··· 127
　第二节　5Why 法的应用 ··· 130
　　一、5Why 法应用中的七个问题 ·································· 130
　　二、5Why 法应用中的七种失误（坑） ···························· 135
　第三节　对 5Why 法的两个补充 ···································· 144
　　一、0.5Why 法的奥秘 ·· 144

二、5Why 法与 FTA 法的区别和联系 ·············· 147

第六章　Why 之一二三四五 ·············· **151**
第一节　3×5Why 法 ·············· 152
一、3×5Why 法与 5Why 法 ·············· 153
二、为什么做 3×5Why 分析 ·············· 155
三、如何分析 3×5Why ·············· 156
四、结构化八类原因 ·············· 159
五、3×5Why 法的实质是 4×5Why 法 ·············· 166
六、3×5Why 法的模板和应用 ·············· 167
七、3×5Why 法之 3×5Why 分析 ·············· 169
第二节　深入认识 3×5Why 法 ·············· 171
一、3×5Why 法递减效应 ·············· 171
二、3×5Why 法与企业文化 ·············· 172
第三节　Why 之一二三四五八万 ·············· 176

第七章　问题解决之倒漏斗法 ·············· **179**
第一节　漏斗法 ·············· 180
第二节　倒漏斗法 ·············· 191
一、纠正行动、纠正措施和预防措施 ·············· 200
二、培养"扁鹊"和"扁鹊哥哥" ·············· 203
三、问题解决的三个层次 ·············· 206
第三节　问题解决的创新性方法 ·············· 207

第八章　建立问题解决管理体系 ·············· **214**
第一节　问题解决的常见问题 ·············· 215
一、错误的问题解决方式 ·············· 215
二、问题解决"失能" ·············· 217
三、问题解决"失明" ·············· 219
四、问题解决"缺魂" ·············· 221
第二节　抓问题解决的基本要素 ·············· 222
一、问题解决的方法论 ·············· 222

二、问题解决的工具……………………………………………………… 230
　　三、问题解决的流程……………………………………………………… 234
　　四、问题解决的文化……………………………………………………… 240
　　五、问题解决的能力……………………………………………………… 245
　第三节　建立 1125 持续改进管理体系…………………………………… 247

附录………………………………………………………………………… **255**
　附录 A　复杂问题的故障树定性分析与定量分析…………………… 255
　附录 B　一起司法案件的根因分析…………………………………… 266
　附录 C　软件 Bug 的根因分析………………………………………… 268
　附录 D　缩略语………………………………………………………… 273

后记………………………………………………………………………… **277**

第一章 根因分析与批判性思维

第一节 根因分析是什么 ………………………………………… 2
第二节 根因分析有什么用 ……………………………………… 3
 一、根因分析用于问题分析 …………………………………… 3
 二、根因分析用于决策分析 …………………………………… 4
 三、根因分析用于提高应变能力 ……………………………… 7
  案例1：围城打援 …………………………………………… 7
 四、根因分析用于训练批判性思维 …………………………… 9
  （一）根因分析法看破成功学 ……………………………… 9
  （二）根因分析法剖析专家观点 …………………………… 10
  案例2：木桶理论的剖析 …………………………………… 11
  案例3：每天进步1%的剖析 ……………………………… 13
  案例4：稻盛和夫经营哲学的剖析 ………………………… 14
  （三）根因分析法剖析经典著作 …………………………… 15
  案例5：《从优秀到卓越》的根因分析 …………………… 16
  （四）根因分析法避免"幸存者偏差" …………………… 24
  案例6：幸存飞机的根因分析 ……………………………… 24
  （五）根因分析法助力诺贝尔科学家 ……………………… 26
  案例7：诺贝尔科学家的根因分析过程 …………………… 26
 五、根因分析用于提高思维层次 ……………………………… 28
  案例8：森林大火模型 ……………………………………… 28

  作为本书第一章，本章主要介绍根因分析的基本概念，以及根因分析的主要用途，并希望能够帮助读者朋友们在日常生活与工作中建立起应有的批判性思维模式。
  本章包括两部分内容：
  第一节介绍根因分析的概念。
  第二节介绍根因分析的五个主要用途，即根因分析用于问题分析、决策分析、提高应变能力、训练批判性思维以及提高思维层次。其中，针对批判性思维做了详细论述，并从五个方面的现象和案例进行剖析和展开，包括成功学、专家观点、经典著作、"幸存者偏差"现象和诺贝尔科学奖等案例。

> 几乎每个人每天都要做根因分析，但是不同人在做根因分析时，可能思路不一样，方法不一样，分析的深度和广度不一样。
>
> 如果不做根因分析，或者不会做根因分析，看见的事物更多流于表象或有局限，看不清本质、看不到全局，或者抓不住关键，甚至脑袋一团浆糊；很容易轻信某些似是而非的观点、说教，甚至容易被一些人忽悠。
>
> 而善于做根因分析的人，更容易抓住问题本质、看清事物全局，这更有利于问题解决，更有利于把好钢用在刀刃上，同时有助于提升批判性思维水平。虽然，善于做根因分析的高手，在复杂、暂时不了解的事物面前，短时间内偶尔也有可能看走眼、判断失误。但是，如果不善于做根因分析，那么即使面对很多基本问题都可能看走眼。

第一节　根因分析是什么

根因分析（Root Cause Analysis，RCA）起源于美国海军核部门。1979年三里岛核事故，之后美国国家试验室对核反应堆操作研究进行审查，促使根因分析法在核工业及政府核武器研究领域得到了广泛的传播。经过几十年的发展，根因分析法已广泛应用在工业及服务业等，同时覆盖了技术和管理领域。

根据百度百科的解释，根因分析法是一项结构化的问题处理法，用以逐步找出问题的根本原因并加以解决，而不是仅关注问题的表征。根因分析法是一个系统化的问题处理过程，包括确定和分析问题的原因，找出问题的解决办法，并制定问题的预防措施。在组织管理领域内，根因分析能够帮助利益相关者发现组织问题的症结，并找出根本性的解决方案。

从上述介绍可以得知，根因分析法不仅包括对问题进行根因分析，而且要在分析之后提出问题的解决办法，并制定相应的预防措施。本书把根因分析与问题解决当成两个不同的但有关联的活动，分别加以介绍。

上述内容只是对根因分析法做了笼统解释，并不深刻。我认为根因分析需要分析输入和输出之间的因果关系，只有找到了根本原因，找准了输入和输出之间的根本因果关系，才是根因分析。

对规则性强、逻辑性强或原理性强的事物，如物理学中的力学、电磁学等问题，因果关系可以用 $Y=F(X_s)$ 表示，而且此函数关系很确定。日常生活和工作中的管理问题和创新性问题，也有因果关系，也可以用 $Y=F(X_s)$ 表示，但输出 Y 和输入 X_s 之间有一些不确定性及动态性，不同场景、不同环境、不同目的等会有不同的"函数关系"。

因此，根因分析即是某种形式上的因果推理，而因果推理是"宇宙的结合剂"，这是哲学家大卫·休谟（David Hume）说的。"因果关系对于理解几乎所有的学科都是必须的""因果关系是理解所有形式的科学推理的关键"，这是戴维·H.乔纳森教授在《学会解决问题》一书中总结的。因此，根因分析和因果推理非常重要，不仅对学习非常重要，而且是训练批判性思维和逻辑推理的利器，也是解决问题的重要前置条件。

世界上没有后悔药卖，人为什么会后悔呢？其实是因为之前没有做好 $Y=F(X_s)$ 的因果关系分析，所以前期做了些错事，等到造成不良结果后才幡然悔悟。如果早期就明白了 $Y=F(X_s)$ 的因果关系，通过正在做的事情 X_s 预测后期的结果 Y，那么很多人就会减少甚至避免犯错。所以才有一句佛家名言"菩萨畏因，众生畏果"。因此，大家训练好了根因分析能力，也可以助力自己的人生成长。

有关因果关系的内容，本书第三章还会详细论述。

第二节 根因分析有什么用

一、根因分析用于问题分析

一般而言，根因分析是从问题出发寻找原因。根因分析有两个原则，总结为八个字"横向到边，纵向到底"。横向到边是指，针对问题寻找原因时，从横向上要把所有的直接原因找全；然后，再针对所有第一层直接原因从纵深方向上深挖到底，即纵向到底。下图是根因分析的示意图。纵向分析也是因果推理的过程，从最上层的结果推到最深层的根本原因；中间的原因有两个"角色"，既是上层结果的原因，又是下层原因的结果。

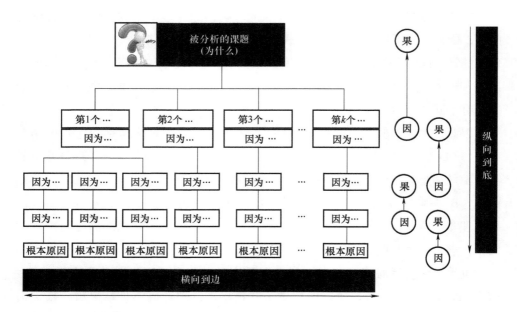

根因分析的主要过程如下：

第一，对被分析的课题或问题询问为什么，然后寻求最直接的答案。直接原因有时候不止一个，因此需要在做第一层根因分析时把有因果关系的原因找全，一个都不能漏。数学逻辑的表达方式为 $Y = F(X_{s1}, X_{s2}, X_{s3}, \cdots, X_{sk})$，即把所有影响结果 Y 的因子 X_s 都找全。

第二，对第一层找出的原因，再继续深挖下一层次的有因果关系的原因，直到找到最末端的因素或条件为止。末端因素或条件就叫根本原因。

从问题出发寻找根本原因的逻辑大致是这样的：为什么有 Y 问题（结果），因为 X_{s1}、X_{s2}、X_{s3}，一直到 X_{sk} 问题（原因）；然后问为什么有 X_{s1} 问题（结果），因为有 X_{s11}、X_{s12} 及 X_{s13} 问题（原因）等；用同样方法询问 X_{s2}、X_{s3} 的原因。这样横向和纵向不断地寻找原因，直到找全最底层的根本原因为止。

二、根因分析用于决策分析

针对问题解决，一般都需要做深入透彻的根因分析，才有利于彻底地解决并预防问题。

那么，针对决策，是否需要做根因分析呢？也是需要的。比如说，你去某家公司应聘总经理，那家公司的董事会成员对你很满意，认为你是位不错的人选。然后要给你开年薪，应该开多少呢？假如开 200 万年薪，你认为很满意。

这个过程看似不是根因分析，但其实背后隐藏着根因分析的逻辑。为什么这么说呢？因为给你开年薪的时候，要问的第一个问题就是应该给你开多少年薪？当经过讨论和分析认为开 200 万。那么这个 200 万是否合理呢？为什么要开 200 万年薪而不是 100 万，也不是 300 万？这就涉及根因分析，需要分析你的职业能力、道德、学历和素质，过去的从业经验和成功经验，市场薪酬水平，即将到新公司承担的责任，以及预期能够为新公司做出什么贡献等。综合考量各种因素，才决定给 200 万。因此，公司董事会成员决定你年薪的这个过程，其实也类似根因分析的过程。

针对决策做根因分析主要有两点不一样：

（1）针对决策做根因分析的目的是做出正确的决策，是要找输出和输入的"数学"关系，然后根据输出的"目标值"决定输入的"取值范围"，或者根据输入决定输出。

（2）针对问题做根因分析，要不断地在纵深方向询问为什么，直到彻底找完所有的技术原因，以及相应的管理体系原因。而针对决策做根因分析，通常分析一层输出和输入之间的"数学"关系，不必往纵深方向分析。

拿上面面试总经理岗位这个例子来说吧，用人单位的董事会成员是根据你的背景和你将要贡献的预期等各项输入条件，然后决定给你开 200 万年薪还是其他。因此，这个决策过程是根据输入条件 X_8 及不同 X_8 的"实际值"，决定输出 Y 的"值"。不是分析年薪 Y 出了什么问题，也不是分析导致年薪下面的那几个主要因素 X_8 出了什么问题。这个决策过程一般只做一层的因果关系分析，如下图所示。

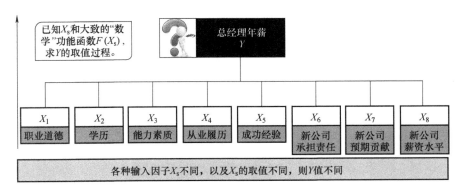

上面关于确定总经理候选人的年薪的决策过程是从 X_8 的"实际值"决定 Y 的"设定值"，有的决策过程是根据 Y 的"目标值"去设定 X_8 的"理想值"。

比如，统计工具中有个方法叫试验设计（Design of Experiment，DOE），就是根据输出要求，通过试验的方式找到影响 Y 的关键因子 X_s，然后再通过优化试验对关键因子 X_s 摸索出最佳设定值及其范围。对关键 X_s 设定理想值和范围值后，没有必要再询问为什么 X_s 要那样设定值了。

$Y = F(X_s)$ 就是一种数学化思维的根因分析，只有找对关键的 X_s，才能够建立正确的输出 Y 和输入 X_s 之间的关系。当 $Y = F(X_s)$ 在不同环境时，关键的 X_s 可能不一样，X_s 的设定值也可能不一样。拿注塑厂的塑料注塑成型来举例，虽然其注塑件尺寸主要取决于注塑模具，但其尺寸的精度却取决于诸多因子，如材料、设备、环境、压力等条件。因此，注塑件尺寸的数学关系 $Y = F(X_s)$ 如下图所示。

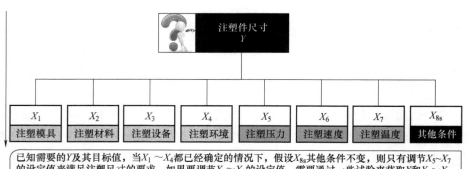

当注塑条件 $X_1 \sim X_4$ 和 X_{8s} 不变时，假设 $X_5 \sim X_7$ 是影响某款注塑产品尺寸 Y 的关键因子。当设定好 $X_5 \sim X_7$ 的最佳工作条件后，通常尺寸 Y 也不变。但这是做梦都想要的理想情境，在实际的工业环境下，注塑材料的特性有波动，设备性能也有波动，模具在注塑过程中会慢慢磨损，环境也在变化。因此，即使 $X_5 \sim X_{8s}$ 的设定值不变，但注塑件的实际值会有一定的波动，尺寸总有差异。当差异变大到最终导致部分产品不满足过程和产品要求时，就需要重新分析 $X_1 \sim X_{8s}$。一般的做法是，先调整最容易调整的 $X_5 \sim X_{8s}$，因为调整这些因子不仅容易，并且成本也低。不管是用经验法，还是用正交试验的 DOE 法。当不能够通过调整 $X_5 \sim X_{8s}$ 满足输出 Y 的尺寸要求时，就要分析模具是否需要维修了，或者材料是否异常等。

因此，$Y = F(X_s)$ 这个关系是一个变化的动态过程。所以，决策要因地制宜、相机而动，就像庄子在《庄子·山木》所说的那样树不材而得活、鹅不鸣而被杀。

三、根因分析用于提高应变能力

得到 APP "每天听本书"栏目的《模型思维》中提到了多模型思维，那究竟要掌握多少种不同思维呢？

我认为，如果能够活学活用 $Y=F(X_s)$，能够随机应变，掌握这一种思维就能以不变应万变了。在此思维模型指导下，为达成输出结果 Y，在不同的机构、企业、团队或家庭等，某些固有的或很难改变的关键的因素或条件 X_s 不同，那么剩下的可调节的那些关键的 X_s 就不能照搬，需要做相应的调整，以达成 Y 的预期（理想）效果，或者超过预期效果，或者受制于条件限制达不成预期效果。这也是根因分析方法的应用。根因分析就是找准、找全对应预期效果 Y 的因素或条件 X_s。

举例来说，冬天洗澡和夏天洗澡：洗澡是一个过程，洗澡的输出是 Y，Y 的目标是清洁身体，并且洗过澡后要感到舒服。那么洗澡的输入因素有，水温 X_1，洗澡时间 X_2，洗澡频次 X_3，室外温度 X_4，地域 X_5。相对而言，X_4 和 X_5 不容易改变，假设固定地域 X_5，以长江流域为例，白天最高温度为 X_4，那么三伏天的 X_4 大概为 40℃，三九天的 X_4 大概为 3℃。假设在夏天，要满足洗澡 Y 的目标，X_1 设定推荐值为 40℃，X_2 设定推荐值为 5min，X_3 设定推荐值为 1 次/天。当 X_5 一样（即地域不变），冬天时，X_4 变成 3℃ 左右，仍要满足 Y 的目标，剩余的 X_1、X_2 和 X_3 就需要做相应调整，不能照搬夏天设定的推荐值了。这种用根因分析的思维做随机应变的决策，是一种不可或缺的重要能力和思维模式。

兵法特别讲究随机应变的能力，《三国演义》第五十七回中有云："（孙权）乃问曰：'公平生所学，以何为主？'统（庞统）曰：'不必拘执，随机应变。'"

从古至今，熟读兵书之人比比皆是，但是真正能运用兵法带兵打胜仗的将领却寥寥无几。兵法运用之妙存乎一心，不能迷信兵法、拘泥于兵法，而要随机应变、见机行事，把兵法用到无形的境地。所以，庞统才会说学习兵法、领会兵法，但不执拗于兵法。

案例 1：围城打援

随机应变这个成语来自于《旧唐书·郭孝恪传》，"建德远来助虐，粮运阻绝，此是天丧之时。请固武牢，屯军汜水，随机应变，则易为克珍。"这是一个随机应变运用军事谋略的故事。

唐灭山西军阀刘武周后，武德三年（620年）七月，高祖命秦王李世民东征占据洛阳的王世充。李世民一边围攻洛阳，一边遣使与窦建德结盟。这真是高手出招呀，先拉一派再打一派。但窦建德很聪明，唇亡齿寒嘛，反而把压箱底的家伙掏出来，于三月率军十余万西援洛阳，要一举除掉时年21岁的李世民。窦军连克管州（今郑州）、荥阳等地，进屯成皋（今荥阳汜水镇）之东。而突厥颉利可汗为策应王世充，再次率军南犯并州、石州（今山西离石）等地，威胁唐首都长安。

当时的情况十分危险，洛阳帝都城坚，唐军久攻未下。二百里外，还有窦军十几万。突厥又在北方牵制着驻扎山西的太子李建成及长安军队，使之无法援助。在这种情况下，不少将领以军疲敌锐，腹背受敌为由，建议撤退后再做打算。千钧一发之际，郭孝恪及时上谒李世民，指出："世充日蹙月迫，力尽计穷，悬首面缚，翘足可待。建德远来助虐，粮运阻绝，此是天丧之时。请固武牢，屯军汜水，随机应变，则易为克殄。"李世民听从了他的建议，命齐王李元吉继续围困洛阳，亲率精兵进驻虎牢。五月，窦建德军大败，李世民随即回师洛阳，迫使王世充出降。

洛阳、虎牢之战，是唐统一战争中最关键一战，唐军取得"一举两克"的重大胜利，为唐朝统一大业奠定了基础。郭孝恪也因出众的谋略为李世民所青睐。在召开庆功会时，李世民对诸将说："孝恪策擒贼，王长先下漕，功固在诸君右。"并迁郭孝恪上柱国（上柱国是皇帝赏赐有功之臣的最高荣耀）。

郭孝恪给李世民建议的战术叫作围城打援，在解放军战争中运用得很多，成为经典战术之一。围城打援是对战术的改变，动态调整战争模型 $Y=F(X_s)$ 中的 X_s，从而改变敌强我弱的局面。

如果李世民的军队只包围王世充，当窦建德的军队来包围时，则李世民对手的作战因子 X_s 会变强，从而击败李世民。如果李世民在处境艰难时率领部队撤离，则王世充和窦建德一起会师，今后李世民再想干掉他们两个，则变得比较困难。

而郭孝恪利用围城打援的战术，首先恶化了王世充部队的作战因子 X_s，粮草继续短缺，军心逐渐涣散。其次，李世民亲自率领三千多"玄甲军"（放到现在相当于坦克了吧）去打窦建德，则李世民的作战因子 X_s 优于窦建德。所以李世民先战败窦建德，再返回包围洛阳，又增强了李世民打击王世充的作战因子 X_s，从而打败王世充。最终，李世民先后战败窦建德和王世充两支军队。

四、根因分析用于训练批判性思维

（一）根因分析法看破成功学

由于没有掌握根因分析法，或者是没有实事求是，有的人或轻或重地掉进了"成功学的陷阱"，轻则受到智商侮辱，重则可能惨遭经济损失。下面是陈某之及翻版陈某之的"成功学"故事。

2019年11月据《消费日报》报道，原是贵州的一位普通养殖户的牛女士，一个偶然机会从微信上收到陈某之的成功学培训信息。她先交了1680元培训费，陈某之的"神功"让她好奇心大起，参加了郑州皇冠大酒店的培训大会。会上得到许诺，拜陈某之为师，依靠他的指点和名望，随便指点几个项目，就能赚上几千万。因此，牛女士夫妇卖掉牛羊并借钱凑足108万，如愿成为了陈某之门下的"终极弟子"。但是，她并没有通过陈某之的方法获得成功，反而负债累累。

2019年12月份据《深圳晶报》报道，一位王女士在朋友的推荐下于2018年听了一次"某古烁今"的培训课后被"成功洗脑"，选择了价值200多万元的"全息策划案"套餐，内容包括产品定位、设计、包装、营销等。"某古烁今"向王女士承诺，只要签了合约，她的产品就可以在董事长姚某伟的"招商会"上销售。据其描述之前案例，只要上一次"招商会"就能卖出超过1500万元的产品。可实际情况却让王女士大跌眼镜，签订合同后四个月间，"五某堂"产品先后参加了三次姚某伟组织的"招商会"，卖出的产品却寥寥无几。

这些人有很多话术，看起来似乎很有道理，而且又包装成"成功人士"，因此总有一些人不加辨别受其蛊惑，甚至掉进陷坑。对这类成功学鸡汤仔细分析，其实可以发现许多漏洞。不同人有不同分析方法和思路，只要运用得当，都可以戳穿漏洞。在众多方法中有一个方法，是人人都可以学得会的，这就是根因分析方法。下面就摘取众多"金句"中的三句，用根因分析的方法来破除其神话。

"伟人之所以伟大，是因为他与别人共处逆境时，别人失去了信心，他却下决心实现自己的目标。"这句话的结论是"伟人之所以伟大"，后面一句话是原因分析，原因是"是因为他与别人共处逆境时，别人失去了信心，他却下决心实现自己的目标"。如果不注意辨别很容易被其分析所迷惑，但这是"伪原因"。

如何判定某个根因分析的原因是否是伪原因，可以从三个方面判断：

（1）原因分析是否以偏概全。比如对于成为伟人而言，原因应该是有很多的，不可能就是某一个原因或某一个因素就能够让任何人成为伟人的。因此，对于这类以偏概全的原因通常都判断是伪原因。

（2）通过所分析的原因再倒推结论，看是否能够得到结论，或者结论是否站得住脚。比如这句鸡汤的根因分析认为，只要处于逆境时下定决心实现自己的目标就可以成为伟人。这可能吗？头脑稍微清醒的人应该会认为这是无稽之谈。

（3）通过演绎法或归纳法做逻辑推理，也可以戳穿漏洞。这两个方法后面会详细讲解。

因此，那些成功学鸡汤文字在某种程度上虽然可以让人为之一振、兴奋一时，但千万不要轻易当真。只要深入思考，分析成功的根本原因究竟是什么，成功者和一般人的区别究竟是什么，自己是否具备成功的条件等，就可以轻易识别成功学的真伪。

再来看另一句，"你之所以没有得到你所想要，只有两个原因：第一，就是因为你还不够想要！第二，就是你一直讨价还价！"这一段话虽然指出了两个原因，但其实根本站不住脚，只要用上面介绍的三种方法的任何一个，都可以轻易推翻。

多数成功学鸡汤文字是论点陈述式的，比如"弱者用泪水安慰自己，强者用汗水磨炼自己"。对这样的陈述，更应该用根因分析方法问为什么，就能很容易找出其中的破绽。比如，为什么要用泪水安慰自己？因为是弱者吗？弱者用泪水能够安慰自己吗？为什么要用汗水磨炼自己？因为是强者吗？强者通过汗水就能够磨炼自己吗？所有强者都需要通过汗水磨炼自己吗？

还有一种相对靠谱的成功学，这些成功学不是贩卖观点，而是真正的成功人士分享的亲身经历和成功方法，如某些成功人士的自传。即使这些成功方法，也得用根因分析才能够认清成功人士背后的故事。比如，某个成功人士在传记里可能会分享他从小就吃苦耐劳，学习和工作都朝五晚九，一直秉持乐观向上、百折不挠等优秀品质。虽然这些因素对成功很重要，甚至是必要条件，但做好了这些并不能保证成功，离成功还远着呢。还需要时势、契机、资源及必要的智商、情商等。即使这些成功人士再去开创新事业，也未必成功，但是成功概率可能比一般人大一些而已。这是因为成功的数学函数 $Y=F(X_s)$ 已经发生了改变，新事业不能照搬旧办法，甚至旧事业也在不断更新和改进成功因子 X_s。

（二）根因分析法剖析专家观点

有时候，人们情不自禁地会相信专家观点，或者是约定俗成的一些观点。

但是这些观点若经仔细推敲，会发现它们是有局限性的，在某些场景下，专家的观点可能并不正确。

案例 2：木桶理论的剖析

管理学上有一个著名的"木桶原理"，是美国管理学家彼得提出的，这也是一些管理大家、企业家或学者都挂在嘴边的口头禅。它是指用一个木桶来装水，如果组成木桶的木板参差不齐，那么它能盛下的水的容量不是由这个木桶中最长的木板来决定的，而是由这个木桶中最短的木板决定的，所以它又被称为"短板效应"。

这个理论认为，在事物的发展过程中，"短板"的长度决定其整体发展程度，如一件产品质量的高低，取决于那个品质最次的零部件，而不是取决于那个品质最好的零部件；一个组织的整体素质高低，不是取决于这个组织的最优秀分子的素质，而是取决于这个组织中最一般分子的素质一样……此种现象在管理学中通常被称为"木桶效应"。但这个理论正确吗？在哪种情况下才正确？原因是什么？

这个理论在某些时候有一定道理，但多数时候却不正确。比如，一家公司的发展涉及产品研发、市场营销、供应链、人力资源、质量管理、行政、财务等，如果用木桶理论来说的话，那么公司的管理效益应该取决于其中最薄弱的环节。为了减少浪费，公司的每个部门、每名员工最好都应该能力水平相同。因为，按木桶理论的说法，水平高了是资源浪费，管理效益取决于最弱的那个部门和个人。

而实际上，公司的管理效益很多时候主要取决于产品研发能力和市场营销能力，这两项能力决定了公司是否能够存活。当这两项能力强的时候，公司基本上可以生存下去。其他关于内部运营管理的制造能力、质量管理能力、人力资源管理能力等，虽然差一些，但修修补补能够把产品做出来就行。这种情况在中小民企是非常普遍的现象。我在咨询和培训的过程中就碰到几位这样的民企老板，他们告诉我，企业在规模小的时候主要把时间、精力及资源都放到了产品研发和市场营销上面了。当公司有一定规模了，并且整个营商环境和客户需求都在提升了，就需要对供应链管理、质量管理及人力资源管理等进行补课了。

其实，华为公司的发展也是如此，刚开始把重兵都投入到产品研发和市场营销。到 1998 年左右，公司发展到一定规模了才开始补管理短板，并且成规模地引进咨询公司帮助建立规范的研发、供应链、财务、人力资源和质量等方面的管理方法和流程体系。当华为把各种管理短板补齐后，到了智能手机和5G时代，华为更主要的任务是与业界水平最高的竞争对手比优势，看谁的产品和技术更好，这样才能够追赶甚至超过最高水平的竞争对手。

因此，通过对华为以及我所服务过的中兴通讯、富士康、西门子及诸多民营企业的考察，我个人认为企业的发展大致有下表所示的几个阶段。每个阶段影响企业发展的主要原因是不一样的，短板不一样，公司重点的抓手也不一样。只有在公司的青春期，木桶原理才在某种程度上成立。

类别	阶段		
	公司婴幼期	公司青春期	公司成熟期
木桶原理	不成立	在某种程度上成立	不成立
决定公司发展的主因	产品和市场	产品和能力，管理能力	适应环境和市场的能力
短板	内部运营管理（含质量、财务、人力资源等）	内部运营管理（含质量、财务、人力资源等）	战略眼光（含产品和技术规划能力）
重点	抓产品和市场	提升内部运营管理水平	形势研判和战略规划

因此，只有被分析的对象的绩效受最短的木板严重影响时，木桶原理才成立。比如，当被分析的对象的绩效主要受原因A、B影响，而受原因C、D、E等影响较小时，木桶原理是否成立呢？要分两种情况：如果木桶的最短木板是A或B时，那么木桶原理在某种程度上成立；如果最短木板是C、D或E时，那么木桶原理就不成立了。

就拿木桶举例，如果用木桶盛水，能够装多少水不仅取决于最短的木板，还取决于木桶底及周围是否漏水。如果木桶漏水，那么木桶能够盛水的多少不受最短的木板影响，而受木桶底的密封性能影响。如果木桶不漏水，在木桶水平放置的前提下，盛水容积受最短木板影响。如果木桶装的不是水，而是装的大石块，那么木桶能够盛装的石块多少可能由最长的那根木板所决定。

因此，只有通过 $Y = F(X_s)$，把根因分析清楚后，才能够正确决定是针对短板进行补救，还是对"一招鲜，吃遍天"的长板发扬光大。对于个人前途而言，通常决定我们能走多远的是优势，而不是靠补短板。因此，我们更需要像盖洛普公司前高级副总裁马库斯·白金汉写的一本书的书名那样——《现在，发现你的优势》。

案例3：每天进步1%的剖析

很多人可能听到过下面鼓励人每天都学习、进步的一段话。

只要每天进步一点点，哪怕进步1%，一年则可以进步37倍多。这个数学推理的逻辑是，假设我们每天进步1%，那么一年365天就可以进步$(1+1\%)^{365}=37.78$，也就是说每天进步1%，一年后就进步了37倍还多！

这里利用了简单的复利计算方法，然而现实情况根本不成立。

这个劝解和鼓励的出发点是好的，我也赞成。但借用数学推理的过程我就不认同了，因为这个数学公式的成立是需要满足指数公式的成立条件的，但我们不可能满足指数公式的条件。满足指数公式的条件是什么？为什么我们不可能满足此条件呢？提出并解决这些问题正是根因分析的魅力所在！

首先要搞清楚一个人是否可以每天进步1%？即一个人每天进步所达到的能力是昨天能力的1.01倍，是否成立？很多"专家""大师"给的理由是，只要每天努力工作、努力学习、吃苦耐劳、虚心请教，用尽好方法等就可以实现。如果不做深度思考和分析，很容易就相信了这个观点。但果真如此吗？这需要应用根因分析的原则，即用事实和数据为依据。

假设一个大学刚毕业的学生第一天刚上班，那么他的能力起点是之前大学、高中、初中、小学等所有学习的理论和实践收获，以及二十几年所接触和体悟到的所有见识和经历。然后，他参加工作的第一天，就可以把他之前二十几年学习和生活积累的提高了1%么？第二天在此基础上又进步了1%么？一直坚持到第365天乃至后面的几十年，这些积累所得在指数级增长么？简直痴人说梦！

如果不能每天都保持比昨天进步1%，那每天比新年的第一天的能力进步1%，则365天进步$1+365×1\%=4.65$倍，这个可能吗？对大多数人在大多数情况也都不太可能，对少数人在某个时间段有可能。第二个公式用加法的计算逻辑相对用指数计算的逻辑更合理一些，但能力增长的幅度不太可能是1%，有可能是0.1%或其他比例。如果以某个日期的能力量值为基准，假设每天增长幅度是基准值的0.1%，则大概三年把自己的能力提升一倍。如果能力增长一倍，做出的贡献和业绩也增长一倍，获得的报酬相应增加一倍，这个增长幅度都已经是非常了不得的进步。按照这个计算方法给自己设定一个切合实际的学习和成长目标，并制定相应的行动措施，每天尽可能完成目标，每天都会有成就感，从而更有信心和干劲完成切合实际的目标。这样做，远比每天进步1%这种不切实际的口号和鸡汤有效很多。

案例4：稻盛和夫经营哲学的剖析

  北京地头力管理机构创始人王育琨老师在他的一篇微信文章写道，任正非到北京出差，约他在北京贵宾楼饭店喝下午茶。他们谈起了稻盛和夫。

  下面是王育琨的微信文章原文。

  我说："今天我们这里兴起了学稻盛哲学热，有些企业家是想让员工学习稻盛哲学，改变工作态度，激发潜能，多干活，少要报酬。人们过多关注稻盛的工具和术，而没能深刻反省他厚重的'无名之朴'。人们没有去反思，为什么一个制作精密陶瓷的，就可以创造三家世界级500强的奇迹……"

  任正非立刻打断我的话："王老师，你不了解稻盛和夫！"

  我一愣。任正非知道我跟稻盛和夫的交往，他知道稻盛和夫还为我的书《答案永远在现场》写过序。

  我有点难为情。旋即一笑问："任总，我哪里错了？"

  任正非说："你说'一个制作精密陶瓷的'，太过轻淡！稻盛做的精密陶瓷，是氮化镓，是电子陶瓷等功能陶瓷。精密医疗器械和电子网络的核心部件，以后大量会是陶瓷的，而全球陶瓷京瓷做得最好。

  "京瓷已在引领一场实实在在的新材料革命，将极大地推动通信业和互联网的发展。它们几十年如一日的精进，做到了全球第一，我们只有追随的份。华为拥有全球一流的数学家，但它们却拥有全球一流的化学家与物理学家。我们赶不上！"

  真可谓醍醐灌顶！

  从上面可以看出任正非对稻盛和夫经营哲学的认识，他并不认为稻盛和夫仅凭稻盛和夫经营哲学就把京瓷带进了世界500强，虽然稻盛和夫的经营哲学是京瓷成功的必要条件。因此，我也奉劝学习稻盛和夫经营哲学的企业家，特别是很多中小型民营企业，一定要看清楚企业成功的本质，做好企业成功的根因分析，而不是盲目引进稻盛和夫经营哲学，或者盲目引进平衡积分卡，或者盲目引进六西格玛方法（简称六西格玛）等。在引进任何一项管理方法时，都需要自己对企业存在的问题有根本的认识，然后才能够发挥作用。就像当年华为任正非引进IBM的集成产品研发（Integrated Product Development，IPD）方法。如果没有决心、毅力和坚持，华为引进IPD方法失败的概率非常大，以至于引进IPD方法期间，任正非得了抑郁症。而且，即使引进了IPD，华为实施的IPD方法与其他公司实施的IPD方法也是不一样的，因为产品复杂度不一样，组织成熟度不一样，人员能力和组织架构不一样，客户类型不一样，总之各种因子不一样。

再回过头来分析京瓷公司为何成功？其原因是什么？贩卖稻盛和夫经营哲学的管理专家们当然会说是因为稻盛和夫的经营哲学，而这些专家最主要推崇的就是阿米巴经营。很多专家认为京瓷公司成功的主要原因是阿米巴经营理念和方法，只要引进阿米巴经营管理方法就能够让企业成功。其实这个根因分析犯了以偏概全的错误。阿米巴经营管理模式和方法是京瓷公司成功的必要条件原因，但却不是充分条件原因。京瓷成功的充分条件原因是京瓷公司的优势技术和好产品。当然，要拥有优势技术和好产品也需要有好的管理，对于京瓷而言就是阿米巴经营管理方法。

总之，在看到或听到某些看起来非常有道理的观点或方法时，一定要保持警惕和谨慎，对其观点或方法的输入和输出用 $Y=F(X_s)$ 的"数学模型"做根因分析，然后判定此方法是否正确，是否适合自己，要如何借鉴。

（三）根因分析法剖析经典著作

美国是创造理论的国度，有很多知名的管理学大师、商学院和管理咨询公司，确实为世界输出了很多优秀的管理理论和实践案例。但是平心而论，美国企业总体的管理水平真的很高吗？

美国人技术创新很厉害，毋庸置疑，但是美国企业的总体管理效果却并不理想。你看，在质量管理方面美国出了那么多质量大师，但是美国企业的平均质量水平是否超过了日本、德国、瑞士等国家的呢；美国专家根据日本丰田生产模式提炼出了精益生产的管理理论，但美国企业的精益生产管理水平如何呢；美国人提出了六西格玛，并宣传摩托罗拉和通用电气的六西格玛做得很顶尖，但摩托罗拉几乎消失了，通用电气这些年境况非常不好。

美国很多专家理论研究很厉害，不乏真才实学，而且其业界的媒体宣传包装功夫也非常厉害。美国人出了很多管理书籍，卖遍全世界，推出了很多考试证书让全世界的从业人员参加其考试和认证，确实掌握了话语权。美国人确实也崇尚辩论，能言者上。伴随着中国的进步和强大，也希望在这方面有更多中国的声音响遍世界。

我也看了很多美国人写的书籍，受益匪浅，只是没有去考美国人的证书。随着年岁的增长，在吸取其精华的同时，我也带着批判性思维反复研读。特别是最近几年对根因分析的深入研究和总结，让我在读书过程中的收获也比以前多许多。下面就用经典畅销书作为案例进行研究。

案例5：《从优秀到卓越》的根因分析

《从优秀到卓越》是超级畅销书《基业长青》的作者柯林斯的又一力作，柯林斯早年在美国斯坦福大学商学院从事教学与研究工作，并获得杰出教学奖。此书描绘了优秀公司实现向卓越公司跨越的宏伟蓝图。对于那些业绩平平的公司，如何才能实现从优秀到卓越的跨越呢？是不是卓越的企业都有所谓的特殊"卓越气质"呢？发展的瓶颈是不是真的难以突破呢？其实，柯林斯是在对这类公司做根因分析。下面来看柯林斯带领的团队所做的根因分析是否靠谱。

针对这一问题，柯林斯和他的研究小组历时5年，阅读并系统整理了6000篇文章，记录了2000多页的专访内容，创建了3.84亿字节的数据，收集了有关美国上市的28家公司过去50年的甚至更早的文章，进行了大范围的定性和定量分析，得出了如何使公司从优秀到卓越的令人惊异而振奋的答案。

在5年时间里，柯林斯研究团队进行了一项规模巨大的研究，对1965年到1995年《财富》杂志历届500强排名中的每一家公司（共1400多家）进行了研究。研究结果令人震惊：只有11家公司实现了从优秀业绩到卓越业绩的跨越，包括吉列、金佰利、富国银行、菲利普·莫里斯等公司。它们在15年的时间里，公司的平均累积股票收益是大盘股指的6.9倍［而像通用电气（GE）这样举世闻名的大公司也只有2.8倍］。下面是被研究的11家公司。

公司	从跨越点到此后15年间的业绩	起始和终止年份（15年）
雅培（Abbott）	大盘股指的3.98倍	1974—1989
电器城（Circuit City）	大盘股指的18.50倍	1982—1997
房利美（Fannie Mae）	大盘股指的7.56倍	1984—1999
吉利（Gillette）	大盘股指的7.39倍	1980—1995
金佰利（Kimberly-Clark）	大盘股指的3.42倍	1972—1987
克罗格（Kroger）	大盘股指的4.17倍	1973—1988
纳科尔（Nucor）	大盘股指的5.16倍	1975—1990
菲利普·莫里斯（Philip Morris）	大盘股指的7.06倍	1964—1979

(续)

公　司	从跨越点到此后15年间的业绩	起始和终止年份（15年）
皮特尼·鲍斯（Pitney Bowes）	大盘股指的7.16倍	1973—1988
沃尔格林（Walgreens）	大盘股指的7.34倍	1975—1990
富国银行（Wells Fargo）	大盘股指的3.99倍	1983—1998

这些实现跨越的公司在什么方面比那些公司中的巨星，如英特尔、可口可乐等企业，表现得还要优异？为了发现黑匣子里的奥秘，柯林斯研究团队另外选择了17家公司做对比分析，这17家公司被分成如下两组：

第一组是11家直接对照公司，指的是在跨越点与实现跨越的公司在同一行业，拥有相似资源、相同机会，但却未能实现跨越的公司。如下所示，直接对照公司是指编号为1的普强（Upjohn）公司对应编号为1的实现跨越的雅培公司，编号为11的美国银行（Bank of America）对应编号为11的实现跨越的富国银行。

第二组是6家"未能保持卓越"的对照公司，是指这些公司在短期内实现了从优秀到卓越的跨越，但却未能保持这一发展势头，不符合持久性的要求。这6家公司不像11家直接对照公司那样一一对应。

实现从优秀到卓越跨越的公司	直接对照公司同一行业、相同机会、相似资源，但未实现跨越的公司	未能保持卓越的对照公司
1.雅培 2.电器城 3.房利美 4.吉列 5.金佰利 6.克罗格 7.纳科尔 8.菲利普·莫里斯 9.皮特尼·鲍斯 10.沃尔格林 11.富国银行	1.普强(Upjohn) 2.Silo 3.(美)西部银行(Great Western Bancorp) 4.华纳·兰伯特(Warner-Lambert) 5.斯科特纸业(Scott Paper) 6.大西洋和太平洋食品(A&P) 7.伯利桓钢铁(Bethlehem Steel) 8.雷诺烟草(R.J.Reynolds) 9.Addressograph 10.艾克德(Eckerd) 11.美国银行(Bank of America)	• 宝来(Burroughs) • 克莱斯勒(Chrysler) • 哈里斯(HARRIS) • 孩之宝(Hasbro) • 乐柏美(Rubbermaid) • 泰莱达因(Teledyne)

经过仔细分析28家公司的历史，柯林斯团队做了以吨计的资料和几万页的采访记录，他们认为发现了从优秀到卓越的内在机制和决定性因素，这七大因素如下：

第一，第 5 级领导者

与一些个性十足、上头条、做名流的公司领导者相比，实现从优秀到卓越跨越公司的领导者似乎是从火星上来的。这些领导者都是矛盾的混合体：个性极度谦逊，但又职业表现极为专业。

第二，先人后事

一般人会以为，实现跨越公司的领导者会从建立一套新构想、新策略入手。但实际上，他们首先请进合适的人选，请出不合适的人选，并令合适的人选就其位。尤其重要的是，这些慧眼识珠的领导者对待人才的观念——他们看重的是人才的内在素质，而非学历、专业背景和工作经历。

第三，直面残酷的现实

每个实现跨越的公司，都认同"斯托克代尔悖论"（The Stockdale Paradox）——不管遭遇什么困难，必须坚信自己一定能够并最终会获胜；与此同时，不管现实有多么残酷，都必须具有与之对抗的素质。

第四，刺猬理念

要想完成从优秀到卓越的转变，就必须超越仅是称职这一局限。如果因为某项业务是其主营业务，或仅因为在这一行已经干了好几年或几十年，就认为自己在这一行能做到最好，那就大错特错了。关键是要找到自己擅长的业务，只有心醉神迷的事业才会是你的前途所在。

第五，训练有素的文化

有着训练有素的文化的公司并不多见，把训练有素的文化和企业家的职业道德融合在一起时，你就得到了神奇的创造卓越业绩的炼金术。

第六，技术加速器

实现跨越的公司对技术的作用有不同的理解，它们不把技术作为引发变革的首要工具，但它们均是运用技术的先锋，这些技术都是精心挑选出来的。

第七，飞轮和厄运之轮

那些发起革命、推行激动人心的变革和进行翻天覆地重组的公司，几乎注定不能完成从优秀到卓越的飞跃。只有当你做事的方式可以使人看得到并且感觉得到动量在积蓄时，人们就会站在你的一边支持你。相反，那些希望略过积累阶段，直接跳跃到突破阶段的公司注定会陷入厄运之轮。

一向话语犀利的管理大师彼得·德鲁克对该书给予了高度评价，他认为："这本书经过精心研究，写得很好。它瓦解了时下绝大多数热门管理理论和实践：从对超级 CEO 的崇拜，对 IT 的热炒，到兼并和收购的狂潮，不一而足。它不会使平庸的公司成为优秀的公司；但是，它却会使优秀的公司成为卓越的公司。"

柯林斯团队所做的分析过程是非常严谨的，并且他们还请了一位统计学家和数学家做指导，都认为这样的分析比较严谨。柯林斯团队采用归纳总结的分析方法，在选择研究对象时有一套严格的标准。而难能可贵的是，他们针对一个时间段不仅分析了从优秀变成卓越的 11 家公司，而且对比了 17 家不成功的公司，这比只分析成功公司的说服力更强。另外，所有结论都是基于访谈和调研所获得的信息和数据。

我对柯林斯团队总结的很多观点也很赞同，但是，也发现了这个根因分析过程存在不少漏洞，而且有致命的漏洞。《从优秀到卓越》得出的观点和结论利用的是归纳总结法，要让归纳总结得出的结论可信，首先必须满足样本量足够大；其次，样本是随机获取的；另外，分析过程必须非常严谨。但是柯林斯团队所做的分析过程不满足这三个条件。

第一，样本选择过程有缺陷

柯林斯团队所分析的 11 家标杆对象和 17 家对照对象，从抽样的角度来说就存在天然的瑕疵。这不是他们故意的，而是能够满足柯林斯定义的标准就只有 11 家公司。因此，这 11 家公司的选择就存在天然的两个缺陷：一、不是随机抽样得来的；二、样本量显然不够。

有人可能会说这个样本选择应该很科学，因为根因分析方法中有个方法叫最好和最差对比法，即用优中选优（Best of Best，BoB）的样本和差中选差（Worst of Worst，WoW）的样本做比较，BoB 和 WoW 如果出现一致性差异，则差异就是根本原因。但这个方法有个前提条件，即两组样本是一样的产品或事物。也就是说，$Y=F(X_s)$ 的函数是一样的，当其中的某些因子 X_s 有差错时就会导致结果 Y 出现问题。但柯林斯教授研究的是不同的 28 家公司，这 28 家公司的成功方程式均不一样，因此不属于 BoB/WoW 比较方法。

第二，样本公司卓越时间不够

选取的公司所追踪的时间不够长，从优秀到卓越的时间只有 15 年。一家公司持续卓越 15 年不一定是真正的卓越企业吧，如果辉煌 15 年之后几年就开始没落，这个公司被标榜为卓越的话，这是不严谨的。所以，这是第二个致命漏洞，选取的公司所观察的时间段不够长，这是另一个角度的样本量不够的问题，同时导致标准不严谨。

而事实确实如此，《从优秀到卓越》于 2001 年出版后几年，美国房利美就从 2001 年每股 80 美元以上降到 2008 年每股不到 1 美元，是 2008 年全球金融危机风暴中心。受美国次贷危机的影响，美国房地产抵押贷款巨头房利美于 2008 年 7 月身陷 700 亿美元亏损困境。2010 年 6 月 16 日，美国联邦住房金融局发表声明，要求其监管的美国两大抵押贷款巨头房利美与房地美从纽约证交所和其他全国性证交所退市。而 11 家公司中的另外一家比房利美更惨，这家公司就是电路城，在 2009 年破产。另外，从 2001 年到 2012 年，其中 5 家公司的股票表现优于股市整体水平，4 家表现不如整体水平，1 家破产，1 家巨亏被美国政府拯救并赶出了股市。因此，这 11 家公司有超过一半的公司连平均水平（按照柯林斯团队用股票表现的标准衡量）都不如。因此，样本不足为信，结论也就大打折扣。

第三，数据收集存在偏差

柯林斯团队做根因分析的依据有相当部分是从媒体的公开报道得来的，或者是 28 家公司中的一些经理人代表给出的观点。媒体报道的内容本来就存在局部性和片面性，而且媒体会为了迎合读者可能需要做某些修饰工作，以至于偏离真实。而访谈的某些经理人员也不具有代表性，经理人的观点也不具代表性，访谈人员数量也可能不够。

第四，未做动态变化的根因分析

未分析从优秀到卓越的 11 家公司在卓越之前和跨进卓越之后的差别究竟是什么，又究竟是什么原因造成这些差异的，更没有对标杆公司从卓越掉队之后做对比根因分析。

如果通过做全面绩效差异比较及根因分析，虽然抽取样本的方法存在缺陷，但我相信得出结论的可信度比作者提取的七种原因更有说服力。

第五，未分析七大原因的显著性差距

既然柯林斯团队认为 11 家公司从优秀到卓越的原因是如"第 5 级领导者"等七大关键要素，那么他们应该把这七种要素细化成管理标准，并制定评价体系，如下表所示。然后对 28 家企业依据七种管理要素及评价体系进行研究、访谈、评价和评分，比较 11 家从优秀到卓越的企业是否在每个管理要素上都比另外的 17 家公司的得分更高，高出多少，有没有某些方面比对照公司的表现得分低，低的原因是什么。通过这样的对比分析，可以直接辨别卓越的企业和平庸的企业在七个关键要素方面是否存在显著性差异，并确认通过这七个关键要素是否真能够区分卓越企业和平庸企业。

序号	比较科目	依据标杆公司最佳实践的评价标准	11家卓越公司评价得分											11家直接对照公司评价得分											6家间接对照公司评价得分					
			1	2	3	4	5	6	7	8	9	10	11	1	2	3	4	5	6	7	8	9	10	11	1	2	3	4	5	6
一	第5级领导者	一把手具有第5级领导者能力和特质（谦逊+意志力）																												
		一把手是内部培养成长起来的																												
		客户、公司员工和董事会认可一把手的品德和能力																												
二	先人后事	…																												
三	直面残酷的现实	…																												
四	刺猬理念	…																												
五	训练有素的文化	…																												
六	技术加速器	…																												
七	飞轮和厄运之轮	…																												

参与此评价的人员最好包括28家公司的最高管理层团队和中层经理人代表（覆盖30%~50%），以及普通工程师代表（覆盖1%左右）。评价方式可以是面谈和远程问卷调查相结合的形式。这样得到的评价和评分更具有代表性、更严谨、更缜密，远比某些个别的观点更有说服力，哪怕这些观点看似非常精彩。

除了以上五个致命缺陷之外，柯林斯团队提出的根因分析还存在第六点不足。

第六，不能把归纳出的必要条件原因当作充分条件原因

柯林斯团队归纳总结出的七大"活力"元素充其量是企业从优秀到卓越的必要条件，但绝不是充分条件。如果是充分条件，那么资本家赚钱就太简单了，因为只要投资的企业照着这七大元素做，企业就成功了，资本家的投资收益就会成倍增长。但做企业可不是那么简单，使得企业成功的方程式 $Y = F(X_s)$，在不同国家、不同时期，面对不同技术、不同客户群体、不同经济形势甚至不同气候等因素，都不一样。

其实这11家公司在柯林斯团队研究的15年时间里有11种不同的成功方程式，总共几十种甚至上百种成功因素，那七个成功因素是11家公司的交集，被柯林斯团队总结成"决胜秘方"。一个公司要成功，不仅要发扬正面的成功因素，还要克服甚至攻克一些威胁公司进步的因素。因此，每个公司还得做出有效的决策，采取有效对策应对负面原因。所以，柯林斯团队总结的七个成功因素是采纳用归纳总结求共性的方法，不是真正的根因分析方法。用根因分析方法很容易看出其破绽。

对于柯林斯教授研究企业从优秀到卓越的管理方法，我会应用根因分析的方法给他如下分析思路和建议。

首先，明确卓越企业的标准，我认为卓越企业可以通过股票回报率作为标准，但不能是唯一的标准，应该有多种判定标准。因为有些企业所处的行业竞争激烈，利润率低，股票不受市场追捧，但因为卓越管理却长期在竞争激烈的环境中脱颖而出，如制造业中的富士康。

其次，分析为什么这些企业能够满足卓越的标准。这个根因分析需要采取现场、现实、现物和现人的原则，并通过企业经营和管理原理分析。团队可以先对11家卓越企业做大量研究和分析，然后再请每家企业的中高层经理和员工代表做详细分析和讨论。

最后，分析过程必须结合原理分析，分析这些企业从跨越点到此后的15年其股票绩效为什么是大盘股指涨幅的3.42倍到7倍多，甚至电器城涨了18.5

倍。股票上涨的直接原因是外部股票市场对公司的预期反映，所以如果用股票回报率作为卓越标准，那么根因分析就不能仅分析企业内部的经营管理为什么卓越，还要分析外部股票为什么那么受欢迎。因此，分析过程还必须聘请证券机构的专业人士一同参与。

下图是我针对柯林斯认定的卓越企业的衡量标准所做的根因分析思路，只是分析到较为直接的"技术性"原因，还需要进一步对管理原因进行分析。但这是一种合理的根因分析逻辑，如果不用这样的分析逻辑，而直接从高管的嘴巴里或从公开的报道里寻找信息和资料，并归纳总结成从优秀到卓越的管理原因，那么这样的管理思路和方法更多体现的是艺术，而缺乏科学。但是，管理是科学和艺术相结合的。

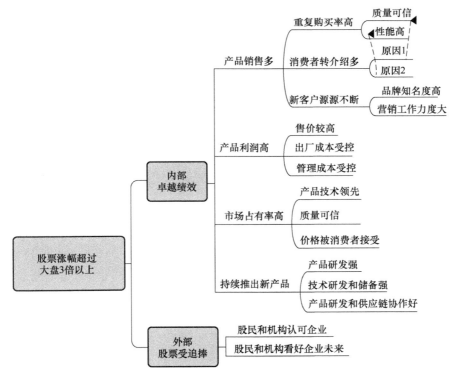

我在这里剖析经典著作不是想哗众取宠，也不是要贬低柯林斯教授的学术水平，只是想告诉大家根因分析方法无处不在，而且用根因分析方法可以更好地帮助我们吸收书本上的知识，同时训练批判性思维。希望读者们也能够指正本书的不足，也帮助我一同进步。

（四）根因分析法避免"幸存者偏差"

2018高考全国卷Ⅱ的语文考试作文题目是幸存者偏差，让考生自拟标题写作。下面是作文题目给出的背景内容。

案例6：幸存飞机的根因分析

二战期间，为了加强对战机的防护，英美军方调查了作战后幸存飞机上弹痕的分布，决定哪里弹痕多就加强哪里。然而统计学家沃德力排众议，指出更应该注意弹痕少的部位，因为这些部位受到重创的战机，很难有机会返航，而这部分数据被忽略了。事实证明，沃德是正确的。

下面补充一下这个故事背后的故事。

1941年，第二次世界大战中，空军是十分重要的兵种之一，盟军的战机在多次空战中损失严重，无数次被纳粹炮火击落，盟军总部秘密邀请了一些物理学家、数学家及统计学家组成了一个小组，专门研究"如何减少空军被击落的概率"的问题。

当时军方的高层统计了所有返回飞机的中弹情况——发现飞机的机翼部分中弹较为密集，而机身和机尾部分则中弹较为稀疏，于是当时的盟军高层的建议是：加强机翼部分的防护。

但这一建议被小组中的一位来自哥伦比亚大学的统计学教授沃德（Abraham Wald）驳回了，沃德教授提出了完全相反的观点——加强机身和机尾部分的防护。

那么这位统计学家是如何得出这一看似不够符合常识的结论的呢？沃德教授的基本出发点基于三个事实：①统计的样本只是平安返回的战机；②被多次击中机翼的飞机，似乎还是能够安全返航；③在机身和机尾的位置，很少发现弹孔的原因并非真的不会中弹，而是一旦中弹，其安全返航的概率极小。也就是说，仅依靠幸存者做出判断是不科学的，那些被忽视了的非幸存者才是分析的关键对象！

上面就是幸存者偏差的较为完整的故事。可以看到，盟军高层专门聘请统计学家、数学家和物理学家来分析原因，提出对策。其实，只要普通工程师掌握了根因分析的方法，就可以做出正确的原因分析，并给出相应的改善对策。

首先，工程师们先要在盟军领导的带领下形成解决问题的团队，因为分析问题和解决问题需要团队作战，群策群力。做这个问题的根因分析，应该找哪些人员来参与讨论？这是做根因分析的重要因素。盟军高层找了一些学校的科学家来分析，不是不可以，而是不够。而且可能没有叫上最重要的人员参与讨论，如战机飞行员，因为战机飞行员了解战争现场。除了飞行员，还有自己军队中的防空前线战士，因为他们了解如何攻击飞机，如何更容易让飞机被击落。盟军分析团队在这方面有缺陷。

其次，问题解决团队要接受过根因分析和问题解决的方法论培训，或者至少有一个懂解决问题的方法论方面的行家里手。盟军分析团队中统计学家沃德就是这样的行家。

第三，针对被解决问题做现场、现实、现物的观察和分析。虽然，当时不太可能安排团队进入到现场观察战机如何被击落，也不可邀请被击落战机的飞行员来参与讨论，但至少应该邀请成功飞回来的那些飞行员一起参与讨论，这些飞行员对飞机如何被击落以及如何更好地保护飞机应该有一些切实的观察和体会。或者，对几架甚至数十架被击落的敌方飞机进行现场观察，分析被击落飞机的问题所在。盟军分析团队在这方面有缺陷。

在做好上述三项准备工作后，团队便可开始实施根因分析了。进行根因分析至少要把握以下两个基本原则：

一是掌握问题的总体分布情况，如果只能看到局部问题，需要分析局部问题是否代表总体问题。

二是在掌握全局问题（此问题是分析对象）的基础上问对问题（问此问题的目的是分析原因）！对，就是问对问题！这是常识和基本，"Back to Basic"，回归基础，B2B！

盟军高层组织的团队在进行根因分析时犯了上述两个错。首先，没有掌握飞机问题的总体情况，只是看见了飞回来的飞机在机翼部分受伤最严重，并把问题集中在机翼受伤这个片面的问题上！全局观念应该分析有多少飞机被敌军击落了，有多少飞机幸运地飞回来了。其次，询问问题的思路不正确。提出的问题是，如何让这些幸运飞回来的飞机更坚固？这显然是错误的问题。正确的问法应该是，是什么原因让飞机被敌军击落？是飞行员被击中？是因为飞机关键零部件损伤而坠落么？能够飞回来的飞机是什么原因？如果把机翼强度加强了，那些被击落的飞机是否能够成功飞回来？

在面对正确的问题，问出正确的问题的前提下，不难得出正确的答案。首先，飞机被敌军击落的原因是什么？通过飞行原理不难得出可能的原因有，飞行员被直接打死，或者发动机和油箱被炮弹击中。因此，飞行员的驾驶舱、发动机和油箱等部位是飞机的关键的、重要的致命部位，容易被敌人盯上扫射。因此，针对这些部位的问题发生频次较高，而且问题的后果很严重。基于问题发生频次和严重性两个维度，就知道这些部位是需要解决的重点。而飞机为什么能够飞回来？其原因也不难分析，因为飞行员未被击毙，飞机虽然受伤但飞行功能未受致命伤害。因此，基于这个分析可知，机翼不是飞机强度加固的重点。

（五）根因分析法助力诺贝尔科学家

大家不要轻看根因分析，据我所知，有两位诺贝尔科学家是通过根因分析而获奖的，一个是关于疟疾的病因分析，一个是关于疟疾的病源分析。

案例7：诺贝尔科学家的根因分析过程

疟疾的科学研究在1880年首次取得了重大进展，当时在阿尔及利亚康斯坦丁军医院工作的法国陆军医生夏尔·路易·阿方斯·拉韦朗（Charles Louis Alphonse Laveran），首次在感染者的红细胞内观察到寄生虫。因此，他提出疟疾是由这种病原体引起的，这是第一次将原生生物确定为疾病的病原。因为发现并阐明了原生动物在引起疾病中的作用，他被授予1907年诺贝尔生理学或医学奖。

对于疟疾这种传染病，光掌握疾病原因及治疗方法还不够，必须查清传播途径才能从根源上降低发病率。英国热带病医生罗纳德·罗斯就一直致力于疟疾传播途径的研究，分析为什么红细胞内有寄生虫。一开始他认为疟原虫传播的媒介是蟑螂，便解剖了许多蟑螂，将它们放在显微镜底下观察，但是没有找到疟原虫。后来他又怀疑了蝙蝠或水中的贝类，均一无所获。

就在焦头烂额之际，一位前辈点拨了他。德国的罗伯特·科赫（发现结核杆菌那位大科学家）去印度考察霍乱时敏锐地注意到，疟疾和蚊子的传播密切相关，率先提出了蚊媒理论，并写信告诉了罗斯。因此，罗斯和妻子在疫区到处巡逻，像傻瓜一样抓蚊子回去解剖。印度天气潮湿闷热，他伏案工作，汗流浃背，脸上落下的汗水锈蚀了显微镜上的螺钉。没有人知道疟原虫会藏在哪只蚊子的身体中的哪个部位，他只好解剖每只蚊子的每个部分，"日以继夜地观察，使我的右眼肿起，但还是要再看下一只蚊子……"

印度有三百多种蚊子，并不是每种蚊子都能传播疟疾，能传播疟疾的蚊子被称为疟蚊。罗斯通过不懈努力，终于在1897年8月20日找到了疟蚊"按蚊"。1902年，罗斯因为找到导致红细胞内的寄生虫的根本原因而获得诺贝尔生理学或医学奖。

按蚊传播疟疾的过程：雌性按蚊叮吸带有疟原虫人的血液时，疟原虫随血液进入蚊体，在适宜温度条件下，疟原虫经过发育、繁殖形成子孢子。随着疟原虫在雌蚊体内完全孵化，雌性按蚊就已经不只是个让人嫌弃的动物，而成了这个星球上十分致命的昆虫之一。下一个被它叮咬的人，将不幸成为疟原虫的携带者。因此，为疟疾寻找病因、病源及治疗措施的科学家们真的很伟大！

拉韦朗和罗斯获得诺奖的根因分析过程及其逻辑链条如下图所示。但在实际寻找和分析原因时，拉韦朗是直接找到结果 1 和原因 3 之间的关系，罗斯是找到结果 3 和原因 5 之间的关系。只要找到原因 3，那么 1 和 2、2 和 3 之间的因果关系在医学世界很容易通过演绎分析及仪器检测证明的。同理，只要找到原因 5，那么 3 和 4、4 和 5 之间的因果关系也很容易证明。下图只是我根据网上各种信息综合整理出的示意图，真正的病理专家分析的因果逻辑链条应该比下面链条还更长、更精细。

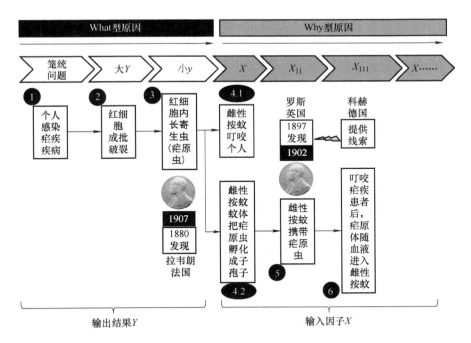

根因分析分成 What 型和 Why 型根因分析两个层次。What 型的原因属于浅层次的分析所得，是输出结果层面的问题，针对 What 型原因只能解决表面问题。而 Why 型的原因属于深层次的原因，属于输入因子层面的问题。本书第二章会论述 What 型和 Why 型根因分析。

五、根因分析用于提高思维层次

前面提到过"得到"APP 的"每天听本书"栏目中有一本是关于多模型思维的书，就是斯科特·佩奇的《模型思维》。简单来说，掌握多模型思维就拥有了一种抛弃习惯经验，切换思考逻辑的能力。

这么说有点笼统，书中有一个故事可以说明什么是多模型思维，以及多模型思维的好处。

这个故事来自于著名的进化生物学家，《枪炮、病菌与钢铁》的作者贾雷德·戴蒙德。戴蒙德讲过一个真实的故事，说的是美国西部山区的森林大火。

案例8：森林大火模型

大概100多年前，美国东部的居民，开始移居到美国西部的山区城市。他们刚住到这里，就发现一个问题。那就是，森林里动不动就着火。这类火灾是干枯的树木被闪电击中，或者其他自然原因导致的。

着火怎么办？按照通常的设想，肯定是赶紧扑灭啊。怎么能眼看森林被烧掉呢？所以，美国林业局定了一条规矩：一旦出现火情，不惜一切代价，必须在第二天上午十点之前扑灭。你看，这个规定很合理吧。

但是，在之后的100年里，老天爷好像故意开玩笑。不管你扑灭了多少火灾，最后总会发生一场特别严重的超级大火，它的规模远远超出了人们的扑救能力，一定会烧得漫山遍野。而且不管你换了多少种扑救手段，用了多少先进的救火设备，最后还是这个结果。每年，都是先扑灭一堆小火，最后再来一场让你束手无策的大火，把前面的努力全部归零。

这就奇怪了，你看，在美国东部居民移居到这里之前，森林里也经常着火，但从来没有这么大的火。要知道，这还是在没有任何扑救措施的情况下。但是，到了西部，为什么扑救之后，火灾反而变大了呢？

这个问题，困扰了美国林业局100多年，后来终于把这个问题弄明白了。大火的原因，不是别的，就是因为灭了小火。

为什么会出现上述奇怪现象呢？发生大型火灾有两个条件：第一是要有一场持续的大风，吹遍整片森林；第二是必须得有足够的燃料，即干枯的树木。

因此，如果西部森林发生小火灾时不扑灭，就等于提前把这些燃料烧光了。等到大风来时就没有东西可烧，火势就蔓延不开。

这个道理，美国森林局当初为什么没想到呢？其实是被"存量"的经验绑架了。因为这些居民原本住在美国东部。东部山区很潮湿，枯死的树木一般都烂在土里，或者严重受潮。所以策略是，见火就灭。不救火，反而违反直觉。到了西部，气候干燥，枯死的树木不容易烂掉，就成了燃料。换句话说，到了西部，环境变了，前提变了，传统的救火模型也就不管用了。

后来，人们还给这类森林火灾建立了一套专门的模型，就叫森林大火模型。这套模型的核心不是如何灭火，而是如何点火。在大风来之前，人为地先放小火，提前把燃料消耗掉，大火就烧不起来了。

这个故事可用于说明人类的四个层级思考能力。

第一个层级，叫作数据。

就是能直接观察到的事实。在森林大火的故事中，知道哪里发生了火灾，就已经达到了这一层。

第二个层级，叫作信息。

就是对数据做归类统计，得出一个准确的数字。比如知道一年总共发生多少场火灾，造成了多大的损失，这就是信息。

第三个层级，叫作知识。

就是面对信息时的处理方式，如面对大火，知道应该用什么技术来扑救，知道怎么组织人员。这些特定情况下的知识，也就是今天常说的模型。

第四个层级，叫作智慧。

就是指面对不同的情况，在多个模型之间，做出选择切换的能力。比如面对火灾，知道东部的山区潮湿，要及时灭火；同时，还能意识到，西部的山区干燥，前提变了，方案也要变，要从传统的火灾模型，切换到森林大火模型。

能凌驾于存量经验之上，切换模型，就是思考的第四个层级，也是最高的层级，即多模型思维。

上述四个层级只有第四层的智慧才对应根因分析，数据和信息只是根因分析的输入条件，知识是凭经验办事，如果遇到相同或类似的问题可以直接应用。智慧是根据数学模型 $Y=F(X_s)$，灵活地进行根因分析，并采取相应对策。比如，在美国东部，森林所处的环境与西部的环境大不相同，特别是森林的潮湿程度。另外，可燃的残余枯木数量也不一样。森林潮湿程度命名为 X_1，可燃的枯木数量命名为 X_2，灭火方法命名为 X_3，当东部和西部的 X_1 和 X_2 都大不相同时，为达成森林防火效果 Y 的目标，则灭火方法 X_3 也应该不一样。

用 $Y=F(X_s)$ 来表示森林防火的根因分析的过程如下。

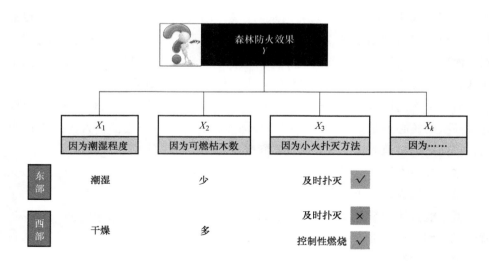

第二章 What 型和 Why 型根因分析

第一节　定期报告的分析方法 ·· 32
　一、定期报告的常见问题诊断 ·· 32
　　案例 1：常见的质量月报 ··· 32
　二、What 型和 Why 型原因 ··· 37
　三、根因分析的"假设"方法 ·· 39
　四、定期报告的分析流程 ·· 42
　五、真正用好 20/80 定律 ··· 45
　　案例 2：某 PCBA 的问题关键 ·· 45
　　案例 3：某品牌服装尺寸问题 ··· 47
　六、锁定问题关键的方法 ·· 48
　　案例 4：如何降低交通事故发生率 ·· 49
第二节　"非马后炮"的根因分析 ·· 52
第三节　根因分析的逻辑思路 ·· 54
　　案例 5：根因分析是企业竞争力 ·· 56
第四节　必须进行根因分析吗 ·· 59

第一章是本书的开胃小菜，读起来相对轻松，有助于打开味蕾。本章是靓汤，美味、营养，也比较容易吸收。之后的第三章是正餐和硬菜，需要细嚼慢咽。

本章包括四部分内容：

第一节介绍定期报告的分析方法，包括六部分内容。先介绍定期报告的常见问题诊断，再介绍定期报告中涉及的 What 型和 Why 型原因，根因分析过程中的"假设"方法，定期报告的分析流程；然后介绍定期报告中锁定问题关键的方法，并介绍如何应用 20/80 定律。

第二节介绍"非马后炮"的根因分析，定期报告属于事后（即"马后炮"）分析。对"非马后炮"的问题，根因分析方法有所不同。

第三节汇总根因分析的逻辑思路。

第四节补充论述是否必须进行根因分析。

第一节　定期报告的分析方法

一、定期报告的常见问题诊断

现在信息化程度高，各种办公软件种类丰富，各种信息及信息表现形式纷纷涌现，在某种程度上反而降低了决策效率和办事效率。为什么这么说呢？2019年1月24日晚，新东方年会上，6名员工演唱《释放自我》的视频疯狂刷屏，其中最著名的一句台词是"干活的累死累活，有成果那又如何，到头来干不过写PPT的"。其实，这个现象不仅存在于新东方，而且在很多大公司都存在类似问题，那就是从上到下都喜欢下属提交报告，提交PPT。但很多PPT页数虽然多，页面排版也很漂亮，但含金量却不高。大家比拼嘴巴功夫，这样的PPT文化对公司的管理其实是种伤害。

为什么会这样呢？因为很多工作PPT，看起来内容丰富，也呈现了很多数据和图表，但大部分只是运用分析工具来"摆弄"现有的数据，只是某些问题或现象的总结和提炼，是信息的"搬运工"，而未做信息深加工。要写好工作报告，内容要有轻重、缓急、主次、大小等的层次感和纵深度，不能仅在一个层面上平行罗列证据和事实，而需要对这些证据和事实进行纵深的挖掘，加深内容的深度，对关键点要做因果关系及相关性等方面的根因分析，并提出相应的改进建议或行动计划。

定期总结PPT报告通常有财务分析、销售分析、生产分析和质量分析等，这几项业务恰好有较多数据可呈现。但问题是财务人员、市场销售人员、生产管理人员和质量管理人员在面对各类数据和问题时，不知道如何挖掘并提出有价值的行动方案。比如说经营财务分析，很多报告就用趋势图、饼状图或者柱状图等，然后指出每个月销售数量是在上升还是在下降，人均产值的趋势是什么，公司销售额占比最大的产品是什么，最大客户的销售情况是什么等，接下来不知道如何分析，也不知道该采取什么措施……

这些分析报告就是本书第一章所讲的第二个层级——信息层级，其意义有限。质量、财务和生产部门的报告也有类似问题。

案例1：常见的质量月报

质量管理工作中每个月总得要对上个月的质量管理情况做个回顾，对产品质量情况做相应的原因分析，采取必要的改进措施。不过，很多质量报告都是现象和症状的罗列，是对既成事实的概述。但为什么会是这个故障率，或者为什么会是研发部门导致的问题占大头，或者为什么 A 产品的不良率比其他产品低，这些原因都不得而知。作者调研过和曾经提供培训、咨询服务过的很多公司都有类似的情况。这些公司的供应链管理及公司经营层面的报告也都是类似情况。

某公司质量报告的分析思路如下，为保密把产品线名称做了匿名化代称处理。

第一步，陈述关于公司三条主要产品线的市场故障率，见下表。

产品线	201x 年 Q1	201x 年 Q2	201x 年 Q3	201x 年 Q4	201y 年 Q1	201y 年 4 月	201y 年 5 月
JZG	1.81%	2.09%	1.02%	0.58%	0.68%	0.67%	0.71%
ZGG	0.85%	0.94%	0.75%	0.65%	0.78%	0.73%	0.76%
XXG	0.38%	0.41%	0.35%	0.43%	0.39%	0.34%	0.39%

用下面的时间序列图展示上表的结果。

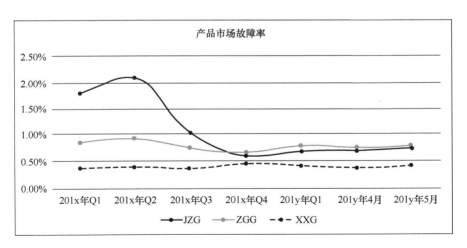

第一步通过时间序列图展现三条产品线的不良率趋势，以及三条产品线之间不良率的差异。发现 JZG 在 201x 年 Q2 季度不良率较高，比较异常。后续几个时间段的不良率趋于稳定，从不良率的总体数据来说没有特别的异常，值得分享。

第二步，对 JZG、ZGG 和 XXG 产品线的市场故障率再进一步细分成具体的产品，然后用同样的时间序列图进行质量状况陈述。下面以 JZG 产品线为例做说明。

四个主要产品的市场故障率统计表如下。

产品	201x 年 Q1	201x 年 Q2	201x 年 Q3	201x 年 Q4	201y 年 Q1	201y 年 4 月	201y 年 5 月
P8	0.19%	0.23%	0.22%	0.24%	0.24%	0.23%	0.21%
SX	4.23%	3.90%	2.36%	0.94%	1.33%	1.46%	1.35%
SM	11.31%	8.04%	7.06%	2.75%	8.19%	7.84%	6.48%
G6	3.05%	1.84%	2.04%	0.90%	1.65%	2.06%	1.67%

四个主要产品的市场故障率的时间序列图展现如下。

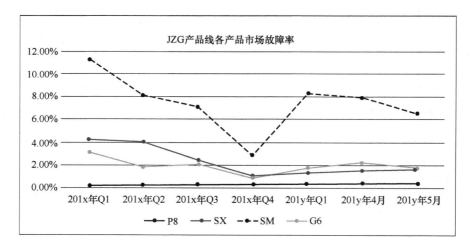

第一步是对三个产品大类做故障率的统计、分析，第二步是对某大类产品做细类（即对具体型号的产品）统计分析。

在第二步分析中发现 JZG 产品线的 SM 系列产品不良率最高，远远高于其他产品不良率。这个产品系列也是 JZG 产品线主要产品线之一，应该针对此产品系列的问题做进一步分析，看究竟是什么原因导致 SM 系列产品不良率高达 7% 左右。可以从 SM 系列产品的缺陷类别统计分析看哪些缺陷占比最高，还可以从其价值流过程（研发、供应商、制造或者安装使用过程）分析看哪些过程的缺陷占比最高，还可以从 SM 系列产品的缺陷原因类别（人、机、料、工艺、研发、环等）分析看哪些原因导致的缺陷占比最高。总之，应该针对 SM 系列产品的缺陷做进一步分析。但是，该质量报告的第三步和第四步及后面的报告都未对 SM 系列产品做进一步分析。

第三步，对 201y 年 5 月的 JZG、ZGG 和 XXG 产品线按照缺陷类别做分析。以 JZG 产品线为例，其 5 月的 163 个故障产品结果见下表。

故障原因	防火等级问题	接触器故障	模块故障	控制板故障	风扇故障	触摸屏故障	通信异常	转接板故障	采样板故障	其他故障
数量	50	24	22	16	11	9	9	8	7	7
占比	30.7%	14.7%	13.5%	9.8%	6.8%	5.5%	5.5%	4.9%	4.3%	4.3%
累计占比	30.7%	45.4%	58.9%	68.7%	75.5%	81.0%	86.5%	91.4%	95.7%	100.0%

通常对这样的故障会用帕累托（Pareto）图（俗称柏拉图）分析，如下图所示。

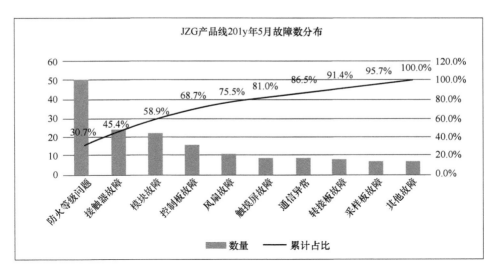

第四步，对 201y 年 1~5 月的每条产品线的所有缺陷按归属部门做统计。同样以 JZG 产品线为例，发现因为研发设计占 56.89%，是主要原因。统计表如下。

故障类别	研发设计	器件	制造工艺	其他
故障台次	227	92	42	38
占比	56.89%	23.78%	10.33%	9.52%
累计占比	56.89%	79.95%	90.48%	100.00%

通常可以用帕累托图（或饼状图）展示，如下图所示。

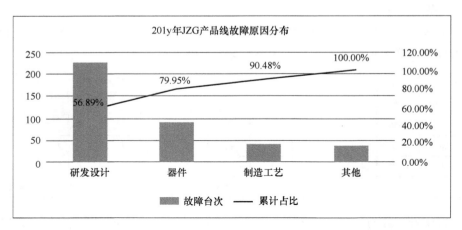

第三步和第四步分析存在两个问题：一是没有接着对第二步分析出的问题关键做分析，即未对 JZG 产品线的 SM 系列产品不良率做进一步深入分析；二是对 JZG 产品线做总体不良率统计分析时的统计数据的时间参数不统一，第三步分析的对象是 5 月的数据，第四步分析的对象是 1~5 月的数据。

第三步和第四步虽然存在以上两个不足，但也有一定的参考价值。

第三步得出 JZG 产品线的缺陷因为不同器件导致的问题有一定差异性，但这些不同器件之间导致问题的差异也不是很显著，故障数量前 4（Top4）的器件决定缺陷的占比相差不到 10%。所以，这些器件的问题可能有一个共性的系统性原因导致，需要进一步分析原因。

第四步得出研发设计和器件本身质量问题是主要矛盾，这两项导致质量问题的 80%。但即使定位到这两项问题，仍然需要做进一步根本原因分析，才能有针对性地解决问题。

但是，该公司的质量报告和定期的质量会议上并未针对研发设计的问题和器件问题做进一步的根因分析，也没有提出针对性的解决措施，而只是做了上述的数据收集和整理，做完数据整理和演示后，也未总结和提炼出问题的关键，未指明这个关键问题的严重性。而大家看到这样的数据也就仅是数据而已，不会自觉地认为问题很严峻。尤其是因为没有找出根本原因和对应的改进措施，使大家感到无所适从、无从着手。时间久了，大家就麻木了。

质量报告和定期质量会议必须明确地指出问题关键、问题的严峻性和紧迫性，以及背后的原因和建议措施，这样才能把信息、知识提炼和升级成公司"智慧"，引导大家朝着正确的方向持续改进产品质量，持续优化管理系统。

该公司的质量报告通过上述四个步骤把 JZG 产品线的市场缺陷数据汇报完了，对另外两条产品线 ZGG 和 XXG 也是采用同样的分析步骤和方法，在此不再赘述。

该公司把产品线质量问题的数据整理分析后，还对生产过程、供应商来料过程及研发过程都分别进行了相应的质量数据分析。另外，针对典型的重大质量问题单独拎出来汇报，这是对的。但对典型的重大质量问题的根因分析也流于形式，详见下表。

序号	问题概述	根本原因分析	纠正/预防措施	负责人	备注
1	201y 年 5 月 JZG 产品线 HL 控制板故障共计发生 16 台次，占比为 9.82%	开关电源板 F1 熔断器烧毁	纠正措施：客户服务工程师现场处理 预防措施：针对开关电源板 F1 熔断器问题，更改使用 7A/73VF1 熔断器，加大余量	张××	无
2	201y 年 5 月 25 日某国客户有 6 台 XY 产品频率故障	频率故障是软件缺陷（Bug）	纠正措施：升级软件 预防措施：暂无	李××	无

上述 HL 控制板故障是由于开关电源板 F1 熔断器烧毁，XY 产品频率故障是由于软件缺陷，但这些都是现象，属于输出的结果层面，不是真正的问题发生的原因。所以，解决措施停留在"灭火"层面，针对开关电源板 F1 熔断器烧毁，"灭火"措施是更换更大余量的 F1 熔断器，针对软件缺陷的"灭火"措施是升级软件。

因此，一份有几十页 PPT 内容的报告，其分析深度和层次仅限于把信息整理成知识，未上升到公司"智慧"。

那么，定期管理报告应该如何进行分析，需要做哪些根因分析，分析到什么程度，如何提出建设性措施，下面就介绍 What 型和 Why 型根因分析方法。

二、What 型和 Why 型原因

《如何用数据解决实际问题》提到了 What 型和 Why 型根因分析过程。作者是日本人柏木吉基，曾经是日本日产汽车公司的内部咨询师，并在专门为日产前 CEO 戈恩及高层管理者解决问题的团队里度过了 4 年时光。

柏木吉基关于 What 型和 Why 型原因的观点是下面介绍的重点。为了避免数据分析原地打转，他建议数据分析需要"流程"。从历史信息和数据中提炼出总结性的管理报告，这是月度报告、年度报告或某个专题报告所需要的，柏木吉基的方法具有参考和借鉴意义。柏木吉基是做销售出身的。销售部门与生产、物流和质量部门等都有很多数据，可以做出精彩的分析，但做不好的话，总结报告会让人打瞌睡。

首先要了解在实际工作中解决业务问题的整体流程，以及该流程涉及的"数据分析"的范围。解决问题的流程从明确目的或问题开始，然后再逐步运用数据来把握现状，或者从所有数据中找到问题的关键。

从开始运用数据把握现状，到找到问题关键为止的过程，叫作"数据整理"。这一阶段仅限于整理数据，还没到挖掘数据进行分析的阶段。这一阶段的特点是，直接运用"总销售额"等表示整体情况的数据。

所有业务都出现同样问题的情况比较少见，大多数情况是只有其中的某些关键部分才是主要问题。为此，需要逐渐划定数据的范围。如果不划定对象，而在所有数据上做文章的话，由于多个要素掺杂在一起，会很难找到问题的关键。只有确定了分解数据的角度，对分解之后的要素进行比较，才能发现问题的关键。例如，"问题是分店 A 的销售"或"问题是服务 B 的集客效果"等，或者上述质量报告中总结出的某个产品质量问题最多，或者是研发设计问题占比最高等，这些都是 What 型根因分析过程。

当锁定问题关键后，接下来就应该考虑"什么原因导致了这些问题"，这就是 Why 型根因分析。Why 型根因分析才是数据分析的精髓和难点。

从"找到问题的关键"开始，"数据整理"的工作逐渐变为"数据分析"。当然，根因分析是一个复杂的过程，不管是技术性根因分析，还是管理性根因分析，都会有各自的特点和难点。分析的具体过程和方法是后续几章的重点内容。

找到原因后还要提出解决方案，不能只是停留在口头层面。设定什么样的目标？数值是多少？实施对策需要哪些资源？只有将这些内容落实为清晰具体的数值描述，决策者才会批准解决方案，给予相应支持。

如果各个分析过程的内容及结果互不相干，无法形成一个连贯的故事，就没有说服力，因此，分析报告要形成一个连贯的故事。为此，首先要明确最重要的目的或问题，确保分析过程与这一目的或问题相关。下图是关于定期报告的根因分析流程示意图。

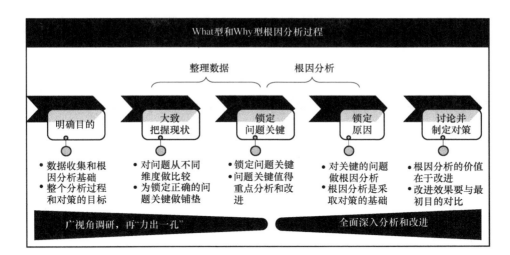

在明确目的或问题的时候，尽可能考虑全面，视角要广。随着数据的收集整理，问题逐步得到澄清，最后锁定符合 20/80 定律的关键少数问题。这个过程就是 What 型根因分析过程。

再对问题关键做根因分析，因为是管理总结报告，通常在管理体系上的根因分析往往是发散的。对策可以有优先级，先针对关键原因和易于实施的措施制订对策。

三、根因分析的"假设"方法

做定期报告需要收集数据，那么要收集哪些数据呢？这就需要用 $Y=F(X_s)$ 的逻辑，针对影响 Y 的可能原因 X_s 来收集信息。那么在不知道哪些 X_s 是可能原因时，需要对可能原因进行假设。所以，大家在做数据分析及根因分析时，一定要学会"假设"方法，很多科学研究都离不开假设。

胡适在五四时期的新文化运动时提出"大胆假设，小心求证"。所谓"大胆假设"，就是倡导人们要打破既有观念的束缚，挣破旧思想的牢笼，大胆创新，对未解决的问题提出新的假设。所谓"小心求证"，就是基于假设寻找事实，进行证明，这是一种务实严谨的学术态度，不能有半点马虎。

这八个字的原型是科学研究的方法论，适用于探索未知的世界或深入研究已知世界，根因分析和问题解决同样适用，对制定战略同样有启发。

在定期报告的分析过程中，锁定问题的关键和锁定原因这两个步骤需要做必要假设。但并不是所有分析都要假设，有时候原因很明确，或者通过既有数据可以分析出原因，或者通过相关的逻辑推理可以找出原因，在找出原因后做验证即可。这些情况下不必做假设。下图是关于 What 型和 Why 型根因分析的假设示意图。

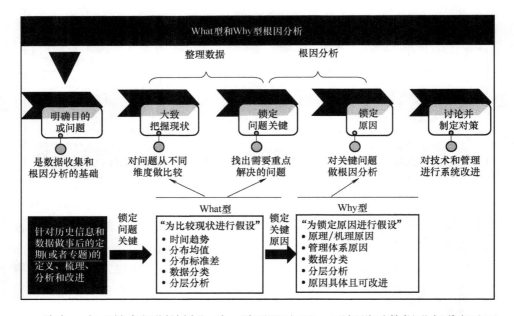

首先，在"锁定问题关键"时，需要通过 What 型假设对数据进行分解和比较。在"锁定关键原因"时，需要通过 Why 型假设来列举出可能的原因。

对 What 型根因分析，其实是对结果数据做整理，对结果从不同维度做分析。所谓的 What 型根因分析是对结果做不同层次和深度的问题分析，把模糊问题变成清晰的问题，变成 Y，乃至最终的小 Y。锁定问题关键就是要锁定需要具体解决的小 Y（或许有几个小 Y_s），总之未进入 $Y=F(X_s)$ 的输入因子 X_s 的原因分析。What 型根因分析与六西格玛方法的"定义"和"测量"阶段相似，Why 型根因分析相当于六西格玛方法的"分析"阶段。

What 型根因分析通常对问题相关数据进行数据分类，从不同维度比较分析。常用的方法有分层法、直方图、帕累托图、时间序列图，以及常用的描述性统计方法等工具。进行 What 型根因分析，以及对问题关键进行假设，这个过程比较容易。下面用柏木吉基关于销售方面的案例重点介绍 Why 型根因分析。

假设在 What 型根因分析时，有一个分析维度是不同店铺的销售额情况，锁定问题的关键是，店铺 A 的现烤面包销售额急剧下降。那么，接下来就要分析为什么店铺 A 的现烤面包销售额急剧下降，锁定关键原因，即进行 Why 型根因分析。

如何锁定店铺 A 的现烤面包销售额急剧下降的原因呢？这就需要使用 Why 型假设，对可能的原因进行假设，并对假设的原因收集相关的数据。如果现行数据不包含假设的原因，则需要收集数据，甚至通过做相关试验收集数据；如果现行数据已经包含假设原因，则可以直接对数据进行分析，分析原因和结果之间是否真的有因果关系。

下图是柏木吉基对店铺 A 的现烤面包的销售额在过去三个月急剧下降的根本原因所做的三个原因假设。

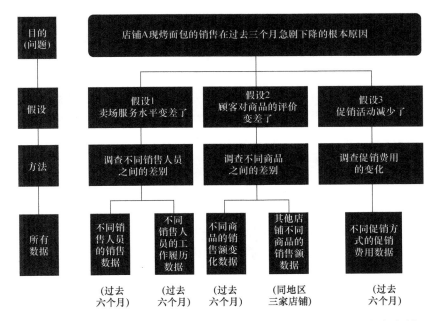

上述分析过程是柏木吉基的三种假设，即三个可能的原因导致店铺 A 的现烤面包的销售额在过去三个月急剧下降。如果你是这个现烤面包品牌的销售大区总监，或者是外部咨询顾问，也许会做其他方面的原因假设。对于销售量的问题分析属于非技术、非理科性的课题，是劣构问题，即没有标准的思考方式和答案的问题。因此，假设的原因乃至最后分析的原因，不同人可能得出相同或相似的结论，或者不同结论。

现在顺着柏木吉基的假设来看如何分析，或者应该如何根据数据进行分析。

◆ 假设 1　卖场服务水平变差了（服务的原因）
◆ 假设 2　顾客对畅销商品的评价变差了（商品的原因）
◆ 假设 3　促销活动减少了（促销的原因）

针对假设 1 的卖场服务水平变差了，方法是确认不同销售人员之间的服务水平，以及不同服务水平造成的销售额数据差异。因此，需要收集两个数据：一个是不同销售人员过去六个月的销售额数据；另一个是过去六个月的不同销售人员的工作履历数据（目的是考察销售人员的流动更换）。

如果对于同样的销售人员在过去三个月的销售额和之前第 4~6 这三个月的销售额几乎没有变化，甚至销售额略有上升，但因为新换的销售人员在过去三个月销售额下降得厉害，则基本可以确定服务水平变差是个主要原因。即，销售人员变化导致的服务变差，因而让店铺 A 的现烤面包的销售额在过去三个月急剧下降。

如果所有销售人员（含新销售人员）在过去的三个月和之前第 4~6 这三个月的销售额都下降差不多水平，则服务水平差异不是（主要）原因。

如果销售人员在之前第 3、4 月都全更换了，且这些新销售人员在刚过去三个月的销售额相比原有销售人员在之前第 4~6 这三个月的销售额有所下降，那么说明服务水平可能是个主要原因，但还需要确认是否有其他原因。总之，在对收集的数据做分析时，要具体情况具体分析。

当确认导致服务水平和销售额下降的原因是销售人员的变化，可以采加强对新销售人员的培训或招聘有经验的销售人员来解决。除此之外，需要分析为什么有经验的销售人员离开店铺 A，并采取相应的改进措施。进行 Why 型根因分析，并采取改进措施，这是本书后面内容的重点，在此不再展开论述。

另外，这里就不再对另外两个假设的原因做详细剖析了。

一般而言，对于历史性宏观的经营质量、供应链绩效、销售业绩及产品质量分析等，What 型根因分析的假设非常简单，主要是应用分层法，针对不同客户、产品、部门、缺陷类别、供应商等类别进行分层，再锁定问题关键小 Y（或 Y_s）。然后，基于问题关键做 Why 型根因分析。Why 型根因分析相对更复杂，需要掌握 $Y=F(X_s)$ 的工作模式，而不仅分析输入因子 X_s。

注意，这里的 $Y=F(X_s)$ 的 Y 要分解到问题关键小 Y。如果有几个小 Y，则每个小 Y 都有一个工作模式小 $Y=F(X_s)$。但是为了便于解释，所有输入与输出都用统一的方程式 "$Y=F(X_s)$" 表示输入和输出的关系，不用 "小 $Y=F(X_s)$"。

四、定期报告的分析流程

现在回头论述前面的月度质量报告。在第三步和第四步应该对 JZG 产品线不良率最高的 SM 系列产品做深入分析，发现 SM 产品缺陷的主要原因仍然是研发设计和器件本身质量问题。这就是定期报告得到的 What 型原因的问题关键，即小 Y_1 是研发设计问题，小 Y_2 是器件问题。接下去需要对小 Y_1 和小 Y_2 做 Why 型根因分析了。

如何做 Why 型根因分析呢？这涉及非常具体的技术性根因分析方法和过程，可以通过问题检测或推理验证等方式（也许需要利用假设的方法），这需要具体的专业技术，结合数据分析方法。比如对于研发设计问题，要记录和统计问题出在什么流程、什么岗位、什么部门，要把具体的研发技术问题（如软件、硬件或设计选型等问题）延伸到管理层面的原因。这些分析过程是线下的工作，月度报告中不用体现，定期的管理会议上只需呈现 Why 型根因分析结果，呈现改进计划、改进状态、改进成效及需要获得的支持等。

那么前面月度质量报告确定 What 型原因的方法合适吗？月度或年度报告是宏观的把握和分析，如何确定公司的整体质量问题的关键是什么呢？质量问题涉及诸多方面，有的是客户投诉，有的是市场返修，有的是内部返修、返工，有的是报废。所有这些问题用什么尺度来统一展现问题的重要性和严重度呢？可以用不符合质量的成本（Cost Of Poor Quality，COPQ）。这是非常好的衡量方式，是公司老板、高层和基层都看得懂的统一语言，能够量化问题严重度，是推动质量改进的动力，是克劳士比零缺陷四项基本原则的重要一条。用它来解决问题也是作者在西门子公司的最佳实践之一。把所有环节的质量问题用成本来排序，用统一的成本语言来确定问题关键。对于某些重大客户投诉，虽然损失的直接金额不大，但可以在内部制定一个统一的金钱损失评价标准，用以衡量投诉的严重程度，其目的就是引起共鸣、达成共识。

用 COPQ 衡量 What 型原因，锁定问题关键的方法，是更有说服力的。前面介绍的月度质量报告没有用这个方法，因此所得出的问题关键有可能偏离了方向，也可能不会得到大家的认可和支持。

比如，当分析出公司总体的质量损失主要是研发设计和来料问题导致的。那么如何做 Why 型根因分析呢？

针对研发设计做分析，除非原因非常明确，否则一般要用假设的方法收集相关证据，再分析原因。研发设计质量问题的 Why 型根因分析，可以按照下面方法做不同维度的假设：

- 第一种假设。假设不同部门是造成设计问题的主要原因，并针对不同部门的设计问题进行数据收集和分析。如果研发设计问题大部分是某一两个部门导致的问题，且比其他部门的问题多许多，则该部门的能力相对其工作要求来说有差距，这是导致设计缺陷的一个主要原因。

- 第二种假设。假设不同项目经理负责的项目，或者不同的关键工程师所"贡献"的问题数，是主要的。通过数据收集和分析，发现如果有显著差异，还需要进一步明确原因是什么。
- 第三种假设。假设研发问题主要因为在某个阶段有较多设计缺陷，如在需求分析与确定阶段通常由于不严谨、草率导致后续诸多设计变更。总之，假设之后需要有数据验证，而不能仅凭脑袋中的记忆和经验，因为记忆和经验可能有误。

还可以做其他方面的原因假设，总之，通过假设和数据收集找到原因后，或者通过其他方法找到原因后，是否需要继续深挖原因呢？这取决于分析出的原因是否具体，针对原因是否可以采取有效措施。上述三种 Why 型原因的假设分析仍不足以采取具体措施，因此仍然需要深入分析深层的具体原因。

比如，前面研发设计的问题主要是因为某个部门的问题非常多，占主要原因。这个原因虽然明确了改进对象，但如何针对该部门进行改进呢？仍然需要继续深挖下一层原因。原因可能是该部门承担的任务过多、过重，或者是该部门专业技术积累不够，或者是该部门的员工整体技术能力偏弱，或者是该部门管理不善。如果是管理不善，则仍需继续挖掘深层原因，如可能是员工绩效考评不公平，或者是工作时间安排不合理，或者是经理管理太松散，或者是员工懒散无斗志，或者是这些原因的组合等，视情况而定。可能需要针对这些原因继续分析，直到可以采取有效的具体措施为止。

如果得到的主要原因是某个别项目经理或关键工程师能力欠缺，导致他们负责的项目或工作缺陷比较多，则最好客观比较这些项目经理，或者对比关键工程师与其他同业务、同级别人员，寻找背后的原因再采取相应措施。

如果按照阶段划分发现产品定义阶段导致的问题比其他阶段多许多，或者设计开发阶段的问题占比最多，同样需要往深层次分析原因。继续分析原因，发现可能是系统设计能力不够，或者组织架构不健全，或者缺少关键的架构设计工程师，或者定义阶段的工作流程和方法有欠缺，或者研发工作不重视前期的产品定义和概要设计等原因。当找到这样具体的原因后，才能够采取具体的针对性的措施。必要时还可以继续挖掘深层原因。

定期报告和管理层会议讨论的议题不是每个月都需要更新那么多管理问题，因为公司的管理原因变化一般是不大的。因此，定期报告的关键是能够一次性花时间、精力，与团队一起协作，锁定好 What 型问题关键，把 Why 型根因分析全面和透彻，策划和制定适宜的管理举措。那么在相当一段时间的定期报告和管理会议上，主要任务就是更新管理举措的进度，并适当对原因或改进措施进行纠偏。与此同时，更新当期的典型问题，采取相应的改进举措。

当然，如果公司的管理问题很少时，定期报告和管理层会议也没必要特意去分析总体管理问题和原因，可以根据当期的问题进行根因分析，并采取持续改进的措施即可。

五、真正用好 20/80 定律

在前面的定期质量报告的例子中，主要针对公司整体质量管理状况和问题做分析和改进。因此，在管理会议中不会对最高不良率的 SM 系列产品做过多详细阐述，而是针对 SM 系列产品引申出的公司级管理体系问题做重点分析，并策划改进方案。但如何锁定 What 型的问题关键呢？通常问题关键要符合 20/80 定律。如果不符合 20/80 定律，所锁定的问题关键很可能就不是问题关键。

上述 SM 系列产品的市场返修率是其他产品的数倍，从不良率角度来说符合 20/80 定律。另外，SM 产品的研发设计和元器件问题总共占近 80% 的缺陷数，也属于问题关键。但某些情况下在对问题做分类分析时，发现问题不符合 20/80 定律，此时应该如何锁定问题关键呢？

案例 2：某 PCBA 的问题关键

某个质量改进课题是降低某产品 T 的焊有电子元器件的印制电路板（Printed Circuit Board Assembly，PCBA）的焊接不良率，假设是由于不同元器件的焊接质量导致该 PCBA 的焊接不良率比较高。因此，对该 PCBA 的不良数按照元器件进行分类统计，其帕累托图如下图所示。

如下图所示，产品 T 的 PCBA 的焊接不良不符合 20/80 定律，不良元器件很分散，最高的元器件 L515 不良数只占 19%。如果按照一般的改进思路，把问题的"Top 3"或者"Top 5"当作问题关键，然后分别分析这些"Top x"不良的元器件背后的原因。这样的分析会吃力不讨好，事倍功半。

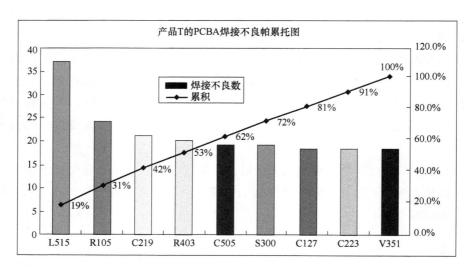

当发现某种假设分析出的 What 型原因与 20/80 定律严重不符时,需要从另外的角度假设原因,以寻得符合 20/80 定律的问题关键。

比如上述例子,再假设由于不同的焊接缺陷类别是导致产品 T 的 PCBA 焊接不良的主要原因。下表是从缺陷类别分层统计(从纵向统计的数据,同时包括从元器件位置统计的缺陷)。

元器件	缺陷								加总1
	错位	缺件	立碑	极性反	侧立	破损	倒置	其他	
L515	17		2	1	8			9	37
R105	13	8			2		1		24
C219	15	4			1			1	21
R403				20					20
C505	5	14							19
S300	18						1		19
C127	18								18
C223	14	4							18
V351	12	6							18
加总2	112	36	2	21	11	0	1	11	
累积%	57.70%	18.60%	1.00%	10.80%	5.70%	0.00%	0.50%	5.70%	

从上表看出,产品 T 的 PCBA 焊接不良与不良类别关系很大,不良类别也符合 20/80 定律。所以,要降低产品 T 的 PCBA 焊接不良率,其问题关键是小 Y_1 错位以及小 Y_2 缺件两类焊接质量问题。然后在 Why 型根因分析时针对这两个

小 Y 分析，后面做 Why 型根因分析的对象才正确，也容易找到根本原因。

如果前面按照不符合 20/80 定律的元器件位置进行 Why 型根因分析，最后也都会发现问题原因与位置不相关，而与缺陷类别相关。而上述两类关键缺陷类别主要涉及设备和工艺参数等问题，具体分析过程在此不再赘述。

对于上述产品 T 的 PCBA 焊接不良的例子，当发现不同元器件不是问题关键时，可以较为容易地通过假设由于不同类别缺陷导致。有时同样的问题会有不同维度的数据，要找到符合 20/80 定律的数据确定问题关键。但有的问题却不容易发现问题关键，下面就讨论这样的案例。

案例 3：某品牌服装尺寸问题

某知名品牌服装代工厂拥有棉花、布料及成衣制造一条龙产业，实力强大。但制衣行业都不可避免会遇到洗衣后的尺寸缩水问题。下面是某型号衣服洗后尺寸不合格的某段时间的统计结果：胸（Chest）的不良数最高，250 件；其次是腰（Bottom），不良数为 190 件；袖子（Sleeve）的为 180 件，肩（Shoulder）的为 170 件，前胸（Front）的为 160 件，背（Back）和衣领（Collar）的为 150 件……

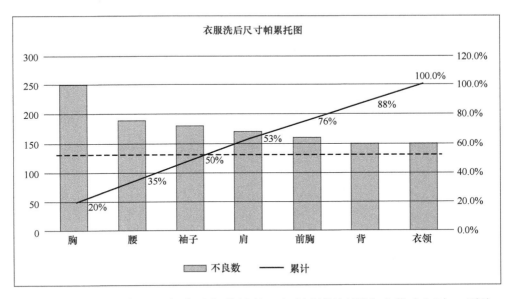

上述缺陷是根据不良部位进行统计的。如果根据问题多少依次解决，则胸、腰和袖子等部位是问题关键，属于"Top 3"问题。但按照衣服部位不良分类不符合 20/80 定律，这样的问题解决办法不属于"杠杆解"。

备注：杠杆解的含义是通过分析 $Y=F(X_s)$，寻找影响绩效 Y 的关键少数输

入因子 X_s，极大地提高输出 Y 的绩效，就像四两拨千斤那样用巧劲。

针对上面同样问题，是否可以针对问题发生的原因类别"人、机、料、法、环、测"进行统计呢？理论上是可以的。但当时衣服在洗后的尺寸不良并没有关于 5M1E 的问题收集，也没办法收集，因为洗完衣服后的尺寸不良很难直接与人员、机器、方法或布料对应。此时，要找符合 20/80 定律的问题关键就不太容易，陷入了困局。

怎么办？从帕累托图看出，每一个部位的缺陷数量都差异不大。因此，在那些柱子中横着画一根虚线，那根虚线以下导致的各部位不良是由于它们的共同原因造成的，只要找出此共同原因就容易解决所有部位的缺陷了。而虚线以上的剩余部分，大致符合 20/80 定律，再针对各部位的个性问题依次解决。

循着这个思路分析，找到各部位尺寸问题的系统性的共性原因是因为布料的尺寸缩水率问题。因此，此批次衣服的尺寸问题的 What 型问题关键是布料缩水率问题！其次是因为缝制不同部位的工艺难度导致尺寸偏差，即缝制方法受限制是导致尺寸缺陷的次要原因。其他的原因导致的缺陷非常少。

因此，要降低上述型号衣服的尺寸不良率，最主要是解决和控制衣服的布料缩水率的问题。后续针对布料的缩水率问题做 Why 型根因分析才是正确的方向。

针对有一定统计数量的专题问题，如降低某个产品或整个公司的产品缺陷率，或者降低某个区域的车祸数量，或者降低某品牌笔记本计算机的消费者投诉数量，或者提高某个产品的销售数量等，这类问题需要做详细的 What 型根因分析，找到问题关键后深入透彻地分析问题关键的根本原因。要找到 What 型原因的关键，在进行 Why 型根因分析时针对问题关键做分析才会做到事半功倍，否则方向错误导致在 Why 型根因分析花费很大精力放在"芝麻小事"上，最后的改进措施也被置于"芝麻小事"，最终效果会很差。而这样的错误却普遍存在，很多公司的各种报告或各种六西格玛改进项目都可以看到错误聚焦于"Top 3""Top 5"，这些根本不符合 20/80 定律，不是问题关键。但大家都以为自己在做正确的事。因此，对于任何问题的分析，锁定 What 型原因的问题关键，至关重要！

六、锁定问题关键的方法

锁定 What 型问题关键的方法和步骤如下：

（1）把问题按不同类别分层，一般可以把同样的问题信息按 4W（What、Where、When、Who）进行分层，收集相关数据和资料。最基本的工具就是分层法。

（2）通过对不同层次进行数据分析，观察哪一种分层方法满足 20/80 定律，即关键少数问题类别占绝大多数的问题数量。把符合 20/80 定律的分类作为 What 型原因的问题关键。其中最基本的工具是帕累托图或饼状图。

案例 4：如何降低交通事故发生率

下面用大家都熟知并痛恨的交通事故作为案例进行研究。如果你是相关部门聘请的改进专家，如何帮助交通管辖区域降低交通事故率呢？首先是要收集交通事故的数据，那么如何收集数据呢？就按照 4W 的分层结构做数据收集。

对于 What 类型，可以按不同车型的交通事故数量收集；对于 Where 类型，可以按照区域、道路等，收集交通事故数量；对于 When 类型，可以按照每天的不同时间段、一年 12 个月的不同月份或周一到周日，收集交通事故数量；对于 Who 类型，可以按照男女、年龄段或驾龄段等，收集交通事故数量。

不论按照 4W 的哪一类分层收集数据，其总体数据都是一样的，只是做数据收集和分析的视角不同。下面根据真实案例做分析演练。

"海宁新闻网"记录了关于海宁 2014 年 1~11 月的交通事故 52866 次，这些事故的分布如下。

分层	细类	事故数	占比
时间（When）35.7%	7:00~8:00	9019	17.1%
	16:00~17:00	9848	18.6%
道路（Where）29%	海昌路	2749	5.2%
	海宁大道	2670	5.1%
	01 省道海宁段	2148	4.1%
	硖许公路	1989	3.8%
	文苑路	1475	2.8%
	水月亭路	1128	2.1%
	海州路	972	1.8%
	由拳路	849	1.6%
	塘许线	763	1.4%
	320 海宁段	709	1.3%
区域（Where）65%	海州街道	9915	18.8%
	许村镇	7586	14.3%
	海昌街道	6963	13.2%
	硖石街道	6477	12.3%
	马桥街道	3301	6.2%

分层	细类	事故数	占比
事故类型（What）88.2%	侧面相撞	33221	62.8%
	追尾	5781	10.9%
	单车撞物	4181	7.9%
	正面相撞	1833	3.5%
	同向刮擦	1625	3.1%
车型（What）120%	轿车	29724	56.2%
	电动自行车	13156	24.9%
	客车	7536	14.3%
	货车	5415	10.2%
	摩托车	4008	7.6%
	电瓶三轮车	3980	7.5%

注：
1. 上述数据都只是列出了前几名的，并非全部。
2. 车型部分只列出了前六种车型的事故数据，虽然这六种加起来已经 120%，但总数可能接近 200%。这是因为大多数事故涉及两辆或更多车辆，所以存在大量重复计算。个别情况下可能是某一辆车撞上栏杆或其他障碍物等。

上面是海宁新闻网给出的信息，按照 4W 进行了分类，但缺少按 Who 类型的维度分析。如果只是从上面信息判断的话，你作为专家，下一步应该如何做呢？

从 When 和 Where 两个层面分类，问题都很分散。When 类型的聚焦度可能还大一点，因为时间按 1 小时来划分的话，一天可以划分成 24 小时，这样划分的话，则 7：00~8：00 及 16：00~17：00 的事故率比平均值大很多，如 7：00~8：00 的事故率是平均值的 4.1 倍（17.1%/（100%/24））。但是如果只按车辆主要运行的时间的话，一天也许就变成 12 个小时（7：00~19：00），或者 15 个小时（6：00~21：00），这样划分的话，则上述两个时间段的事故率的显著性就降低了。

再按事故的 What 类型，侧面相撞占所有事故的 62.8%，非常显著。轿车占比 56.2%，也很显著。那么究竟是把"侧面相撞"，还是把"轿车"的事故当作问题关键呢？

作者认为应该把侧面相撞当作下一步问题的关键做 Why 型根本原因，因为轿车虽然占比 56.2%，但轿车本来就比客车和货车的数量多，所以如果用每辆轿车的事故率和每辆客车的事故率相比，轿车可能就不是问题关键，很难切入问题的本质。因此，用车型的事故数找问题关键，是一个坑。

上面所呈现的数据分层方法是不够的，因为凭常识知道，交通事故主要取决于驾驶人的技能和习惯问题。因此，还应该从 Who 类型的层面假设不同驾龄的驾驶人或不同性别的驾驶人造成的事故率是否有显著差异。而这些数据应该在处理交通事故时有记录，计算机系统里有数据，需要把数据提取出来做个统计分析。

由于海宁新闻网没有给出关于 Who 类型的事故率，因此，作者又在网上搜索到"ZoneM 战马车服"网站上提供的数据。其中有如下两项数据都是关于 Who 类型的分层所统计出的不同驾龄及男女性别造成的事故占比，下面是 2019 年全国道路交通事故大数据。

分层	细类	事故数	占比	分层	细类	事故数	占比
驾龄（Who）100%	0~5 年	无数据	55.3%	性别（Who）100%	男性	无数据	85.1%
	6~10 年		20.7%		女性		14.9%
	11~15 年		14.6%				
	15 年以上		9.5%				

从驾龄和性别对应的交通事故比例来说，如果 2014 年海宁市的与 2019 年全国的是一致的话，那么要分析如何降低海宁交通事故发生率的话，就可以把性

别和驾龄作为问题关键，这样更容易找到根本原因和解决办法。

把男性驾驶人导致交通事故作为"降低交通事故率"的问题关键，分析过程如下图所示。

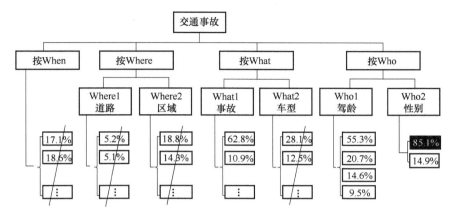

在做 What 型根因分析过程中，锁定问题关键后，有时候为了更精准地做 Why 型根因分析，还可以把问题关键做进一步细分。比如这个交通事故的例子，可以把男性造成的交通事故进一步按照驾龄区分，如下图所示。

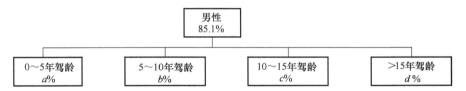

然后，再分别对四个分支问题做 Why 型根因分析。这四个群体的事故原因有一部分是相同的，有的不同。如果驾龄大于 15 年的男性驾驶人导致的交通事故率很低，也可以不必分析。

确定问题关键，最重要的是把握住是否符合 20/80 定律。虽然 What 型根因分析没太多技术性含量，但却决定后续根因分析和问题解决的思路甚至方向。因此，尽可能做不同维度的假设和分层，收集相关的数据，找准问题的关键。如发现不符合 20/80 定律，则需要更换思路。作者在为企业提供咨询服务时就遇到不少同仁包括一些六西格玛黑带，他们的改进项目在锁定问题关键时就出现了方向性错误，导致后面的根因分析陷入僵局。特别是在制造业，在降低产品技术故障时，最习惯性地用不同元器件导致的损坏数量做分类，然后再对"Top3"的元器件进行改进，找供应商、采购和研发等加强供应商的质量提升。但殊不知，这些元器件本身的问题可能占极少数，背后的原因主要是设计缺陷。

第二节 "非马后炮"的根因分析

前面论述的定期报告或专项改善课题都需要针对历史数据做整理、分类，然后根据 20/80 定律确定问题关键。这是"马后炮"式的根因分析和改进，但是不能让所有问题都等到定期的报告和管理会议才去定期解决，也不必等到成立正式的改进团队后才去做根因分析和改进。最好能够第一时间把问题解决掉，讲究解决问题的时效性，即及时解决，而"非马后炮"。

第一时间解决问题分两种情况：一种是影响较小的问题，对这些问题的解决主要依靠听得见"炮声"的一线人员，但不是所有一线人员都那么厉害。所以，一般情况下，一线人员主要把精力集中在具体问题上，侧重于灭火措施，根因分析和问题解决能力有限，解决问题的深度、范围和视野有限，导致问题的根本原因可能没有被杜绝。这种情况下的遗留问题是需要后续的持续改进的。第二种情况是影响较大的问题，如客户投诉或产品性能不良导致生产不能正常进行或员工打架等。这类问题需要更加谨慎的分析和处理，通常需要根因分析与问题解决的正式报告。

有的问题没有办法或没有适当方法能在第一时间被解决，因此问题长期存在并困扰公司。常见的情况如公司的产品合格率、准时交付率或制造效率等不满足要求，即使发现问题，要么返工，要么无能为力，总之没有好的方法从根本上解决问题。对这类问题，需要成立专项改进团队，用项目管理的方式推进改进。常见的改进方式是成立质量管理小组（Quality Control Circle，QCC）或六西格玛改进小组等。但是，如果负责团队掌握根因分析和问题解决的技能，并具备组织协调能力，应该在问题发生或发现的第一时间尽早解决，而不要等到问题累积到不得不解决时才成立团队解决问题。

从某种意义来说，六西格玛定义、测量、分析、改进、控制（Define Measure Analyze Improve Control，DMAIC）改进方法是一种事后补救措施。以前通用电气宣扬每年节约数十亿美金的做法并不值得赞扬，有以下三个原因：

一是，很多工作应该是第一次就做正确的。

二是，即使没有第一时间做正确，也应该第一时间就解决问题。

三是，在应用六西格玛解决问题后，如果没有每年降低问题的发生率及严重程度，说明六西格玛没有为公司带来管理改善。公司只是花了很多精力培养许多救火英雄和"扁鹊"，但公司更需要保健医生和"扁鹊大哥"。因此，即使推广六西格玛，也应该对应用六西格玛的"扁鹊"进行职业改造，把他们培养成集医治与保健能力于一身的"扁鹊大哥"。

较好的如丰田汽车，它是用自动化质量管控方式，第一时间发现问题，并及时进行根因分析解决问题。当然，任何公司包括丰田，都不可能在第一时间就彻底解决所有问题，有一些影响较小的偶发性问题需要事后做持续改进。

网上有个讨论是"丰田为什么不用六西格玛而用5Why"，作者是赞同其中部分观点的。因为5Why的目的是进行根因分析，在进行根因分析时，可以用质量管理（Quality Control，QC）工具，也可以用六西格玛工具。根因分析是主，六西格玛是宾，不能喧宾夺主，不能唯高大上，不能唯复杂化。其目的是解决问题，哪怕用最简单彻底的现场主义方法。当然，5Why也不是万能的，5Why的前提是能够发现问题的真正原因，当连原因都找不到或找不准时，5Why也得熄火。

下面用制造业的场景，论述第一时间做根因分析和问题解决的流程，即"非马后炮"的问题解决流程。

生产线上的问题最好采取自动化的质量管理方法，利用三现主义（现场、现实、现物）对现场发生故障的不良品或其他异常现象，对问题的可能原因（人员操作、设备运行情况、材料质量情况、环境等）进行第一时间分析，并解决问题。这种现场的问题解决不需要收集What型数据，不需要搞那么多烦琐的数据和资料分析，而应该直接对眼睛看见或机器检测到的问题做分析，并尽快第一时间解决。追求的是快速、有效。

研发阶段不可避免会出错，如据统计软件编程过程中每写100行代码会犯150个错误，其中绝大多数错误会在编译运行前被软件人员自行检查发现并解决，或者设计缺陷可通过专业人员的评测或测试发现。对于这类问题同样应用自动化的管理原则第一时间解决问题，不用做正式的根因分析。但当一个研发项目结束后，或者多个研发项目结束后，应该做第二阶段的根因分析，即对研发过程中所有典型的问题进行What型根因分析，锁定问题关键，并深入而系统地进行Why型根因分析。比如，针对研发阶段出现的诸多问题，对技术储备、技术架构、技术和产品平台、研发的技术标准、能力评估及研发流程等管理性原因和技术先进性做问题分析，以便从系统上整体提升研发能力。

客户投诉问题是典型的需要第一时间彻底解决的。如果同样的客户投诉或类似的客户投诉接二连三地发生，则说明没有第一时间解决掉之前的客户投诉。

最好是所有问题都能够第一时间就能发现，然后第一时间被解决。但有时候，问题可能不会在第一时间被发现，或者有时候原因不会在第一时间搞清楚，遇到这样的情况，甚至不得不"马后炮"式地解决问题。下面讨论的两种情况在所有行业可能都存在。

第一种问题如服装销售。服装厂不可能对每款产品都召开新品上市发布会来宣传，因此新款服装究竟好不好卖，一定要经过一段时间的销售后，通过对销售数据做 What 型根因分析锁定问题关键，然后才能分析原因，采取改进对策。

第二种是两难问题，有决策在做，但不知道对不对；也没有足够信息做出正确的根因分析。此时，可以把问题先暂时放一放，按照惯有的方法做下去，并根据假设的相关原因收集一段时间数据，再统计分析之前的决策哪些是合理的，哪些是不合理的。据此做相应调整。作者的一个客户的供应链经理曾经遇到这样的问题咨询作者。他在物料采购时经常遇到成本、质量及交付等几个要素之间的矛盾，经常因为项目原因需要临时采购，因此经常会牺牲质量或成本而满足交付需求。这样有时候反而导致更严重的交付问题，但他又暂时没有办法改变现状。他问作者是不是应该坚持质量第一的原则，如果公司坚持这个原则，他就不必为每次的临时采购而担心了。

作者说坚持质量第一是终极目标，但在公司现实情况下很难一刀切，很难一步到位。因为他们公司主营的是特种产品，批量小，每个单品每年就几个或数十个，但品种又多，且很多是研发型的项目采购。所以，作者建议他应该收集之前每次采购的决策选项，看决策的正确与错误。然后，归纳并统计分析，据此给出合理的采购决策建议，并提交采购委员会讨论。依据数据分析和业务需要，综合考虑，制定普适性的采购决策原则。这样做能达到三个目的：一是符合"基于事实和数据做决策"的原则，因为类似这样的决策是需要经验的，当经验和信息都不够时，很难建立有效的 $Y=F(X_s)$ 的关系并做出正确判定；二是把每次采购的个例讨论变成原则性决策，提高决策效率和决策质量；三是基于历史"大数据"经验和大家共同讨论制定的原则，而非采购部门或其他某个部门的观点，因此大家会心服口服。

总之，尽可能第一时间发现问题，分析问题并解决问题。对这类"非马后炮"式的问题，应当是第一时间直接针对看到的、遇到的问题做 Why 型根因分析，找出正确的解决方案，及时采取必要的纠正措施，同时做好过程记录，顺便收集历史资料。对于没条件第一时间发现和解决的"马后炮"式的问题，需要收集一定数量的 What 型数据才能够锁定问题关键，再做 Why 型根因分析。

第三节　根因分析的逻辑思路

根因分析主要包含四个步骤：①明确根因分析的目的；②针对"马后炮"式的问题收集和分析 What 型数据并确定问题关键，针对第一时间要解决的具体问题则不必收集 What 型原因相关数据；③对问题关键做 Why 型根因分析；④制定对策。四个步骤是 1+3 式的步骤（1 是指明确目的，3 是指发现问题、分析问题和解决问题）。

不管是对"马后炮"式的问题还是第一时间需要解决的问题，在确定问题关键过程都是一样的，即把笼统问题变成具体需要解决的问题小 Y。当然，有的问题太简单了，不必有这个过程，比如生产线上工人测试产品发现某个电阻值超过规定值，这个问题就非常具体，也非常明确，直接就应该进入到 Why 型根因分析。当问题很笼统时，如前面举的交通事故率，那么就需要通过 What 型数据收集和分析，先分解成男性驾驶人的交通事故率，直到分解成几个小 Y_s（不同驾龄的男性驾驶人的交通事故率）的过程。

What 型根因分析主要是明确问题关键，从笼统问题变成 Y，把 Y 分成中 Y，最后分解成小 Y。锁定问题关键小 Y 后，再进行 Why 型根因分析，分析导致小 Y 的直接原因点（Point of Cause，PoC），在此基础上应用 3×5Why 等工具做深入而广泛的根因分析，从而制定出系统性的全面的改进措施。

针对具体问题或改善课题的根因分析，其逻辑思路如下图所示。对于定期的管理性报告，虽然在做 Why 型根因分析时，不用对技术性的直接原因分析得那么精细，但这个逻辑思路是可以参考的。

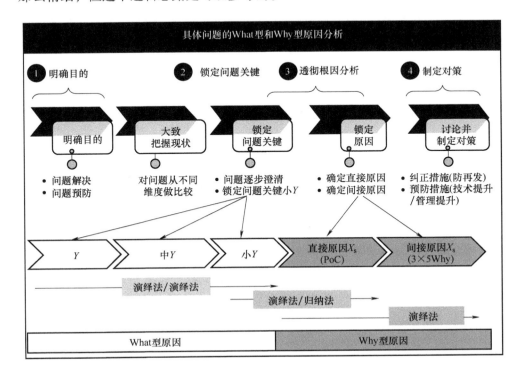

通过小 Y 分析 PoC，需要涉及相关专业知识和数学分析知识，有时候相当困难。寻找小 Y 的直接原因 X 可能用演绎推理就可以找到，或者借助必要的数学统计来用归纳法找到。用归纳法找出的 PoC 需要再用演绎法进行确认，以证明归纳法得出结论是可信的。

找到 PoC 后并没有完，需要通过 3×5Why 寻找更深层次和更广泛的根本原因，作者把这个过程叫作透彻根因分析，以强调根因分析的深度和广度。用 3×5Why 做透彻根因分析的前提条件是找到小 Y 的 PoC。在找到 PoC 后做 3×5Why 分析通常是演绎推理的过程。3×5Why 分析是 5Why 方法的衍生，是非常有效甚至强大的根因分析逻辑和方法，后面有章节专门再做介绍。

下面用一个例子说明根因分析的逻辑思路。

案例 5：根因分析是企业竞争力

2019 年作者为中部某市砂轮厂商（简称 A 公司）提供培训之后，客户请作者继续做一个微咨询，辅导如何解决多年存在的砂轮寿命投诉问题。A 公司为汽车主机厂提供用于加工汽车零配件的砂轮，在经过 20 多年的艰苦耕耘已经初具规模，并为国内主流主机厂提供产品。A 公司的某些砂轮偶尔都会有客户投诉砂轮的寿命短的问题，寿命短的标准也是个大概数，当某个砂轮比平时所用的砂轮次数明显偏少时，客户在使用中就会感受到并会投诉换货。关于寿命偏短的量化标准，在此暂且不讨论。

砂轮寿命短的问题一直都没有找到原因，个别砂轮寿命短也是行业的难题。如果是批次性的寿命短，属于特殊原因，比较容易解决。

但 A 公司的问题是，不同类型的产品，不同批次的产品，偶尔有客户投诉个别产品未能满足寿命要求，平均大概一个月投诉一两件，一个被抱怨寿命短的砂轮会损失一万多元人民币，更严重的是质量信誉损失。

因为投诉数量不多，涉及问题批次少，被投诉的产品也不能再现生产过程，所以寻找原因很困难。另外，产品质量特性包括砂轮寿命、密度和硬度等不可检测，或者不容易检测。因为这些难题致使砂轮寿命短成为行业老大难问题。A 公司总经理跟作者说，以前公司规模小的时候主要顾市场、技术和客户关系。现在公司有一定规模了，且客户要求也更严格了，现在需要加强质量管理了。迟做总比不做强，至少找专家来培训，并且还追加费用做个微咨询。

那么究竟是什么原因导致砂轮寿命短被客户抱怨呢？A 公司每次分析的原因基本都是"砂轮配混料过程出现不均，导致砂轮密度不均匀"。但这个原因没有得到确认，也没有采取针对性的实质改进措施。寿命不可检测，能做检测是砂轮的尺寸及其硬度。但硬度测量值波动很大，测量系统需要改进，当时的测量值只能参考。寿命长短与砂轮的尺寸及硬度之间的关系也没有得到数据验证。作者通过对不同批次砂轮的数据分析，发现尺寸不管是否满足规格，但寿命都是合格的，因此判定砂轮尺寸应该不是关键质量特性。但 A 公司对每个砂轮都 100%测量好几个尺寸，测量结果大部分不满足规格，所以每次生产和质检都会争吵，然后走特批手续。因此，作者建议把公差设定宽一点，同时对产品尺寸做抽样测量即可，把重点放在对关键过程（Critical To Process，CTP）特性的标准化管控方面，包括原材料特性、过程机器参数、工装夹具、工人操作手法等过程关键特性。总之，把力气用在刀刃上。A 公司负责人认同并接受作者的建议。

接下来寻找砂轮寿命短的原因。砂轮的问题不像电视机、摩托车或机器设备等问题那样，可以把怀疑的部件拆开重装或更换，最后修好了使问题不再出现，那么就找到问题的原因了。这是一种"逐步更换或测量怀疑有问题的部件"的试错法，如果是高手的话可能会根据失效原理用演绎推理的方法查找或排查故障。不管哪一种方法，都比较容易找到问题的原因。但砂轮是一个整体，这种原因分析的办法行不通。

砂轮是由结合剂将普通磨料固结成一定形状（多数为圆形，中央有通孔），并具有一定强度的固结磨具。其一般由磨料、结合剂和气孔构成，这三部分常称为固结磨具的三要素。即使磨料、结合剂和气孔这三要素任何一个要素有问题，但制成砂轮成品后就查不出问题所在了。砂轮属于零件级别的产品，零件和材料层级的产品看似简单，原理也非常清晰简单，但要排查问题根因，可能比复杂的系统和全机产品的根因分析都要困难。因为问题可能发生在分子或原子等微观层面。如果不能够通过化学、生物学解剖、测试或物理可靠性分析，要排查原因就非常困难。下图是作者借用中国航空工业集团宁振波教授的一张 PPT 资料，然后加上作者基于根因分析的方法建议。

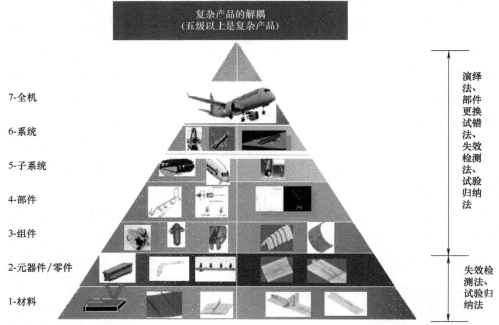

那么，究竟应该如何对 A 公司的砂轮寿命短问题进行根因分析呢？

砂轮寿命短是一个笼统的问题，根据根因分析逻辑"$Y\to 中\, Y\to 小\, Y$"的分解过程，锁定最终要解决的问题关键小 Y，再有针对性地去寻找输入 PoC。于是，经过和 A 客户的讨论，把根因分析与问题解决的逻辑和过程总结成如下步骤。

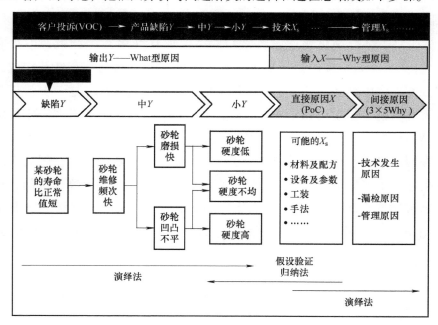

通过把客户投诉的关于砂轮寿命问题，用演绎法最终分解成"砂轮硬度偏差（过低或过高）"及"砂轮密度不均"两个小 Y_s。这样，后续进行根因分析就有针对性了。如果不对砂轮寿命短做分解，直接用头脑风暴法列出可能导致寿命短问题的原因，那么分析缺少逻辑，头脑风暴法想出的原因也可能不着边际。当做出 What 型原因分解后，就可以对客户退回的砂轮做针对性的问题确认和统计，究竟有多少是砂轮硬度的问题，有多少是砂轮密度的问题。

在做 What 型原因分解后，后面从小 Y_s 分析直接 PoC，就是硬骨头了，主要理由如下：

- 由于前述各种原因，既不能像整机那样排查问题，也没有化学分析或物理可靠性分析手段检测零件及材料问题。因此，只有通过假设可能的输入因子 X_s，然后用两种归纳总结法做数据分析。一是通过做控制性的试验收集数据做分析；二是通过收集长期的生产过程详细数据做变异源分析。但这两种方法的实施都有困难，因为该产品的生产批次和数量都非常少，且属于定制产品，且产品价值上万，所以不能大批量做试验。而收集数据也需要通过长时间积累才有一定的不良品。
- 即使做试验验证，但不能马上测量砂轮的寿命值。砂轮密度或硬度可以测量，但实际上测不准，并且属于破坏性测试。
- 不能发现或测量是在哪个阶段（原料变异或生产的某个工序）导致的质量变异。

正是由于以上诸多原因，寻找根因并最终解决问题将会是一个比较漫长的过程。但是，只要根据科学的试验设计和（或）周密的数据收集分析，当累积到一定信息量后，一定可以找到问题的 PoC。

第四节　必须进行根因分析吗

上述方法是比较严谨的收敛型根因分析与问题解决思路。因为该砂轮的寿命有小比例偏短的问题，不属于设计缺陷、材料缺陷或设备缺陷，而只是某个稍纵即逝的偏差甚至是诸多稍纵即逝的偏差叠加在一起导致的。但究竟是哪个稍纵即逝的偏差引起的，这个原因调查非常困难，且需要花费不少人力、物力。面对这种情况，是否一定要找到根本原因才能够采取有效对策？

其实也不一定非要如此，日本质量管理专家田口玄一给出了质量损失函数：

$$L(x) = K(x-m)^2$$

式中　$L(x)$——质量损失；
　　　m——输入因子目标值；
　　　x——质量特性值；
　　　K——常数。

质量损失函数如下图所示。因此，要想保证产品质量好且一致性高，需要确保输入因子 X_s 的一致性好，也就是输入因子 X_s 离目标值近。X_s 离目标值越近，质量损失越小，换句话说，质量水平越高。

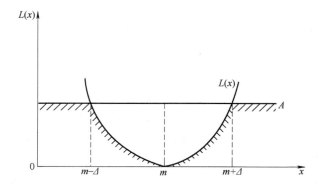

根据质量损失功能函数的原理，在砂轮没有致命因子的影响下，即使砂轮寿命短的稍纵即逝的偏差原因找不到，也可以改进现有的过程质量。通过严格的标准化管理，提高材料配方、工装、设备、人员操作、参数设置等各种因子的一致性（降低 X_s 的波动和变异）和精准性（X_s 与目标值靠近），并严格记录和监控过程参数。这个改进过程不是基于根因分析发现个别砂轮寿命短问题的关键原因，而是通过全面的过程管控，严控输入因子 X_s 的特性标准值，从而降低产品输出 Y 的变异，降低砂轮寿命短的不良发生比例和次数。在没有先天性设计缺陷和先天性过程缺陷的前提下，这样的改善方法是可行的。

不进行根因分析而解决问题的第二种方法是标杆对比法，通俗地说就是向业界最先进的组织或个人学习，甚至向自然界的生物系统学习。标杆学习通常在管理方法上比较容易实施，但在工艺、材料、技术、设备等涉及公司核心技术方面，向标杆学习可能有困难，因为存在同行竞争关系，核心技术（特别是行业难点相关技术）更是高度保密。

不进行根因分析而解决问题的第三种方法是创新法，绕开原来的问题，用新的方法、新的技术或新的发明来避免旧问题，这也是一种方法。当然，发明或创新也不容易。

不进行根因分析而解决问题的第四种方法是回避法，不必清楚原因就知道解决措施，原因也不值得分析。比如汽车轮胎某一次被扎破了，只要不是经常在某个区域或路段发生的事情，可以不理会是螺钉还是其他物品所致，只需要维修就好。

绝大多数情况下，遇到与目标有差距的问题，都需要基于根因分析解决问题，而且绝大多数情况下这个办法也是最高效的。因此，根因分析和问题解决是非常重要的手段和能力，不仅能够提高产品质量和性能指标，而且也能够提高技术和管理能力，从某种意义来说是公司竞争力的一种体现。

第三章 根因分析之文理科方法

第一节 文理科问题的根因分析 …………………………………………… 63
  案例1：理科类问题的 PPT 原因 ………………………………… 63
  案例2：一个"想当官"的副课长 ………………………………… 67
第二节 根因分析的五个方法 ……………………………………………… 69
 一、正向演绎逻辑方法 …………………………………………………… 69
  案例3：某手机听筒焊接问题 …………………………………… 71
 二、头脑风暴法 …………………………………………………………… 79
  案例4：孩子学习成绩问题 ……………………………………… 79
 三、逆向归纳总结方法 …………………………………………………… 83
  案例5：短吻鳄离奇死亡之谜 …………………………………… 84
 四、假设验证法 …………………………………………………………… 89
  案例6：假设验证法 ……………………………………………… 90
 五、三现法 ………………………………………………………………… 92
  案例7：三现法 …………………………………………………… 93
 六、RCA 五星法 …………………………………………………………… 93
第三节 克服根因分析的两种困难 ………………………………………… 94
  案例8：成语故事的误导 ………………………………………… 95

  本章开始深入论述根因分析的方法及对应工具。问题可以分为文科类和理科类，根因分析方法也有文科类和理科类之分。

  本章包括三部分内容：

  第一节介绍文理科问题的根因分析方法，以及方法之间的差异和联系。

  第二节介绍根因分析的五个方法——正向演绎逻辑方法和头脑风暴法、逆向归纳总结方法和假设验证法及三现法，并总结成 RCA 五星法。

  第三节介绍克服根因分析的两种困难。

根因分析不是科学家、工程师或技师的专属工具，人人都可利用根因分析，因为根因分析对于改善人们的学习、工作、生活有极大帮助。不仅与技术相关的问题需要根因分析，而且与人理和事理相关的人文社科领域的诸多问题，也需要根因分析。比如说现在的社会问题，或者某款产品销售量比上一款产品下降了30%，为什么呢？分析这些问题通常不是用数理化的理科思维，需要有文科方面的知识作为基础。当然，文科领域的问题也需要逻辑思考，需要利用数据分析方法。对于产品技术及质量问题等理科领域问题，主要是运用数理化生等理科知识找出技术上的原因，但理科问题再往深层次分析也会涉及人文社科类的管理问题。

但不管是什么问题的根因分析，都离不开逻辑思考和分析。逻辑分析的基础是把问题的工作机理、原理弄清楚，再基于工作机理或工作原理假设可能的原因，并给予验证和确认真正原因。如果对问题的工作机理、原理不清楚，或者置工作机理、原理于不顾，而用大家比较熟悉的头脑风暴、鱼骨图或六西格玛工具，即使最终找到原因，但效率往往很低下。比方说，太阳为什么从东方升起来？如果团队成员不知道太阳和地球运动的相关知识和工作原理，以及地理的相关知识，任凭组织再好的头脑风暴法或六西格玛方法，都可能没有意义，找不到答案。

第一节　文理科问题的根因分析

所谓的理科问题主要是技术类原因导致的技术类问题。理科问题的根因分析最主要找准导致产生问题的技术类直接原因。技术类问题，一般而言都是由某一个单点触发的，类似多诺米骨牌效应，其直接原因就是某一块牌倒下致使相邻的牌依次倒下。但要使其他牌依次倒下，除了第一块倒下的牌是直接原因之外，还有另外的原因，如牌与牌之间的距离，以及牌的放置方式。但第一块倒下的那张牌就是直接PoC。

理科问题的Why型直接原因是技术性原因，再往下挖深层原因就涉及文科类的管理性原因了。下面用实例做分析。

案例1：理科类问题的PPT原因

在201X年Z月，西门子公司某产品的PCB大概有11%出现测试功能不良的问题。

根据根因分析的逻辑思路，PCB功能不良是问题Y，这是个笼统的问题，需要转换成具体的问题关键小Y。PCB功能不良往细分析，会发现其表现出的问题是代码为T061的功能测试失败，再继续分析发现是PCB上位置为U1的CIOA（以下简称U1-CIOA）芯片被打坏了，这就是非常具体的技术问题小Y。从笼统问题Y分解到具体的问题关键小Y，这是What型根因分析。接下去才进入对小Y的Why型根因分析。

区分What型和Why型根因分析的主要目的是为了帮助大家更深刻地理解根因分析的步骤、概念、逻辑和方法。下表是关于两种原因的对比，把下面的关系搞清楚了，能够极大地帮助理解根因分析的内涵。

比较点		What型原因	Why型原因
共同点		都是通过询问为什么，一层一层地做"剥洋葱"式的分析	
相关性		从What型根因分析，不断询问为什么，会直接跨越到Why型根因分析，两者是有机相连的，并不是截然分开的	
不同点	目的	锁定问题关键，确定Why型根因分析的起点和对象	挖掘导致输出小Y的原因，以便采取针对性措施
	对象	是已产生、有缺陷的输出结果（不同层次的输出Y、中Y、小Y等）	是导致输出缺陷的输入原因（不同层次原因X）
	层次	是"浮在水平面上的冰山"，是现象、症状，是"果"的层面	是"沉在水平面下的冰山"，是问题的深层本质，是"因"的层面
	时间	是当下可以探测到的问题，此问题仍然存在于被分析对象上	是发生在过去的原因，此原因可能仍然存在，也可能已经消失或不一定再发生
	难度	发现或检测被分析对象出现的现象、症状，比较容易	分析和探测过去发生的原因，且不确定在什么输入对象上，比较困难

那么U1-CIOA芯片被打坏的Why型原因是什么呢？通过对原因的排除、假设、试验和数据分析，最后发现是因为U1-CIOA芯片被不应该施加其上的24V交流电击坏。

上述过程属于理科类范畴的技术原因（Technique Cause）分析。但是一个理科问题的背后一般存在着早已发生或存在的文科原因，包括以下两个方面：

一是关于人员能力、意识或某种疏忽、缺点等，或者由于工作交接、协作等，总之归为人员原因（People Cause）。

二是关于机器运行的流程，或者人员工作流程，或者人机共同完成的工作流程等，总之属于工作业务流程原因（Process Cause）。

作者把人员原因和流程原因统称为管理体系原因。

那么U1-CIOA芯片被施加24V交流电的人员原因是什么呢？有以下两方面：

一方面是因为该产品的测试技术工程师在对测试的软件程序调试过程中发生了误操作，把本来施加于U6芯片的测试电压AC 24V给到U1。错误施加电压的原因是该测试工程师对测试程序不是很熟悉，而主管让其独自操作，没有做相应指导及工作质量的确认。

另一方面是因为该测试工程师对测试程序做了变更和调整，但是他自己没有做相应的变更确认和记录，工艺和质量部门也未对变更做验证。

其流程原因是什么呢？原因也有以下两方面：

一是该工程师未遵守《师傅带徒弟管理指引》。

二是《4M变更管理》未对测试程序的调试及变更做规范性的指导要求。4M变更即人（Manpower）、机（Machine）、料（Material）和法（Method）的变更。

通过这个例子发现，虽然问题的直接原因属于理科类问题，但继续往深挖，一般都存在文科类问题。因此，一个理科类问题的根因分析要从人才、流程、技术（People Process Technique，PPT）三个方面全方位地、立体地做好原因分析。下图是关于这个问题的分析示意图。

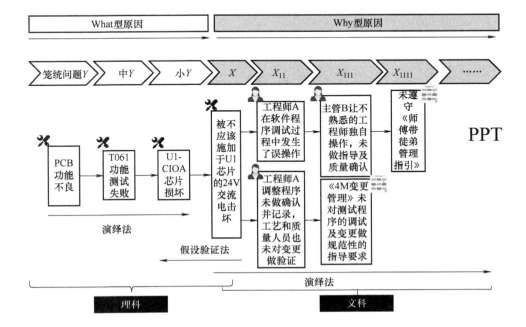

相对于技术类的理科问题而言，文科类问题作者总结为两类：一是某件事情不合理导致的问题；二是某人的言行举止不合理导致的问题。

相比理科类问题的根因分析，文科类问题的原因有以下几个不同点：

第一，文科类问题的原因一般比较多，各个因子 X_s 对问题都有不同程度影响，其相关性较弱，而理科类问题的原因比较明确，相关性很强。如果是突发性的文科类问题，一般也有一个清晰的文科类原因导火索。

第二，文科类问题的原因一般与管理、社会环境、政治、法律等相关，而理科类的直接原因是理科类的，间接原因才与人、流程和管理等相关。

第三，文科类问题不像理科类问题那样可以精确测量和分解，文科问题的 What 型原因不用做失效机理分析，只要能够尽可能把问题和场景描述准确即可。

第四，文科类根因分析的逻辑性不像理科类那么强。

第五，文科类根因分析不像理科类的那样有较强的客观性和严谨性，含有某些主观认识的成分。比如，理科类问题分析时认为 $1+1=2$，而文科类问题分析时可能认为有 $1+1$ 小于 2 或等于 2 及大于 2 三种情况，甚至更多种不确定情况。

第六，文科类问题的原因一般属于既非充分又非必要条件的，而理科类问题的原因一般属于充分条件或必要条件。这几个概念后面会详细论述。

关于文科类问题，作者举个自己的例子来分析说明。作者在家乡村里读的小学，大概四年级的时候，有三天连续未交作业，校长兼班主任兼各科老师的 K 老师生气了，后果很严重，叫了家长。这是文科类的问题，这个问题 Y 是三天连续未交作业，What 型原因无法细分，因此其问题关键小 Y 也是三天连续未交作业。那么这个问题的原因是什么呢？

文科类原因真不像理科类问题那么直接、明确。有相关性的原因有几个：一是那时候开始有自我意识和逆反心理；二是对老师的教学方式不满意，老师总是让学生死记硬背很多东西，而自己不理解为什么要背诵那么多枯燥的内容；三是老师喜欢搞题海战术，每天布置很多作业；四是小学题目简单、枯燥、无聊，出的题又简单，经常考高分，但有一两次考试成绩却不理想，有点厌学；五是每天在上学和放学路上都听到农民伯伯家里的收音机里播报着关于养猪大户的广告，所以就萌发当养猪大户的想法。总之，那段时间因为内在的和外在的原因，情绪有点波动并不稳定，所以各种因素叠加在一起到某个点时就突然不想写作业了，甚至想放弃学习。

但究竟是哪一个原因导致作者不写作业呢？说不上来，几个原因都有，是综合性因素导致的。文科类问题与理科类问题在根因分析上有较大区别，在问题解决方面也有很大不同。比如，针对上面不写作业的问题，老师可以找作者好好交流，分析原因，然后针对上述几点做相应的调整和改进。但也可以不用管上述原因，老师也是这么做的，直接找作者母亲去了。看到母亲在老师面前受委屈，以及知道不好好写作业后难过的样子，就认错并乖乖地又开始写作业。因此，这个问题就解决了。当然，这个文科类问题虽然没有分析根本原因，但也容易理解为什么解决了，因为老师找家长去交流，其实在某种程度上改变了上学写作业的方程式 $Y=F(X_s)$ 中的因子，在 X_s 中增加了母亲的监督和期望，从而达成了目标 Y。

关于事情类问题有很多种，如员工离职率、社会离婚率、市场占有率、顾客回头率等，都属于文科类问题，在做根因分析时需要一定的想象力和创造力，不像理科类问题那样有非常强的确定性和逻辑性。

针对人的问题进行根因分析，最重要的是，不要先入为主，不要轻易给人贴标签，说某人"很坏""很懒""没教养""很笨"等。贴标签是一种情绪化的表达，不利于客观面对现实和问题，也妨碍寻找深层原因，阻碍人文关怀并帮助其改善。另外，关于人的问题通常都是与具体的事情一同表现出来。因此，分析人的问题，首先要基于伴随的事情做原因分析，然后再分析人。分析人的问题，要逆向思维，需要"先事后人"，而不是像搞企业管理那样正向思维讲究"先人后事"。

案例2：一个"想当官"的副课长

2005年，我刚去北京富士康工作不久，富士康在亦庄新建了一个工厂，负责QC团队管理的课长被抽调走了。当时作者在担任六西格玛课长，于是利用数据分析的优势主动请缨同时负责三百来人的QC团队。作者负责六西格玛推进工作时带领两位六西格玛工程师和三位工标设计（负责设计检验测试的工装夹具、制定质检标准等工作）工程师。作者对工程师的管理比较人性化，管理讲道理，对大家都很客气，同事们相互之间工作都很愉快。虽然有个工程师偶尔唱点反调，但都是为了工作，作者有度量接纳他，他只是个性有点倔强和傲气。

接手QC管理团队时，作者以同样的方式对待下面两个副课长以及十来个QC组长。作者认为大家都相处不错，毕竟作者能够帮助QC团队用数据分析方法解决一些实际问题，偶尔也进行培训，来增加知识和技能。但出乎意料的是，大概三个月左右，一个副课长"打小报告"到部门领导。这个副课长说作者不懂管理，还说了些其他的话。

作者要承认的是那时候的管理经验还不足，但是他其他方面的评价是不靠谱的。作者知道这个副课长是想趁作者位置还未坐稳时把作者换下来。他是公司老员工，是从基层干上去的，平时为人处世都不错，和周围及其他部门的人际关系都很好，能够正常地处理日常工作，在富士康的工作经验丰富，只是没有上过大学，也不会专业地应用质量管理方法和工具实施系统化的管理和提升。

为什么他要"打小报告"呢？是他的人品有问题吗？应该有这方面的原因，但不要假设就只有这一个原因。从另一个角度来说，他积极进取，想承担更多责任，追求上进，这是第二个原因。第三个原因可能是他通过观察和分析，认为这样可以让部门领导相信他并提拔他，这才是促使他去"打小报告"的直接原因，也是客观原因。这第三个原因属于理性的分析，在理性分析基础上，第一个原因和第二个原因才站得住脚。所以，对于人事方面的问题，理性的分析思路是先分析事理，再分析人理。而糟糕的原因分析可能只分析人理，通常存在较多偏见。

当时部门领导并没有明确表态，但他一方面支持作者克服当前困难并继续任职，同时也检验作者能否真能把这三百人的团队管理好。他建议做匿名调查，一是看究竟有什么样的反馈；同时也是让作者面对困难，探究原因，并努力改进。

第一次匿名调查的结果出炉了，有四个需要改进的问题和机会与作者个人的管理方面相关，其他绝大多数问题和改进机会都与整个部门业务相关，而这些需要作者本人、部门领导、两个副课长及十来个组长共同努力改进的。作者虚心接受意见，改变直接的领导风格。更多的任务是与部门同仁共同推动六西格玛及质检部门的管理改进。

改进实施一个月后做了第二次匿名调查，第二次反映的问题大幅度减少，关于作者个人的管理能力问题也没人提了。

这件本来令人痛苦的事反而变成了好事，对作者个人有较大的促进作用，增长了管理知识和经验，增长了对人性的认识，加快了个人成长的速度。同时，事后作者明确告诉这位副课长他的不当之处，并告诉他该年的绩效和调薪会受影响，希望他不计前嫌，努力改正，等次年表现良好后再恢复正常评价。

关于人的问题，如果大家不理性，很容易产生剧烈冲突和对峙，甚至演变成拉锯战、心理战、对抗战，对人的身心造成极大伤害，导致双输的局面。在那之后，当作者碰到人事方面的问题，作者都是尽量秉持客观的原则，从多个角度积极分析原因，并解决问题，尽量挽回局面，促成双赢或多赢。

第二节　根因分析的五个方法

一、正向演绎逻辑方法

不管是文科类问题，还是理科类问题，最重要的一点是注重逻辑。严密的逻辑从精准把握问题开始。如果问题刚开始比较模糊或笼统，则后面的原因分析就不精准了，逻辑性也会比较差。因此，一般情况下，根因分析首先要明确问题关键，把问题逐步从较为笼统的大问题 Y 转化成中 Y，最后分解成具体的问题关键小 Y，然后再利用 $Y=F(X_s)$ 的关系分析是什么输入因子 X_s 导致的问题小 Y。

对问题 Y 进行分解的逻辑有几种常用的分析方法，如逻辑树、思维导图及麦肯锡的相互独立、完全穷尽（Mutually Exclusive Collectively Exhaustive，MECE）。其实，思维导图是逻辑树通过计算机软件实现的可视化的美观应用，而 MECE 是逻辑思维的指导原则。这些逻辑方法不仅适合对问题做分解和分析，也适合开放性的思维讨论分析。

以上三种方法是管理及工程领域常见的问题分析方法，但也有一定局限性，在分析各个原因 X_s 时不能区分它们之间是"与"的关系还是"或"的关系。因此，工程领域用得比较多的是故障树分析（Fault Tree Analysis，FTA），这是一种更具有数学思想的逻辑树表达方法。其实 FTA 的思路同样可以用于分析文科领域的问题。

逻辑树和 FTA 是用演绎法分析问题，即从问题入手寻找原因，原因和问题之间有一种理论上的因果关系，原因导致问题。

用逻辑树对问题进行原因分析的过程如下图所示。

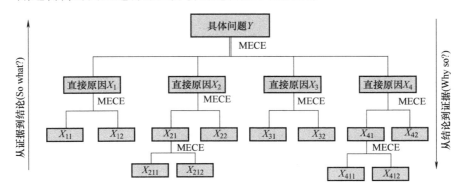

一般来说，针对具体问题 Y（这里的具体问题 Y 是指前面经过层层分解的问题关键小 Y），其直接原因不超过 5 个，通常是 1 个、2 个、3 个或 4 个。如上图所示，针对具体问题 Y 有 4 个直接原因。这 4 个直接原因须满足 MECE 原则，即它们之间相互独立、互不影响，而且问题 Y 100% 就是由 X_1、X_2、X_3 和 X_4 导致。但 X_1、X_2、X_3 和 X_4 与 Y 是什么关系，常规的逻辑树或思维导图不能清晰表达，如上图所示可以是以下几种情况的任意一种情况：

1) X_1、X_2、X_3 和 X_4 中任何一个原因单独发生都会导致 Y。
2) X_1、X_2、X_3 和 X_4 中有任何两个同时发生会导致 Y。
3) X_1、X_2、X_3 和 X_4 中有任何三个同时发生就会导致 Y。
4) X_1、X_2、X_3 和 X_4 要同时发生才导致 Y。

以上总共有 15 种可能的情况，即 2^k-1 种，k 是导致 Y 发生的直接原因总数。

虽然逻辑树不能清晰地把 Y 和 X_s 之间的具体关系表达准确，但一般来说，某一个具体的技术问题，或者某一个管理问题，Y 和因子 X_s 之间的关系都是一个具体的且唯一的对应关系 $Y=F(X_s)$。

为了清楚表示 X_1、X_2、X_3 和 X_4 四个因子和问题 Y 之间究竟是哪一种关系，可以用 FTA 方法表示。比如说，X_1 发生，同时 X_2、X_3、X_4 当中任何一个发生会导致 Y。用 FTA 表示会是什么样子呢？答案如下图。"AND" 是与门关系（即同时发生），"OR" 是或门关系（任何一个发生），这是 FTA 的最基本的两种逻辑关系。下图只是把 Y 和 X_1、X_2、X_3、X_4 四个因子的关系用 FTA 表示，再往下的因子关系（如 X_1 和 X_{11}、X_{12}）未用 FTA 逻辑关系表达，仍然是逻辑树，在此说明一下。

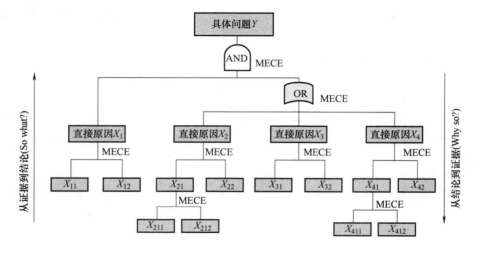

虽然 FTA 比逻辑树能更准确地表达 Y 和 X_s 之间的关系，但不能表达 Y 和 X_s 之间究竟是什么数学关系。在寻找问题 Y 的根因时，数学关系不是很重要，只要找准影响 Y 和 X_s 即可。因此，FTA 是进行根因分析的一个好工具。找到根因 X_s 后要对其进行优化，则可以根据工作原理或通过试验得到数据进行数学模拟的方法进行优化。对于非数据型的根因 X_s 改进，用不着数学公式。

用逻辑树或 FTA 表示原因 X_s 和 Y 之间的关系，这是演绎法。用演绎法分析有前提条件，即必须清楚 Y 和 X_s 之间的工作原理，不管是管理原理还是数理化生（指数学、物理、化学、生物）原理。一般来说，文科类问题，不同人对同一件事理或人理的 $Y=F(X_s)$ 认识有差异，但要尽可能客观地分析输入 X_s 和输出 Y 之间的关系。而理科类问题一般是客观的，只要清楚问题 Y 和 X_s 之间的工作原理，不同人的分析几乎是相同的。

一般来说用正向的演绎逻辑方法做原因进行分析，最符合逻辑，也最有效率。

案例 3：某手机听筒焊接问题

201×年某电子零部件大厂在某两个月遇到某个型号的听筒焊接不良率偏高的问题，做了很多试验和数据分析都查不出原因何在。工厂内部很痛苦，因为听筒焊接不良的报废率从 5% 到 20%，造成巨大经济损失。听筒组装厂把责任推给铜片注塑厂，而注塑厂说凭什么把问题推给注塑厂。双方也是不断较劲掰手腕。

此听筒焊接的主要制造过程如下图所示，先由外部供应商把铜片切割成既定形状，然后电镀。之后由注塑厂（内部供应商）把电镀后的铜片注塑到听筒的塑料壳上。最后由听筒组装厂将扬声器引线焊接在铜片上。

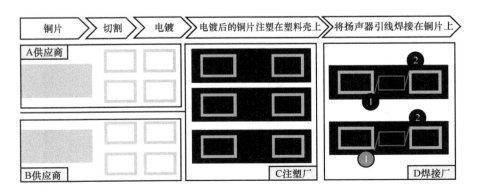

听筒焊接后的产品示意图如下,焊接有两个焊点,即焊点1和焊点2。铜片的电镀厂商有A供应商和B供应商。

针对上述质量问题,如果按照六西格玛传统的DMAIC思路去分析,没有几个月是很难分析出原因来的。这个问题用头脑风暴和鱼骨图分析,可能的原因太多了,抓不住要点。比如用鱼骨图分析,鱼头是焊接不良,鱼刺有很多,由于不知道问题出在哪个环节,要把与电镀厂、注塑厂及组装厂的所有4M1E的因素都进行考虑。

因此,解决问题最直接的方式是针对问题顺藤摸瓜。此焊接问题的产生原因较多,且涉及材料化学、设备参数及整个生产过程等诸多因素。如果你是作为问题解决的外部顾问,应该如何利用团队的既有资料来分析原因呢?

此时,对此问题一窍不通的你,只有通过问问题来寻找原因线索。别小看问问题,爱因斯坦有一句名言是,"提出一个问题比解决一个问题更重要"。当我们遇到问题时,只有提出正确的问题,才能够找到问题的根源在哪里,才能最终正确地解决问题。因此,如果不能提出好的问题,就别想解决问题。请仔细品味一下这两句,这里面的几个问题各自指什么?!

针对这个焊接不良,可以有下面两种询问问题的方法,来体会和比较一下。

方法一,通过询问远端存在的可能问题,逐步向近端的问题靠拢。下面Q1代表问题1,A1代表答案1,以此类推。

Q1:两个铜片电镀供应商的焊接不良率有差别吗?

A1:没有。说明与不同供应商没有关系。

Q2:两个铜片的电镀是在不同电镀槽(电镀液)中实施的吗?

A2:是在同样环境中电镀的。说明与电镀过程没有关系。

Q3:注塑电镀铜片有几台设备?

A3:有四台不同设备。

Q4:不同设备之间注塑出来的铜片(后面简称"注塑铜片")的焊接不良率有差别吗?

A4:可能有,但暂时没有数据,因为混在一起焊接的。说明需要排查焊接不良是否与不同的注塑设备有关。这也是听筒组装厂怀疑注塑厂的理由之一。

Q5：焊接不良是一直都存在的问题呢，还是只是某些批次存在的问题？

A5：自 7 月份以来，焊接不良率为 3%~10%，偶尔高达 20%。注塑铜片焊接质量有较大差异，有的整包都是好的，有的不良率很高。注塑铜片是按包来包装好的，每包 200 件。这说明不同包的注塑铜片有质量差异，可能与答案 A4 所讲的不同注塑设备有关，因为注塑后就是按包分装好的。

Q6：注塑不良的铜片与注塑合格的铜片有什么差别吗？

A6：这个差别没有测试过，但是之前团队取焊接有问题的注塑铜片做测试，并与标准比较，发现某个元素 S 超标了。这个测试有必要，但只能说明元素 S 超标可能是导致焊接不良的原因。但比较方法不对，因为有可能焊接质量合格的注塑铜片的元素 S 也超标。如果要用正确的比较分析方法，应该用 BoB/WoW 方法，具体可以参见《世界级质量管理工具》或作者之前写的《创造价值的质量管理》中介绍的方法。

Q7：这些不良的注塑铜片产品是否与储存时间相关？

A7：7 月份后的焊接产品确实是在仓库里储存超过一个月的注塑铜片产品，而之前没有遇到这样的焊接质量问题。说明焊接不良可能与储存环境导致的问题有关系。

Q8：焊接不良与不同的焊接设备有关系吗？

A8：没有，3 条生产线的焊接设备都有焊接不良。说明焊接不良与焊接设备没有关系。

Q9：听筒的两个焊点都是差不多的焊接不良率吗？

A9：不是，焊接不良只有第一个焊点的，第二个焊点的质量都是好的。说明焊接不良与焊点位置有密切关系。

Q10：把容易造成焊接不良的焊点 1 交换到焊接设备的焊头 2 焊接，把焊点 2 交换到焊接设备的焊头 1 焊接，比较不良率是否有变化？

A10：因为产品焊点 1、2 位置形状固定，两个焊头也固定在设备上，不便做上述的交换试验。但曾经用十来个产品人为调换位置做试验，发现焊点 1 换到焊头 2 后仍然容易产生不良；焊点 2 换到焊头 1 后仍然没有发现不良。说明与焊接设备的两个焊头没有关系，焊接不良与产品的两个焊点位置有关。

Q11：焊点位置差异难道是因为注塑铜片质量与注塑的结构位置相关吗？

A11：两个铜片在注塑件上有结构差异，可能因为注塑过程的排气等差异导致位于焊点 1 的铜片容易有脏污，因而导致焊接不良。

Q12：除了注塑件结构的微小差异，其他都是同样材质或过程：两个铜片是同样的材质，同样的电镀过程，同样的注塑过程，同样的贮存环境，同样的焊接操作人员，同样的焊接设备。但一个焊点有问题，一个焊点没有问题，难道两个铜片上的两根焊线不同吗？

A12：应该是一样的，外观上看两根焊线是一样的。后来经技术确认，两根线确实不同，一根焊线是锦丝线，另一根是电缆（cable）线。说明两根焊线的材质不同是触发两个焊点质量差异的一个原因。

Q13：两根焊线在期间有变更吗？焊线质量在焊接质量问题发生前后有差异吗？

A13：没有变更，也没有差异。

Q14：经过上述十三个问题，以及对问题的确认，可以初步确定的是，一、两个焊点的焊线不同是导致两个焊点质量差异的原因之一；二、经过仓储一段时间的铜片质量不满足要求；三、这两个条件叠加在一起导致在某个时间点后的焊点1的焊接质量出现问题，而焊点2的质量暂时良好。因此，需要确认这个时间点前后的注塑铜片的材质质量是否有变化？

A14：把有问题批次的注塑铜片与没有问题批次的注塑铜片送到化学试验室，由两个材料学博士对材质进行化学成分剖析、测试和分析，发现那些储存时间比较久的有焊接质量问题批次的注塑铜片被氧化了，被氧化后的铜片在焊接性能上的质量降低，当焊接到不同焊接性能的锦丝线和电缆（cable）线就表现出明显质量差异。原因到此被找到并确认。

上面询问问题的方法是由远及近的方法，类似六西格玛的分析思路，从产品的原材料的源头开始追溯，到中间注塑过程，再到存储和焊接等全过程。但它又比传统的六西格玛方法直接，因为都是基于最终焊接问题在层层推理，应用的是演绎逻辑推理方法。

方法二，从问题的核心往外层打开，由近及远的方式询问问题并推理，比由远及近的推理更直接，更贴近问题本质，可以少走弯路。当然，前提条件是对每个问题都可以通过相关事实、数据或测试、试验等手段给出正确的答案。下面是第二种方法的一问一答。

Q1：听筒的两个焊点的焊接不良率有差异吗？

A1：有差异，且是0和1的差异。焊接不良只存在于焊点1这个焊接位置，焊点2没有焊接不良。说明焊接不良与这两个焊接位置有密切关系。

Q2：把焊接不良较高的焊点1交换到焊接设备的焊头2焊接，把没有不良的焊点2交换到焊接设备的焊头1焊接，不良率是否有变化？

A2：因为产品焊点1、2位置形状固定，两个焊头也固定在设备上，不便做上述的交换试验。但曾经用十来个产品人为调换位置做试验，发现焊点1换到焊头2后仍然容易产生不良；焊点2换到焊头1后仍然没有发现不良。说明与焊接设备的两个焊头没有关系，焊接不良与产品的两个焊点位置有关。

Q3：焊接不良与不同的焊接设备有关系吗？

A3：没有，3条生产线的焊接设备都有焊接不良。说明焊接不良与焊接设备没有关系。

Q4：两个焊点的焊接材料是一样的吗？

A4：两个焊点的铜片几乎一样，除了注塑位置不同。两根焊线虽然外观看起来一样，但经与技术确认，一根焊线是锦丝线，另一根是电缆（cable）线。说明两根焊线的材质不同触发两个焊点质量差异。

Q5：焊接不良是一直都存在的问题呢，还是只是某些批次有问题？

A5：自7月份以来，焊接不良率为3%~10%，偶尔高达20%。注塑铜片焊接质量有较大差异，有的整包都是好的，有的不良率很高。注塑铜片是按包来包装好的，每包200件。结合上面A4所讲的，说明焊接不良与两个因素有关。其中一个是不同材质的焊线，这是导火索，是诱发原因；另一个是7月份以来使用的注塑铜片与之前不一样，这是问题的直接原因。

Q6：那么7月份以来，焊接合格率近100%的与不良率较高的注塑铜片有什么区别呢？

A6：区别在于焊接不良率较高的注塑铜片是贮存超过1个月的库存品，而库存时间短或当天注塑的铜片在焊接后没有焊接不良。

Q7：经过上述六个问题，以及对问题的确认，可以初步确定的是，一、两个焊点的焊线不同是导致两个焊点质量差异的原因之一；二、经过仓储一段时间的铜片质量恶化；三、这两个条件叠加在一起导致在某个时间点后的焊点1（扬声器引线1）的焊接质量出现问题，而焊点2（扬声器引线2）的焊接质量暂时良好。因此，需要确认这个时间点前后的注塑铜片的材质质量是否有变化？

A7：把有问题批次的注塑铜片与没有问题批次的注塑铜片送到化学试验室，由两个材料学博士对材质进行化学成分剖析、测试和分析，发现那些储存时间比较久的有焊接质量问题批次的注塑铜片被氧化了，被氧化后的铜片在焊接性能上的质量降低，当焊接到不同焊接性能的锦丝线和电缆（cable）线就表现出明显质量差异。原因到此被找到并确认。

此案例的焊接问题有两个原因：贮存环境（温度、湿度和时间的综合作用）导致注塑铜片被氧化，焊接性能质量下降，这是原发性原因；不同材质焊接线（锦丝线和电缆线）的焊接能力不一样，这是导致问题的诱发性原因。

针对同一个问题的根因分析，作者用了两种不同的逻辑方法来询问，目的是为了让大家对比两种逻辑推理方式的优劣。显然第二种更具优势。询问从问题的核心着手，更为直接、精简、高效。第二种逻辑推理是较为彻底的演绎法，应用 FTA 的根因分析思路，从顶事件（是 FTA 中的名词，就是根因分析的分析对象，即前面说的问题关键小 Y）逐步向相关的原因展开，少走弯路。

第一种询问方法是通过可能的因子逐步逼近到顶事件，从下到上，不容易把握从底端的什么层级、什么角度、什么因子开始来逐步逼近顶事件。

下面用 FTA 方法对此焊接不良的问题做个梳理，并且把上面的第二种询问方法的问题号标记在相应的输入因子 X_s 旁边，如下图所示。可以看出，第二种询问方法基本上是沿着 FTA 的分析思路在询问问题，这样的效率很高，且更容易命中靶心。而第一种询问方法类似从 FTA 的低端因素分析和询问问题，这样的效率低下，搞不好甚至迷失方向，脱离靶心。

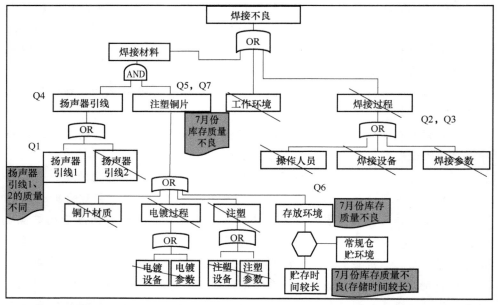

从上面 FTA 示意图可以直观地看出，发生焊接不良的原因有两个：一是焊接位置相关的扬声器引线，二是贮存时间较长的注塑铜片。最根本的原因是注塑铜片的在正常环境下贮存时间较长。再做深入分析的话，就涉及管理体系的原因了，如敏感元器件的性能特性辨识、贮存环境标准、贮存的定期监控管理等。

上述内容用 Office 软件做 FTA 很麻烦，特别是稍微复杂的问题。有条件的可以用相关软件做辅助，如下图就是用可靠性分析工具 ITEM 软件所做的分析。该软件不仅方便画 FTA 中的故障树，而且还可以自动求出最小割集，以及对顶事件的可靠性预计等功能。我用 ITEM 软件对一个稍微复杂的问题进行根因分析的案例，放在本书附录，有兴趣的读者可以进一步阅读。

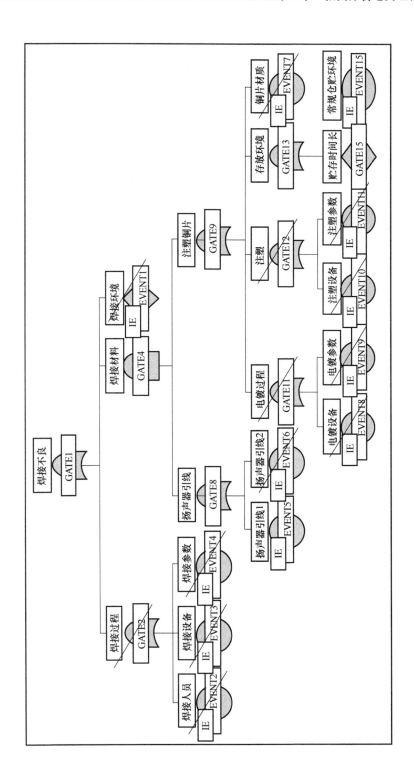

从 FTA 示意图看出，扬声器引线和注塑铜片变质属于与门事件，即两个同时发生才会导致焊接不良。其实扬声器引线本身没有质量问题，只是因为材质不同导致焊接性能不同，属于诱发原因，也可以叫作次要原因（secondary cause）。而注塑铜片确实因为储存一段时间后被氧化而质量退化，属于原发性原因，也可以叫作主要原因（primary cause）。FTA 图中有个六边形，是表示在"常规仓贮环境"这个前提条件下，贮存时间较长会导致存放的环境不满足质量要求。

虽然 FTA 比常规的逻辑树包含更丰富的信息，但因子之间的交互作用在图中也不能清晰表达。比如这个扬声器引线有两种：一个是锦丝线，一个是电缆（cable）线。当注塑铜片质量正常时，焊接质量都合格；但当注塑铜片出现氧化后，焊点 2 处的扬声器引线的焊接质量虽然有下降，但下降幅度很低，仍在合格范围。但焊点 1 处的扬声器引线的焊接质量下降较多，且变成不合格。这个变化过程如下图所示，焊点 1 处的扬声器引线和焊点 2 处的扬声器引线在铜片质量由合格变为不合格时，焊接质量变化速率不一样，因此两条线相交，不同焊点扬声器引线和铜片质量就存在交互作用。相交的角度越大，交互作用越强。交互作用这个概念是由 1920 年英国统计学大师费歇尔（R. A. Fisher）从他发明的 DOE 方法里提炼出来的。

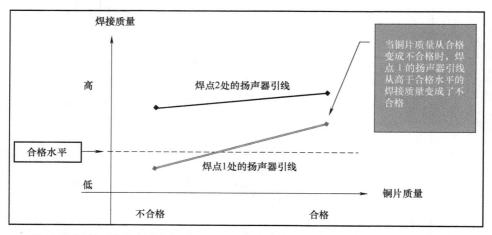

导致问题的不同因子之间存在的交互作用，是进行根因分析时需要注意的。举个生活中的例子说明一下交互作用，比如某个帅哥，很多美女邻居都说他对人热情，愿意助人为乐；但公司很多同事说他工作上拈轻怕重，不愿承担责任。你看，对同一个人，不同人的评价相差悬殊。这其中就有交互作用，这位帅哥在非工作场合的美女面前表现出热心、和善的一面，但在工作场合表现出消极的一面。这是方向有点相反的交互作用。上面案例中两个位置的扬声器引线在铜片质量不同的情况下表现出同样方向的质量趋势，但是变化速率不一样。再拿日常工作举例子，如周末加班，白天听着电视声音写文件每小时可以写 800 字，不听电视声音安静写文件每小时可以写 1000 字；但晚上听着电视声音写文件每小时可以写 900 字，不听电视声音安静写文件每小时可以写 1300 字。这说明晚上安静写文件速度的提升高于白天的提升，这有明显的交互作用。交互作用可以用 DOE 方法来分析和解释，大家可以参阅相应专业书籍。

二、头脑风暴法

演绎逻辑法是依据事物的工作原理，通过逻辑推理得来的，有理有据，相对而言是客观的。头脑风暴法有一定的主观性，即使在制造业里用鱼骨图把 5M1E〔即人（Man）、机（Machine）、料（Material）、法（Method）、测（Measurement）、环（Environment）〕框架综合起来进行根因分析，也有一些主观成分，逻辑性也不够强。

演绎逻辑法依据问题逐层推论原因，从顶事件开始，从上往下推论，讲究的是理论依据，特别适用于理科类、科学类的问题。对于文科类，如管理学科，可以借鉴行业的理论做演绎推理，如营销的 4P 理论〔即产品（Product）、价格（Price）、促销（Promotion）、渠道（Place）〕，或者 4C 理论〔消费者（Customer）、成本（Cost）、便利（Convenience）、沟通（Communication）〕，财务学科里面的相关数学计算公式，或者其他实事求是的最接近于事物本质的工作原理和逻辑。

头脑风暴时，要尽可能鼓励"异想天开"，多想各种原因，尽管这些原因之间可能没有逻辑关系。把各种底端原因想完后再用亲和图分类和归纳。鱼骨图是把头脑风暴和逻辑梳理合为一体的工具，但它更倾向于头脑风暴，不像演绎法那样有严格的理论依据和严密的逻辑要求。

关于学习成绩方面的问题，相信大家都有所体会。所以，下面孩子的学习成绩存在的问题作为例子，分别用头脑风暴法和演绎逻辑法作为对比来进行根因分析。

学习成绩的问题属于事务性问题，属于文科类问题。对于文科类问题用演绎法分析不像理科类那样客观，文科类的演绎分析在不同人眼里可能有些差别。但用演绎法分析的好处是围绕着问题的本质和原理进行开展，能够加深对问题的认识，相对来说比头脑风暴法更科学。

案例 4：孩子学习成绩问题

有孩子的朋友应该在孩子的学习方面花了不少精力，特别当孩子成绩达不到预期目标时。在面对孩子成绩问题方面除了花钱找培训老师，或者用粗暴方式逼孩子提高成绩之外，还有什么方法呢？其实可以试试根因分析。

有关学习成绩的问题可能在很多人眼里属于文科类问题，没法做技术性的逻辑分析。但是每个人头脑里面都可以涌现很多原因，这是典型的头脑风暴法的模式。

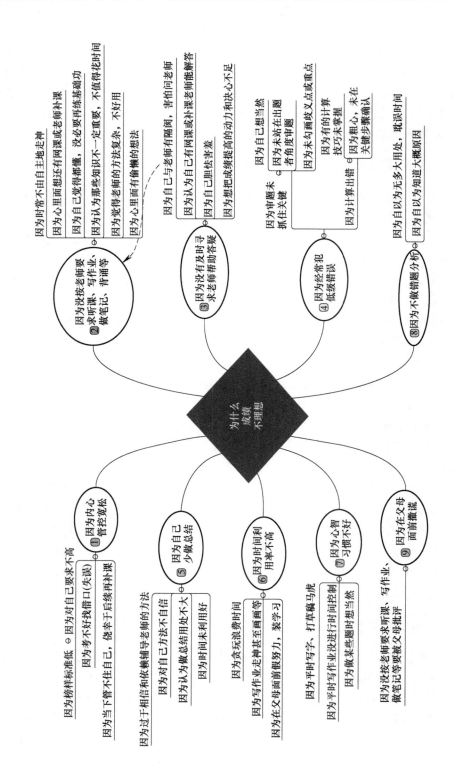

作者第一次对自己家孩子的学习成绩分析时，也大致应用的是头脑风暴分析方法，然后用逻辑树及5Why方法对孩子的学习成绩进行了分析。最后用思维导图呈现，并与孩子进行原因确认。上图就是作者第一次认真地对孩子不理想的学习成绩所做的根因分析。

上图从九个方面做了原因分析，借用5Why方法询问根因，有的问到2Why，有的问到3Why，至于问几个为什么为止，原则是分析到可以采取措施为止。

成绩不好的原因很多，也很复杂。具体来说包括语数外和理化生（理科）六科，并且每一个科目的知识面都非常广泛。如果按科目语文、数学、英语等分析原因，很麻烦，工作量大，且有很多原因会重复。而如果把问题分成具体的某类题目不会做，则更不具备可行性，除非成绩特别好的尖子生，只需要攻克某少数几类题目就可以了。因此，上面是针对通用型的成绩问题所做的原因分析，所分析的原因也是通用型的原因。

上述分析，大方向应该是对的，孩子意识到这些问题做了一段时间的改善，成绩确实提升较为显著。但是学习是件吃力的事情，也是考验意志力的马拉松。所以，后来孩子学习又开始松懈，成绩停滞不前，于是作者又做了二次分析。二次分析时就应用的演绎法，根据考试丢分过程和机理作分析，然后再分析与学习的态度、习惯和方法等有关的系统性原因。下图是分析结果。

从下图的原因分析可以得知，考试成绩停滞的主要是四个方面的直接原因，类似技术分析的PoC：一、未正确地理解题目意思；二、不能正确地解题；三、题目会做，但却做错了；四、题目会做，但却未能做完。

上述四个方面，不管哪门学科，要想取得好的考试成绩都要解决上述问题。这四方面直指考试得分的过程和本质，是考试得分的直接原因。相对前面方法一的头脑风暴分析法而言，它更客观和科学，更具有逻辑。并且，这四个原因也满足MECE原则。

希望读者朋友们可以通过上面对学习成绩进行根因分析，再体会一下头脑风暴法和演绎逻辑法的显著区别。根因分析属于理性的分析，作者建议应当以演绎逻辑法为主，相比头脑风暴法它更接近问题的本质和事物的原理，能够降低主观性，同时训练缜密的逻辑思维。

现在，不管是制造业还是服务业，大家都普遍学会了头脑风暴和鱼骨图等方法。这是最基本的功夫，大家学起来也没有难度，但用起来似乎没有"嚼劲"，并且可能丧失了对事物本质的分析和理解。因此，面对问题，建议先把问

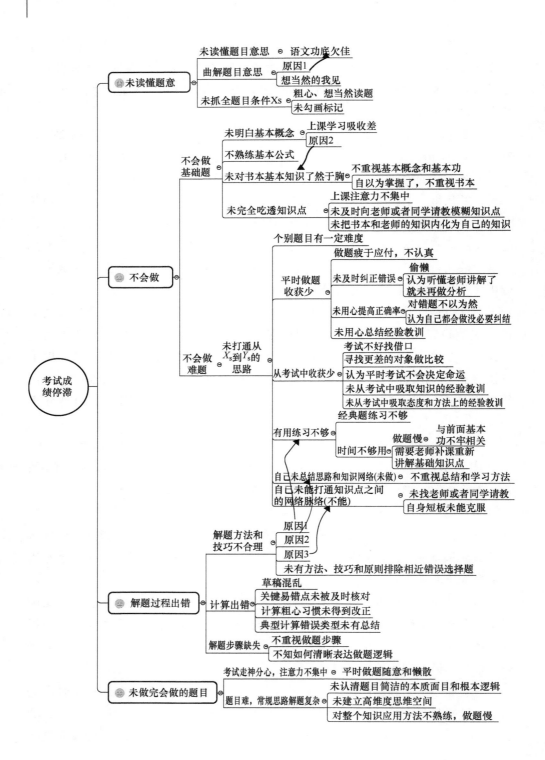

题的发生机理和原理搞清楚，再用演绎法分析原因，其次利用现有数据或试验收集数据，做归纳统计分析。只有当既不能用演绎法，也不能用数据归纳总结法分析出原因 X_s 时，才尝试用头脑风暴法来分析。

即使在用鱼骨图分析时，需对问题发生的 What 型原因剖析透彻，把模糊、笼统的问题逐层分解，从大 Y 到中 Y，再到小 Y，再用鱼骨图针对小 Y 进行分析，这样才更理性、更符合逻辑和更有针对性。比如，针对客户投诉某砂轮产品的寿命比正常值短，在不得不用鱼骨图做原因分析时，最好先把寿命短的产品特性的 What 型原因分析清楚，再对产品的问题 Y 用鱼骨图做分析。

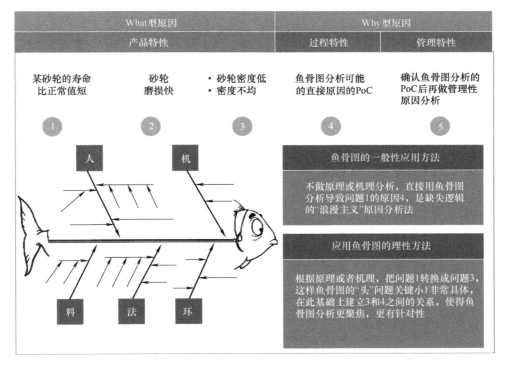

另外，在用鱼骨图分析时，第一步用鱼骨图分析时最好先聚焦于直接原因的 PoC，对于产品问题而言就是指技术性原因；然后，在确认完直接原因后，可以在直接原因的 PoC 基础上，进行管理性的根因分析。

三、逆向归纳总结方法

如果工作原理和机理非常清楚，也容易测量和对比所假设的原因 X_s，就像前面听筒焊接不良的例子，那么用演绎法是一个非常有效的根因分析方法。但是，如果不是很清楚工作原理和机理，对于假设的原因 X_s 也不容易测量，从问题 Y 推导原因 X_s 的正向演绎法就不适合了，可转而用逆向的方法。通过假设直接原因 X_s，并对比分析和验证，最后归纳总结并确认原因的方法来寻找原因。当然，这个方法可能也不会一帆风顺，可能需要反复假设、验证才可能找到正确的直接原因。

通常情况下，大学教授、科学家、学者和研发人员等倾向于用正向的演绎分析法分析问题，而制造业的人员，特别是学习过很多统计方法和质量工具的工程人员喜欢用逆向的归纳总结方法。作者建议大家以正向演绎法为主，以逆向归纳为辅，最好能够灵活应用。

下面一个经典的例子就是科学家们在进行根因分析之前一直应用演绎法分析，但一直没有突破。如果在演绎法受阻时能够及时应用归纳总结法，可以较快地查明原因。

案例5：短吻鳄离奇死亡之谜

这个案例是中学生的一道考题所涉及的相关内容，也是CCTV 13纪录频道播出的一期节目《自然界致命谜案》中第四集《短吻鳄离奇死亡》的纪实节目。

1997年5月开始，美国格里芬湖大批美洲短吻鳄神秘死亡，13个科学机构的团队经过6年时间的调查才了解到真相，找到了死亡原因。这期间，某些机构间歇式地参与了协助研究。

人类活动和农业生产使湖水富营养化，致使蓝藻大量繁殖、疯狂生长，造成水质恶化，导致大量的水生植物和鱼类死亡，只有美洲真鲦喜欢这种环境。短吻鳄长期以美洲真鲦为主要食物造成维生素 B1 缺乏，进而损伤大脑，最终死亡。这是结论，但发现这个结论的代价太高。

下面介绍专家团队对短吻鳄死亡的原因分析过程。

1997年5月，格里芬湖泊开始有数十只短吻鳄离奇死亡，是佛罗里达州8000多个湖泊中唯一出现短吻鳄大量死亡的一个。团队刚开始根据经验怀疑是由于枪击、撞击等伤害死亡，但经调查排除了外伤原因。现场发现短吻鳄无精打采、四肢无力，有的四脚朝天、奄奄一息，最终溺亡在水中。

然后开始应用演绎法对器官做问题排查，看短吻鳄的哪一块内部器官出现问题。于是从死亡鳄鱼的心脏、肺、肝脏等开始，一直检查到内脏，看这些器官是否存在病毒、细菌等导致的异常。结果没有发现任何异常。

接着又对"僵尸"短吻鳄（快要死去的短吻鳄）与健康短吻鳄的血液做对比检测分析，仍然未发现显著差异和异常。

后来怀疑神经系统有问题，于是把"僵尸"短吻鳄和健康短吻鳄抓来做神经电击试验，发现"僵尸"短吻鳄的神经系统比健康短吻鳄的反应慢许多。于是确定神经系统问题导致短吻鳄死亡。但仍然属于分析对象的症状层面的 What 型问题，外在的原因仍然不得而知。

当第一例短吻鳄死亡一年过去了，死亡率上升 10 倍，总共死亡了几百条，但原因分析的进展停滞不前，水和死去的鳄鱼都发臭，水质更加黏稠。

科学家基于神经系统的问题开始解剖大脑神经元，把大脑组织切成只有五千分之一毫米的细片，放到载玻片上用显微镜观察，发现有的神经元死亡，而死亡区域的神经元的功能是控制行动和平衡的。这也解释了"僵尸"短吻鳄迷失方向和身体会失去平衡的原因。到了这一步，总算是找到问题关键小 Y 了，但仍然不知道是什么原因 X_s 导致神经元死亡。

科学家怀疑是以前的农药残留仍然存在淤泥中，于是对土壤和水质进行检查，发现农药和肥料存在周围土壤中，但并未进入水质中，短吻鳄体内和血液内也未有任何更高浓度的化学物。调查进展再次受阻。

转机出现在马里兰州科学会议上的一次偶遇，霍尼菲尔德正在调查五大湖中鲑鱼和鳟鱼大量死亡的原因，刚开始也是调查农药等因素，但未发现问题。然后同样对神经元做了分析，发现神经元受损，与短吻鳄情况类似。霍尼菲尔德团队对鲑鱼死亡的分析已经花费了六年却没有进展，然后转用演绎法分析究竟是什么物质导致神经元受损。同时转变思路，分析大脑中可能缺少什么物质导致受伤。

很多时候做根因分析的套路是，问题的发生是因为什么因子 X，是找有的问题。但有时候做根因分析需要换一种思路——问题的发生是因为缺少了什么因子 X，是找无的问题。

这两种方法都是在寻找关键因子是否偏离正常值，但有时候却会陷于第一种惯性思维而陷入僵局。就像这些分析短吻鳄死亡的科学家团队，以及分析鲑鱼死亡的霍尼菲尔德团队开始寻找原因时的分析思路一样，幸亏霍尼菲尔德在陷入僵局时转变了思路，通过寻找鲑鱼缺少物质过程中发现了问题原因。

霍尼菲尔德通过对奄奄一息的鱼苗添加硫胺素后，这些鱼苗一小时后就恢复正常活动。因此霍尼菲尔德团队确认，神经元受损的原因是因为鱼缺乏硫胺素。硫胺素的学名叫维生素 B1。神经元要保持健康，身体要保持活力等都与 B1 有理论上的联系。

在霍尼菲尔德的启发下，短吻鳄死亡研究团队也分析"僵尸"短吻鳄是否也缺乏硫胺素。通过对比分析发现健康短吻鳄不缺，"僵尸"短吻鳄缺乏。"僵尸"短吻鳄缺乏硫胺素仍然是属于症状，属于问题关键的小 Y。终于轮到做 Why 型根因分析了，分析为什么缺乏硫胺素，但这仍然不容易。

野生环境下的短吻鳄缺乏维生素让病理学家意外，因为这不符合常理，但测试结果发现确实缺乏维生素 B1。于是科学家们抓了不少短吻鳄来洗胃，发现短吻鳄的食物大部分是美洲真鲦，饮食不均衡。因此，科学家们怀疑短吻鳄大量吃美洲真鲦导致缺乏硫胺素。为了验证，科学家们饲养了几只健康的短吻鳄，并只喂美洲真鲦，很快短吻鳄就都变成了"僵尸"短吻鳄。通过这个试验证实了短吻鳄大量进食美洲真鲦会导致缺乏硫胺素，进而损伤神经元，并造成神经系统反应问题，最终变成"僵尸"短吻鳄乃至死亡。到此为止，终于发现问题的罪魁祸首，即大量进食美洲真鲦是问题的直接原因的 PoC，并导致饮食结构失衡。

找到 Why 型 PoC 后，再继续分析深层 Why 型原因就容易了。为什么有大量的美洲真鲦呢？因为格里芬湖中有大量蓝藻，而美洲真鲦适应蓝藻下的生存环境成为湖中主要的鱼类，其他鱼类却不适应蓝藻的环境而逐渐减少。为什么有大量蓝藻呢？因为格里芬湖周围农田在长期围垦和施用化肥后改变了湖水中的营养成分，而这正是蓝藻疯狂繁殖的原因。

事后，环境部门对蓝藻进行清理，并捕捉美洲真鲦，平衡鱼类种类，恢复格里芬湖的生态环境，短吻鳄逐渐恢复了健康。

为什么这个科学家团队用了 6 年时间才找到根本原因呢？如果不是碰巧从另一个团队中获得问题的线索，也许还要花更长时间才能够找到根本原因。

这是因为科学家们在用演绎方法分析问题时遇到了困难。科学家们第一次遇到短吻鳄离奇死亡时并不清楚问题的机理和原理，因此只有通过不断地假设和验证。对生命结构的假设和验证具有复杂性和系统性特点，导致很多假设和验证都失败了。因此，这是一个曲折的根因分析过程。

下图给出了科学家们进行根因分析的过程（①→②→③→④→⑤→⑥）简化示意，在做 What 型根因分析过程〔即从问题（1）分析到问题（4）〕中遇到了很大的困难和挫折，图中未显示该过程走的弯路和做的"无用功"。

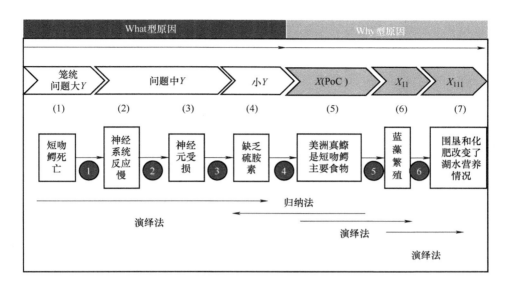

一般情况下，最好先用演绎法把上图所示的短吻鳄死亡问题（1）转换成问题（4）缺乏硫胺素，这是问题关键 Y。把 What 型原因作层层分解，是演绎逻辑梳理的过程，在大多数情况下，这个分析过程是行得通的。但短吻鳄死亡的 What 型演绎分析过程困难重重，如果科学家团队在应用机理分析走不通时，应用六西格玛方法或归纳法，很可能不用 6 年多时间，大概用几个月的时间就可以解决问题。

针对短吻鳄死亡问题如何用归纳法呢？当用演绎法分析 What 型原因非常困难时，可以省略对 What 型原因做分析，而采用对比分析或试验总结的归纳分析法，直接对最终的问题大 Y 进行对比分析或试验分析，直接分析是什么 Why 型的直接原因导致短吻鳄死亡。方法如下：

第一步，分析格里芬湖和周围其他湖泊的短吻鳄是否都有死亡现象，死亡比例是否大致相同？通过比较发现，只有格里芬湖有短吻鳄离奇死亡的现象，说明格里芬湖与其他湖有显著差别，是导致短吻鳄死亡的关键因子。

第二步，把格里芬湖里的"僵尸"短吻鳄捕捉到周围其他湖泊去饲养。通过一段时间的"调养"，这些"僵尸"短吻鳄的饮食结构恢复正常后，身体机能恢复正常。通过这个试验确认第一步的结论，格里芬湖的饲养环境和其他湖泊不一样，是导致短吻鳄死亡的关键因子。

第三步，比较格里芬湖的生态环境和其他湖泊的差异性，包括水质、水质草植、短吻鳄的饮食种类（即鱼的种类）、土壤等。通过对比应该很容易发现格里芬湖的水比其他湖泊的臭许多，蓝藻更多，这是较容易感知到的。同时发现短吻鳄的猎物（鱼的种类）有明显差异，土壤的有害物质差异不大，都远低于安全标准。

第四步，基于前三步的发现和分析，可以先清理格里芬湖的蓝藻，改善水质。同时捕捞一些美洲真鲹，让格里芬湖的鱼类和其他湖泊的鱼类接近。通过这两项措施，格里芬湖的"僵尸"短吻鳄可以重新获得平衡饮食，并逐步恢复健康，短吻鳄离奇死亡逐渐减少，直至没有相关问题。

上述是通过归纳法对比分析找到短吻鳄离奇死亡的 Why 型根因，即蓝藻和美洲真鲹。进而比较容易地分析出蓝藻产生的前端原因，以及蓝藻导致大量美洲真鲹的后端因果链条。在此基础上，进一步用科学推理的演绎法分析美洲真鲹致使短吻鳄饮食结构失衡，导致短吻鳄缺乏硫胺素，进而损失神经元组织，再导致神经工作失常而变成"僵尸"短吻鳄，最终被"淹死"。这一连串因果链条的推理、分析和解剖过程，在明确原因（美洲真鲹导致饮食结构失衡）及既有的科学知识的前提下，变得容易。

下图是用归纳法对短吻鳄死亡的原因分析过程，分析顺序是从发现图中所示的原因（6）开始，从（6）到（1），与前面的演绎法分析顺序不同。

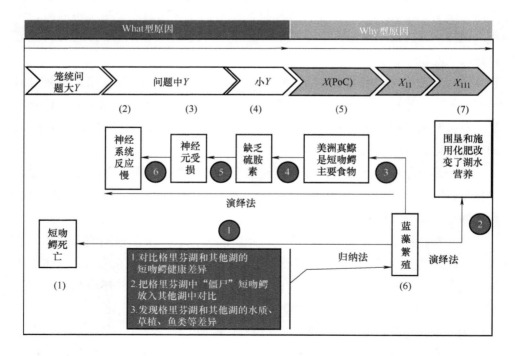

以上述所示逻辑图为例，归纳法可以从 Why 型原因中的（5）、（6）、（7）层级中的任何一个层级的输入因子开始，并链接到 What 型原因中的（1）、（2）、（3）、（4）层级中的任何一个。只要打通了一个链接关系，后面顺着链条用演绎法或归纳法都比较容易把（1）至（7）的因果链条打通。如果根因分析比较顺利，最好是一个层级挨着一个层级地分析。

在实际工作中，一般的理科类的技术原因没有上述短吻鳄死亡的原因链条长，从（1）到（7）都是技术上的理科类原因。从原因层级（7）往深层分析，才涉及人员、流程、管理、社会等文科类原因。

归纳法应用非常广泛，数据统计分析就是归纳法的典型应用。演绎法和归纳法常常联合应用。例如，在制造业中涉及机器设备的参数优化时，首先要用演绎法从原理上推理和假设，再利用试验数据做归纳分析，优化出参数的设定范围。

归纳法在某些情况下比演绎法更有优势。比如说，要比较韩国和美国在 2020 年新冠疫情管控效果谁更好，用演绎法是很难推导出正确的答案的，甚至给出错误的判定，而用归纳法就比较简单容易且客观。直接通过对新冠病毒的感染率、病死率，病毒对国民经济的影响程度，控制新冠病毒的投入，以及国民的满意度等各方面数据做比较，就可以归纳总结，得出结论。

四、假设验证法

演绎法和归纳法通常要联合应用。假设验证法是很典型的方法，那么什么是假设验证法呢？假设验证法简单来说就是，先假设，再验证。如何假设呢？假设不是凭空假设的，需要有一定根据，一般是基于原理、机理的分析，或者基于逻辑推理做假设。当然，假设也可能来源于之前的经验总结做假设。那么如何验证呢？验证是以事实和数据为依据的，对假设的内容进行验证。因此，假设验证其实是演绎和归纳的集合体。

假设验证法其实是一套科学方法，世界上很多科学成就都是通过假设和验证发现的。美国小学生有专门的课程叫"科学方法"（The Scientific Method），虽然各学校讲授的科学方法有细微差别，但都是这六个主要步骤：①询问（提出）问题；②做个假设；③计划并实施试验；④记录试验结果；⑤分析并得出结论（与步骤②的假设是否相符）；⑥呈现和沟通结果。这对小学生而言是一套实用的关于科学方法的教学，对人而言，脑袋里越早具备科学思维，受益会越早越大。

下面通过案例说明工作中如何应用假设验证法进行根因分析。

案例6：假设验证法

前面关于 PCB 的 T061 功能测试不良的分析过程，就是应用的假设验证方法。

当时 PCB 测试不良率高达 11%，只知道 U1 芯片损坏，送供应商测试后排除芯片本身的质量问题。接着用演绎法分析行不通，于是通过逻辑推理和假设，通过试验验证发现了原因。

该 PCB 及其上面的元器件（含 U1 芯片）通过 SMT、ICT、HVT 及 FCT 四个主要加工和测试工序。"T061 功能测试不通过"这个问题是在 FCT 工序发现的。

那么此问题是四个工序中的哪个工序产生的呢？通过逻辑分析不难判断有以下几种可能性，这就是对原因的假设：

一、在 FCT 工序把 U1 芯片弄坏。
二、在 HVT 工序把 U1 芯片弄坏，在 FCT 被测试发现。
三、在 ICT 工序把 U1 芯片弄坏，在 FCT 被测试发现。
四、在 SMT 工序把 U1 芯片弄坏，在 FCT 被测试发现。
五、在上述某两个甚至多个工序把 U1 芯片弄坏，但是在 FCT 时才被发现。

究竟是什么原因呢？只要把前面四种可能的问题查出来，就能够确认属于以上五种情况的哪一种原因。

下图是前四种可能原因的假设示意图。

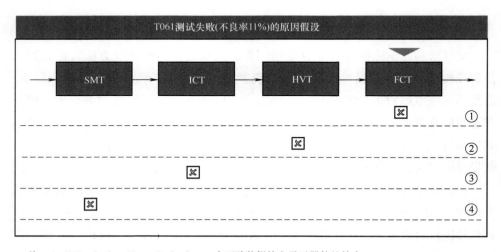

注：1. SMT：Surface Mount Technology，表面贴装焊接电子元器件的技术。
2. ICT：In-Circuit Test，探针接触元器件的在线测试。
3. HVT：High Voltage Test，高压安全测试。
4. FCT：Function Test，产品功能测试。

接下来基于上述逻辑推理和假设，通过试验做验证。问题解决小组在某个周末安排加班做了下图所示的 7 次试验，分成 A、B、C、D 共 4 个批次。其中，批次 B 在做完第一次试验后从中抽取了 20 个产品再次做了不同试验，批次 C 和 D 都是全部同样的产品做了两次试验。根据试验的结果，根据常识和逻辑推理可以归纳得到结论，导致产品 T061 功能测试不过的原因产生于 ICT 工序。

序号	批次	数量	SMT	ICT	HVT	FCT	测试结果 合格数	不合格数	不合格率
1	A	30	√	√	√	√	24	6	20.0%
2	B	39	√	×	×	√	39	0	0.0%
3	B	20	√	√	×	√	19	1	5.0%
4	C	30	√	×	√	√	30	0	0.0%
5	C	30	√	√	√	√	29	1	3.3%
6	D	72	√	×	√	√	72	0	0.0%
7	D	72	√	√	√	√	65	7	9.7%
		152						15	9.9%

当确定了 ICT 工序是导致问题的"罪魁祸首"之后，就能够聚焦于分析为什么 ICT 会导致 U1 芯片损坏，因此这是一个有用的重要发现和线索。接下来与测试工程师等人员讨论和分析该工序的测试工装、人员操作、测试方法（测试软件）甚至测试环境等是否有异常，或者是否发生过变化。很快就澄清并确认了 ICT 的测试程序在变更过程中弄错了（本来施加于 U6 芯片的 AC 24V 电压被施加于 U1 芯片），故此导致部分 U1 芯片损坏。因此，T061 测试不良的直接原因是，AC 24V 电压被施加于 U1 芯片。

上述分析过程就是假设验证法，以下是主要的五步法，完成对原因假设、试验、归纳总结、原因的演绎确认和最终的改进确认：

1）通过逻辑推理，做出关于导致问题发生的可能原因的假设。
2）试验、收集数据，记录结果。
3）对试验结果做归纳总结，得出结论。
4）再次通过演绎方法做原理或机理分析，确认原因。
5）对确认的根因采取纠正措施，验证改善效果，确认假设及对应的原因。

下面是关于 T061 测试不良的假设验证五步法的示意图。

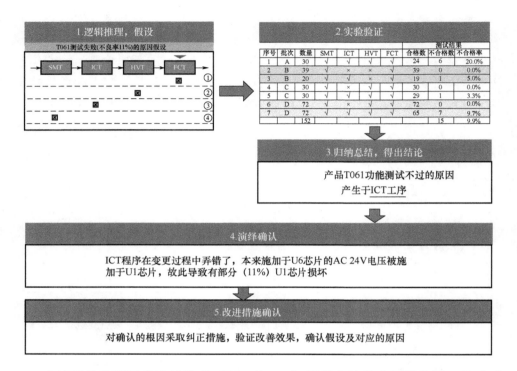

上述假设验证五步法是杜威（John Dewey）科学方法的实用简化版。杜威对 20 世纪上半叶我国的教育和思想产生过巨大影响，是实用主义集大成者。他把归纳法和演绎法贯通使用而形成了科学方法：一、建立假设（基于演绎）；二、收集资料或试验（用于验证）；三、分析资料（基于归纳）；四、得出结论；五、建立理论；六、再演绎；七、再归纳。

五、三现法

三现法是"现场、现实和现物"方法的简称。三现法用于根因分析时，根因分析团队到现场观察问题的产生过程，必要时在现场辅以检测、试验及团队间的交流和讨论等方式确定原因。作者为学员进行根因分析培训时也都强调："现场、现实、现物；动手、动脚、动口。"

对于理论性不强的简单问题，用三现法就可以发现根因并解决问题。假设某个五星级酒店的前台接待员经常被客户投诉，大堂经理要分析原因。最好的方法就是通过摄像头或其他方式经常观察该接待员在接待客户过程中的言行举止，通过观察就可以发现问题的原因所在。

当然，对于复杂问题的研究，也需要借助三现法去到现场调查问题。即使现场没有问题，为了收集信息或调查现状，也有必要实施三现法，亲临现场获取第一手信息。

在制造业中，三现法是基本工作方式。可惜有的工程师或经理人员不喜欢到现场去，甚至出了问题都喜欢在办公室或会议室讨论问题。而很多时候，去现场是发现原因最直接的方法。即使有了现代化的 IT 系统，进行根因分析时，人员也最好能够到现场去观察现状，分析原因。下面举个例子。

案例 7：三现法

2018 年，作者为某企业做全面质量改进咨询时，该企业的汽车顶棚上面的压块位置偏移，被客户投诉。负责处理投诉的质量经理没有仔细分析原因，认为只是人员在操作过程中存在偏差。于是在回复客户时，其改善对策是计划加一套固定压块位置的工装。但这个对策遭到车间管理人员和工艺人员的极力反对。

作者就带着相关人员去现场看为什么位置会偏移。通过仔细观察，并亲自动手操作，发现压块偏移的原因主要是两个：一是压块粘贴在顶棚上面的位置不明显。这个顶棚上的粘贴位置在新产品导入时的印记位置很清晰，但在顶棚模具逐渐磨损后变模糊了，员工看不清。二是员工把压块摁压到顶棚上面时用力不够，导致压块与热熔胶没有很好地固定在一起，因此压块在运输过程中发生了移动。针对第一个原因，修改顶棚模具，并增加对顶棚压印痕的质量要求和检验。针对第二个原因，增加压块压紧力的作业要求，以及检验要求，并对员工进行教育培训。最后，大家都接受和认可这个原因分析和改进措施。

六、RCA 五星法

作者根据多年的实践、学习、研究和思考，把根因分析的五个方法——演绎法、归纳法、假设验证法、头脑风暴法及三现法——总结成"RCA 五星法"，如下图所示。

RCA 五星法不是孤立的，它们之间相互渗透和交叉应用，其中最基本的思想和方法就是演绎法和归纳法。

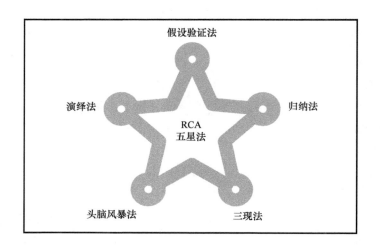

第三节 克服根因分析的两种困难

根因分析有各种方法和工具，但有时候也困难重重，归纳起来主要有以下两种困难：

第一种困难是，分析出问题的直接原因比较难，有时候在寻找问题的直接原因的 PoC 时，需要投入许多人力，物力和财力，要数天、数月甚至数年去做根因分析。比如寻找 COVID-19 的直接原因，全球许多国家的相关机构和顶尖科学家都投入其中，但不知多久才能够确定原因。平时工作中也可能遇到一些技术难题，不容易找到问题的直接原因。比如，某客户的某软件产品在编写过程中出现一个低级错误，把一个字符 y 写成了 7，结果导致客户现场不断出现程序报错，公司组织几十人的研发和测试团队用了好几个月才发现这个"简单"的问题。问题的产生虽然很简单，但事后的问题排查却很困难，损失也巨大。

根因分析的第一种困难属于发现问题的技术方面原因的困难，主要在某些理科类问题寻找原因时，可能会遇到的技术性困难，文科类问题一般不存在这个难题。遇到寻找技术性原因的困难时，可以综合运用 RAC 五星法，结合专业知识，通过团队协作解决。

第二种困难不是技术层面的困难，而是突破人的思想牢笼，克服人的思维惯性上的困难。很多时候发现问题的直接原因并不困难，但大家习惯就事论事地解决问题，局限在看得见的问题，而看不见的系统问题及深层次的问题就不会去分析，也无从改进。比如房屋失火，这个问题的直接原因很容易查明，但背后的系统原因是什么呢？这个需要深入分析。

案例8：成语故事的误导

成语故事亡羊补牢和曲突徙薪等都是在出现问题之后的补救，但几乎没有对问题发生的根本原因作分析。这是进行根因分析常会面临的第二种困难。

亡羊补牢，为时不晚。但亡羊补牢之后呢，羊圈的门或篱笆可能还会破损，难道再丢失肥羊之后再补救吗？所以，这是一种错误的思想。

曲突徙薪，主要讲因为没有听取邻居建议，所以主人新建的房屋不久后真的着火了。在邻居的帮助下把火扑灭后主人请大家吃饭，一个邻居劝告他还应该把烟囱改建成弯的，把灶旁的柴草搬走的人。除此之外，没有做深入和系统的根因分析。主人为什么不听邻居的劝告呢？除了主人无知或傲慢之外，劝告他把烟囱改建成弯的、把柴草搬走的邻居是否就没有瑕疵呢？作者认为是有的，如果风险系数那么高，为什么其他的邻居听见后没有加入到一起劝告主人听取建议呢？同时，火灾发生后为什么没有第一时间把火扑灭呢？主人当时究竟在干什么？

总之，一个问题看起来非常简单，原因看似非常明确，但真的要细究，可以发现很多管理漏洞、人性弱点、沟通漏洞或流程漏洞。根因分析的目的就是全面深入地对问题进行分析，找出各种明显的潜在的关于PPT［即人员（People）、流程（Process）和技术（Technique）］的问题、弱点和改善机会。当然，这样做根因分析是需要时间的，分析出的问题需要采取相应对策，所以也需要公司人力支持。如果公司当前基层还比较薄弱、问题很多，在公司层面要想对所有问题都这样分析并采取对策，也不现实。因此，需要先对问题进行优先级排序，先针对关键问题进行透彻的全面分析，并采取对策。

道理大家都明白，但做起来有一定难度，关键要解决思想层面的禁锢。因为在针对深层原因分析时，通常会涉及人和事的弱点剖析。因此，对个人而言要敞开胸怀，正视自己的短板和弱点，对公司而言要正视团队文化、解决问题的文化和管理能力等短板和弱点。这就是根因分析需要克服的第二种困难。

第四章　根因分析之因果关系

第一节　根因分析的概念 ·· 97
　一、客观原因及主观原因 ·· 97
　　　案例1：为什么摔跤 ··· 98
　二、阿波罗行为原因和条件原因 ······································ 99
　　　案例2：划火柴 ·· 100
　三、普通原因和特殊原因 ··· 102
　　　案例3：标签接连出现错误 ······································ 104
第二节　因果关系的特点 ··· 106
　一、因果关系与相关性 ·· 106
　二、因果关系与条件关系 ··· 107
　　　案例4：公务员考题 ··· 108
　三、因果关系的协变和机制属性 ····································· 114
　　　案例5：勤洗手被视为公敌 ······································ 117
第三节　因果关系的进一步探讨 ··· 119
　一、原因的原因是原因吗 ··· 119
　　　案例6：呼吸病死亡原因 ·· 120
　二、人的短板是不成功的原因吗 ····································· 121

　　本章主要介绍因果关系和几个重要的概念，这对全面掌握和应用根因分析都非常重要，因为根因分析本质上是因果分析。

　　本章包括三部分内容：

　　第一节介绍根因分析的概念，用三个成对的原因进行对比——客观原因及主观原因，阿波罗行为原因和条件原因，普通原因和特殊原因。

　　第二节介绍因果关系，包括因果关系与相关性、因果关系与条件关系，以及因果关系的协变和机制属性。

　　第三节对因果关系做有趣的且值得深思的补充说明，包括原因的原因是原因吗、结果的结果是结果吗，以及人的短板是不成功的原因吗。

根因分析的 RCA 五星法包括，演绎法、归纳法、头脑风暴法、三现法、假设验证法。这几个方法很重要，根因分析的过程及根因分析中的团队协作也很重要，根因分析涉及的统计工具、创新工具和相关管理工具也很重要，这些都是找出问题原因的重要基础和手段。但光掌握这些仍然不够全面，为更深入理解根因分析中的 Y 和 X_s 之间的关系，还需要理解和掌握根因分析的相关概念，而重中之重就是因果概念。

因果关系涉及日常生活的方方面面，是人类生存的基础性问题，是哲学关注的核心问题。解答因果之谜一直是人类认识史上最具魅力的研究课题之一。自科学诞生之日起，人们对因果观念的逻辑分析就没有中断过。

近代以来，经验论和唯理论均对这个问题进行了深入的分析。其中对因果关系研究最具代表的是经验主义的代表人物大卫·休谟（1711—1776）。他始终坚持经验主义的立场，以经验主义为基础，将因果关系理论作为其哲学的核心。他认为因果就是"经常性联结（constant conjunction）"。如果观察到 A 总是在 B 之前发生，事件 A 与事件 B 始终联结在一起，那么 A 就导致了 B，或者说 A 是 B 的原因。这就是通过经验和观察为基础的因果推论。

在统计学成为一门严谨的学科、卡尔·皮尔逊（1857—1936）清晰地分离相关性和因果性之前，大多数人都把相关性和因果性混为一谈。即便是现在，不少人也会把相关性认为是因果关系，即使某些学术论文也持这个观点。但两者是既有区别，又有联系的。

我们虽然不是哲学家，也不是做理论研究的学者，但仍有必要结合实际的工作和生活经验，对根因分析及因果关系等概念有进一步的了解，因为根因分析在实际工作和生活中都非常有用。

第一节　根因分析的概念

一、客观原因及主观原因

从根因分析是否与人相关这个角度来说，原因可以分为客观原因和主观原因。与自身相关的因素称主观原因，自身以外的其他因素是客观原因。

主观原因与个人的主观能动性相关，包括个人意识、能力、责任心、情感、意志、初心等。

客观原因是独立存在于人的意识之外，不以人的意志为转移的外在因素。

在进行根因分析的时候，主观原因和客观原因都要分析。一般来说，先分析客观原因，再分析主观原因，特别是当问题是其他人的主观原因造成时。对于其他人造成的问题，如果一开始就从对方身上找主观原因，那么十有八九会吵起来甚至打起来。但是如果是自己在工作中出错导致的问题，自己可以先分析自己的主观原因，再分析客观原因，目的是在团队中展现自己的责任担当，给大家起榜样的作用，这是一种精神力量，却是任何时代都缺少的一种珍贵品质！这样的品质稀少，可遇不可求！

相反，有不少人出现问题只找客观原因，甚至只找借口。如果有这样的问题，越早改，个人和家庭都越早受益。

案例1：为什么摔跤

下面用大家都容易理解的摔跤说明客观原因和主观原因。

Q1：为什么摔跤？

A1：因为地面湿滑。

Q2：为什么地面湿滑？

A2：因为地面有水。

Q3：为什么地面有水？

A3：因为刚才有个小孩在喝水时把水洒地上了。

上面的三个分析都是从自身因素之外的客观条件寻找原因。但是主观上就没有问题吗？同样面对地滑的情况，为什么有的人没有摔跤，而这个人就摔跤了呢？摔跤是与此人有一定关系的，如此人身穿紧身裙和高跟鞋或此人身体状况欠佳等，这些是此人身上的客观原因。又比如，此人没有注意有水地滑，这是此人的主观原因。

人，作为有思想的灵长类动物，对主观原因的分析包括两个方面：一是从主观上存在的问题进行分析和改进，如偷懒、使坏、推卸责任、不作为等错误行为；二是从预防的角度进行分析和改进，如由于他人违规造成的交通事故，从主观原因的角度分析可能有自身的安全意识（是否保持适当车距）或自身的警觉意识（是否仔细观察对方开车的不良行为从而提前预防）或自身在紧急情况处理方面的驾驶技术等。

对主观原因的分析需要注意避免人身攻击和否定，不管是对自己还是对别人。

对于理科类问题进行主观原因的分析，一般是先分析技术的客观原因，再对主观原因进行分析。

与主观原因和客观原因相似的根因分析方法，叫阿波罗法（Apollo Methodology）。

二、阿波罗行为原因和条件原因

2013 年 5 月，作者参加了西门子中国组织的阿波罗法培训课程。老师是从加拿大请来的，费用应该不便宜。

阿波罗法是美国人提出来的，是 5Why 的一个变种，但又不尽然。阿波罗法有一个观点作者时刻记得，即任何结果都至少有两个原因：一个是关于条件方面的原因，一个是关于行为方面的原因。这在某种程度上可以说是一种颠覆性观点。用阿波罗法解释心理学中的 ABC 理论［即激发事件（Activating event），信念（Belief），后果（Consequence）］比该理论提出者美国心理学家埃利斯所解释的更合理。

埃利斯认为 A 只是引发情绪和 C 的间接原因，而引起 C 的直接原因则是个体对 A 的认知和评价而产生的 B。

其实，ABC 理论的逻辑不正确，虽然 C 是由 B 引起，但按照 ABC 理论的说法，B 是由 A 引起的。所以，A、B 和 C 之间是因果链条关系，因果链条关系势必导致因果关系不可改变。换句话说，同样的 A 会导致同样的 B 及同样的 C。ABC 理论示意如下图。

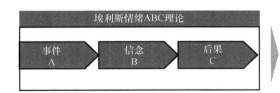

而用阿波罗法来分析 A、B 和 C 之间的关系，则更合理。C 是 A 和 B 的并行结果。A 是行为原因，是某个瞬间产生的。B 是条件原因，是某人通常存在的一贯思维模式。同样的 A，但不同的 B，则 C 会有所不同。

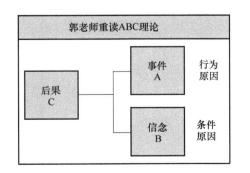

ABC 理论属于文科类的根因分析案例。应用阿波罗法最典型的例子是关于划火柴点火的，属于理科类根因分析。

案例 2：划火柴

划火柴点火，得有氧气、燃料和热三个因素。在足够的热量的作用下，燃料遇到氧气就着火。产生热量属于行为，氧气和燃料属于条件。下图是阿波罗法的核心思想示意图。

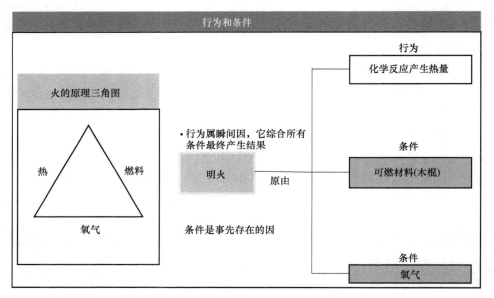

阿波罗法其实很简单，但美国人却把这个方法开发成课程、书籍及软件卖给全世界。作者和朋友还曾经与开发阿波罗法软件的公司联系过，想代理其根因分析软件。但通过交流发现这个软件没有那么好用，也没太多必要。用 EXCEL 软件就可以做阿波罗法的根因分析。针对阿波罗法，作者读过两本电子书，一本叫 *Apollo Methodology-A New Way Of Thinking*，另一本叫 *Seven Steps To Effective Problem-Solving And Strategies For Personal Success*，都是 Dean L. Gano 写的。

下面是 Dean L. Gano 在书中提及的最重要的四项原则：

（1）因果同体（causes & effects are the same thing）。

（2）因果同为一个无限连续体（causes & effects are an infinite continuum）。

（3）一果至少两因，分别以行为和条件形式存在（each effect has at least two

causes in the form of actions and conditions）。

（4）一个果的存在是因为同一时间和地点有存在它的因（an effect exists only if its causes exist in the same space and time frame）。

上面四个原则是否有点宗教和哲学的意味？确实如此。作者在第二本书中对上述四个原则做了如下阐述。

第一个原则是从佛祖（Buddha）及欧洲中世纪经院派哲学家和神学家托马斯·阿奎纳（St. Thomas Aquinas）的智慧得来的。书中说，人们对结果问为什么，但这个结果在之前是原因，在人们对它询问为什么的时候必须视之为结果，这样才能够询问为什么。因此，原因和结果是同一件事，只是时间顺序不同。（原文如下：Since we can only ask why of an effect, what was previously a cause must be referred to as an effect so we can continue to ask why. Therefore, causes and effects are the same thing, only seen from a different point in time.）

第二个原则来自于佛祖的智慧。书中说，因果是一个原因无限连续体的一部分——没有规律或原则要求我们停止询问为什么，除非我们自己的傲慢。（原文如下：Causes and effects are part of an infinite continuum of causes—there are no laws or principles that require us to stop asking why, only our own arrogance to think otherwise.）

第三个原则来自托马斯·阿奎纳的智慧。这个原则比较容易理解，就像前面举的关于点火的例子。

第四个原则来自牛顿的物理学原理。这个原则也比较容易理解。

阿波罗法对克服根因分析的"线性思维"（即沿着某个方向寻找原因）有很大的帮助，因为任何问题都可以分成条件原因和行为原因，而条件原因通常会比较客观地找出几个原因。通常情况下，在做根因分析时都只找出行为条件原因，而行为条件原因通常只有一个。如果用阿波罗法分析，就可以客观地分析出几个条件原因。

我国有个俗语"一个巴掌拍不响"，这个根因分析与阿波罗法类似。比如，某个受害者的手掌被坏人打了一掌，那么坏人打手掌属于行为原因，而条件原因是受害者的手掌没有保护及受害者的其他客观条件。如果受害者戴上带刺的金属手套，或者受害者是壮硕武林高手，那么坏人可能就不敢赤手空拳打过去了。用这个方法去解释很多现象，会打开大家的思路。比如，某国为什么要侵略其他国家，一方面是因为该国崇尚"丛林法则"而侵略他国，这确实是不对的行为原因；另外还有条件原因，如因为他国弱小，或者侵略这个国家有好处。

阿波罗分析法还可以帮助人们更加了解面对问题时很多人提出的"借口",虽然他们更应该找自身的主观原因。比如,高速公路上车辆连续追尾,大多数后车都会抱怨,是前面的车辆出现事故或紧急制动,导致自己来不及应对。这可以认为属于阿波罗方法所谓的条件因素,即客观原因;但行为因素是他们驾驶车辆没有保持安全距离导致的,这是主观原因方面的问题。再举个例子,深圳、广州等地2000年前后治安很糟糕,大白天有罪犯去抢女孩子脖子上的金项链,很多人会指出强盗恶劣的行为原因,但仅针对行为原因解决问题是不够的,同时要从条件原因分析并加以解决。比如,条件原因可能有,①贵重财物外露;②受害人弱小且独自一人;③周围空寂无人;④周围无监控摄像头;⑤当时的当地政府对于社会治安投入不足,治安措施不力等。

阿波罗分析法结合5Why方法,可以分析出更多层次的行为原因和条件原因。比如针对上述案例2中点火的阿波罗分析法,对化学反应产生热(行为原因)继续往下分析,不难得出下一层次的行为原因和条件原因,如下图所示。

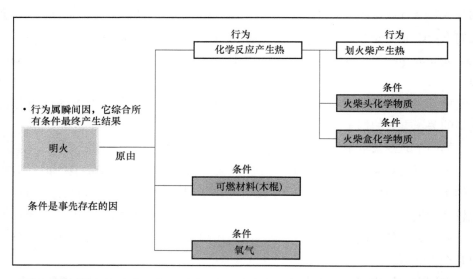

阿波罗分析法让人们可以更客观、更全面、更理智地看待因果关系。但因果关系与相关性是什么关系呢?

三、普通原因和特殊原因

普通原因和特殊原因属于管理类的定义,特别在休哈特的统计质量控制理论中。休哈特控制图的作用之一就是发现过程异常的特殊原因,从而维持过程的稳定性。普通原因和特殊原因不仅会在统计质量控制中应用,在很多管理决策中也是重要的概念。

美国汽车工业行动小组（AIAG）编写的《统计过程控制（SPC[一]）参考手册》（下面简称《SPC手册》）中，关于普通原因和特殊原因是如下定义的。

普通原因指的是，造成随着时间的推移具有稳定的且可重复的分布过程中的许多变异的原因，称之为"处于统计控制状态"的。普通原因表现为一个稳定系统的偶然原因。如果只有变异的普通原因存在且不改变时，那么过程的输出才是可以预测的。

特殊原因（通常也叫可查明原因）指的是，造成不是始终作用于过程的变异的原因，即当它们出现时将造成（整个）过程的分布改变。除非所有的特殊原因都被查出来并且采取了措施，否则它们将继续用不可预测的方式来影响过程的输出。如果系统内存在变差的特殊原因，随着时间的推移，过程的输出将不稳定。

针对普通原因和特殊原因《SPC手册》的建议是，由过程直接相关人员采取局部措施纠正特殊原因造成的变异，由管理人员采取系统措施纠正普通原因造成的变异。

对局部采取措施	对系统采取措施
通常用来消除变异的特殊原因	通常用来消除变异的普通原因
通常由过程直接相关的人员实施	几乎总是要求管理措施
大约可纠正15%的过程问题	大约可纠正85%的过程问题

那么如何区分普通原因和特殊原因呢，最常见的工具是$\overline{X}-R\text{chart}$，最常用的判断准则就是数据值分布超出控制限，通常属于特殊原因，需要对原因进行分析采取纠正措施，或者将特殊原因进行标准化管控而成为新的普通原因。如果数据分布在控制限内，通常属于普通原因，对普通原因通常不用改善，除非要提升系统的能力。

但在实际工作中，很多工程师和管理人员没有普通原因和特殊原因方面的认识，经常对普通原因造成的问题采用对付特殊原因的改进手法。也就是说，本来应该对系统采取改进措施改善普通原因造成的变异，却采用对付特殊原因的改进手法，结果导致改进效果不理想。这样做常会造成以下两种

[一] SPC：Statistical Process Control，统计过程控制。

后果：

　　第一种后果是，让操作人员用局部措施的手段去进行干预，造成过度干预，不仅对过程能力没有本质改善，搞不好把过程搞得更不稳定。这个后果最常见的情形就是公司每个月的经营绩效数据分析，只要指标下降或低于设定目标值一些，很多管理人员就让下属分析原因，解释为什么指标下降了。其实绝大多数下降的情况都是普通原因导致的正常波动（或者叫变异），但下属采用特殊原因的方法进行原因分析，并且也能够指出一二三来，然后加以"改善"。其实，这些原因根本就是众多普通原因中的一种，即使不改善，只要正常维持系统运作，下个月可能都恢复正常，或者有新的普通原因造成一些波动。因此，这些"改善"对经营指标没有本质改善。只有极少数情况属于特殊原因，对其采取特殊原因分析和纠正措施是有效果的。

　　其实公司每个月的经营指标一定是上上下下的波动起伏的，这很正常，只要波动不是特别大，一般情况不用特别去分析数据的波动。那么以数据为决策依据的公司应该做什么呢？应该以系统化的改进为主，把精力放在战略性的和重点的改进项目上，并跟踪这些改进项目的推进进程及效果。同时，对月度的经营数据做监控即可，如果数据偏离了正常波动才视为特殊原因，对其进行改进。关于特殊原因和普通原因的最著名的实验就是戴明设计的红珠实验和漏斗实验，这两个实验形象生动。给客户培训时，当作者用这两个实验进行仿真时，客户多很受触动，并且加深了对这两个概念的认识，对工作中的某些不当行为也有所反思。为节约篇幅，大家可自行在网上查阅这两个实验，作者就不再赘述。

　　第一种后果主要是在基于定期的数据波动做决策的场合下出现的。

　　第二种后果是，对普通原因按特别异常处理，只做纠正而未对系统做根因分析和改进，造成类似问题再次发生。第二种后果主要是在"偶发性"问题的场合下出现的。而对于偶发性问题，大家容易不当回事。下面用个例子加以说明。

案例3：标签接连出现错误

　　在2008年5月份，某产品因为标签打印员打错标签，而生产线也用错标签，QC没有查出来，最后被客户抱怨。然后，生产和质量人员等分析讨论，认为打印员错误、生产线使用错误、质检人员抽检时仍未查出错误，三个错误同时发生是极其不可能的事件。因此把标签更正过来后重新发给客户，并口头警告了几个人。他们把这件事当作偶发的特殊原因，因此只采取了纠正行动，未对错误的根本原因进行深入分析和改进。

可是没过多久，另一个车间被QC发现标签用错了。其实，标签错误偶尔都会发生。QC主管这次静下心来对错误原因进行分析，发现标签打印错误的根本原因是系统性风险，因为标签打印是依靠工艺人员发邮件给标签打印室，然后标签打印员根据邮件里的图样输入标签打印信息。这个过程可能由于打印员未及时根据邮件内容更新打印内容，甚至漏读邮件，而整个系统又没有提示或跟踪确认和关闭，偶尔导致标签的打印内容与最新要求不符的问题。因此，如果不改变标签图样传递过程，以及标签变更通知和跟踪确认过程，这个错误风险是永远存在的，且不知道什么时候就会偶然发生一次。因此，这属于普通原因，需要对系统采取对策，而不是"头疼医头、脚疼医脚"地进行局部纠正。当QC主管对标签文件的分发系统及涉及标签变更的控制流程进行改进后，在后续的几年时间里，车间就几乎没有出现标签错误的问题。

对普通原因和特殊原因的分类和看法影响着决策方式。德鲁克在《卓有成效的管理者》的第六章介绍了决策的要素，他提出了如下观点。

"有效的决策人首先需要辨明问题的性质：是一再发生的经常性问题呢，还是偶然的例外？""倘若是经常性的老毛病，就应该建立原理原则来根治；而偶然发生的例外，则应该按情况做个别处置。"

建立原则来根治就是针对系统进行改进，按个别情况处理则是就事论事地对局部采取措施。

他的关于经常性问题和偶然例外的问题与普通原因和特殊原因就很类似。因此，作者对德鲁克的这章的内容印象特别深刻。他继而把"经常"和"例外"两类问题细分成四类问题，这四类问题及他举的例子也都可以用普通原因和特殊原因的概念来理解和应用。

第一类，是真正经常性的问题。发生的个别问题，只是一种表面现象。

第二类，虽然是在某一特殊情况下偶然发生的问题，但在实质上仍然是一项经常性问题。

第三类，真正偶然的特殊事件。

第四类，首次出现的"经常事件"。

真正偶然性的例外事件实在少之又少。即使偶然事件一旦发生，德鲁克建议必须自问：这究竟是第三类问题，还是第四类问题？

德鲁克归类了上述四类问题，但其实大部分都属于同一类问题，即经常性的普通原因的问题。比如，公司 A 接到公司 B 的建议，两家合并。一旦合并公司 A 就"不在"了，就永远不会第二次接到两家合并这样的建议了。对公司 A 来说，与公司 B 合并只能是一次性的，是一种特殊的问题。但是，在企业界，公司合并却是"经常"的。

因此，在短时间内、用局部的视角看作的偶然的特殊事件，在时间拉长后、用更大的视角观察时，可能就是普遍性或经常性的事件。因此，看清、看准普通原因和特殊原因，或者特殊事件和经常性事件之间的区别，就能够透过现象看到本质，避免决策错误。当然，即使是普通原因或经常性事件，也要分轻重缓急采取措施，把有限的好钢用在刀刃上。

第二节　因果关系的特点

一、因果关系与相关性

很多时候需要借助数据加深对事物的认识，或者利用数据做原因分析。数据分析中常常会做相关性分析或统计显著性分析，但不少人把有相关性或显著性的两件事等同于因果关系，这是不对的。因果关系是认识事物最重要的一种关系，但相关性或显著性并不能代表因果关系。因果关系必须满足以下四个条件：

① 因果关系的原因 X 和结果 Y 在数据上一定是相关的。这点毫无疑问，但因果关系还必须同时满足下面三个条件。

② 原因 X 发生在结果 Y 之前，或者至少同时发生，但 X 不能发生在后。因此，如果 X 和 Y 的发生时间可前可后，这不是因果关系。

③ 因子 X 和结果 Y 之间接连发生的事件不是偶然的，而是有必然的因果关系（当 X 是 Y 的充分条件原因时，X 发生则 Y 发生；如果 X 是必然条件原因，则当 X 不发生，则必然导致 Y 的不发生）。

④ 原因 X 和结果 Y 之间存在事实上的原理或机理关系。因此，没有事实上的理论依据的相关性不属于因果关系。

如果不满足上述条件，只是因为两组数据的相关性或显著性就推断为因果关系，那纯粹是"数据骗子"，或者"统计文盲"。

现实生活中相关性很常见，如公鸡早上打鸣，然后很快太阳就要升起来了。那么公鸡打鸣的时间和太阳升起的时间是相关的，而且满足上述条件①，但是不满足其他条件,因此不能说公鸡打鸣是太阳升起的原因。一次在六西格玛培训时有学员说,太阳升起是公鸡打鸣的原因刚开始一听感觉挺有道理,但细想是不符合上述所有条件的。

同理,如果某班级中穿黄胶鞋的学生们考试成绩普遍比穿牛皮鞋的学生们成绩低,但不能得出结论说,为了得到优秀的考试成绩,必须穿好的皮鞋。

在周建武编著的《科学推理》中有这样一个例子,20 世纪某个十年,美国得克萨斯州博士的数量每年增加 5.5%,同时该州骡子的数量每年减少 5.5%,这两者呈现负的强相关性,但并不能说明博士数量的增加是骡子数量减少的原因。那为什么有这个相关性呢?周老师书里说,博士数量增加和骡子数量降低这两者之间的相关性是因为"第三者"因子。

什么是"第三者"因子呢?"第三者"不是指"小三",而是说"第三个因素",即城市化进程!城市化进程一方面促进了更多人获得博士学位,但另外一方面减少了农民和土地的数量,因此骡子的数量减少了。这个"第三者"既是博士数量增加的原因,也是骡子数量减少的原因。

"第三者"因子是一个不错的理论,如公鸡打鸣和太阳升起的相关性也是因为"第三者"因子,即地球自转的时间。而穿黄胶鞋的同学成绩比牛皮鞋的同学成绩普遍差,也可能是因为"第三者"因子,如经济条件。

喜欢吹牛的人善于拿相关性当因果关系,或者拿有时间前后顺序的两件事作为因果关系。比方说,美国前总统特朗普上台任职刚开始的三十几个月里,股指大涨,这有时间有先后顺序,与特朗普上任是有相关性的,但不能简单认为股指大涨是他的功劳。又比如说某企业搞六西格玛或搞精益生产改革,或者委托其他管理咨询公司进行公司改革,几年里后,客户业绩大涨,但不能简单认为是咨询公司的咨询服务帮助客户的业绩大增。这只能说是一种相关性,且这种相关性不具有代表性,统计量不够。即使在统计量足够的前提下得出的相关性,也不一定是因果关系,而可能有"第三者"原因。

二、因果关系与条件关系

条件关系在高中数学课程中介绍过,下面简单复习一下。

假设 A 是条件,B 是结论,则有下列四种条件和关系:

① 由 A 可以推出 B,由 B 可以推出 A,则 A 是 B 的充分必要条件(简称充要条件)。

② 由 A 可以推出 B,由 B 不可以推出 A,则 A 是 B 的充分不必要条件(简

称充分条件)。

③ 由 A 不可以推出 B，由 B 可以推出 A，则 A 是 B 的必要不充分条件（简称必要条件）。

④ 由 A 不可以推出 B，由 B 不可以推出 A，则 A 是 B 的既不充分也不必要条件。

上面就是关于条件关系的相关知识。那么条件关系和因果关系之间有什么区别和联系呢？因果关系是现实的有先后顺序的有实际意义的逻辑关系；充分必要条件可以是因果关系，也可以是虚拟的一种概念上的逻辑关系。因果关系的常见用语是"因为…所以…""导致""由于"等；条件关系的常见用语是"只有…才…""凡是…都…""推导得出"等。

下面用一个例子说明两者区别和联系。此例是公务员考试论坛上的问题，作者认为很经典。

案例 4：公务员考题

考题内容：正是因为有了充足的奶制品作为食物来源，生活在呼伦贝尔大草原的牧民才能摄入足够的钙质。很明显，这种足够钙质的摄入，对呼伦贝尔大草原的牧民拥有健壮的体魄是必不可少的。以下哪项情况如果存在，最能削弱上述断定？（　　）

A. 有的呼伦贝尔大草原的牧民从食物中能摄入足够的钙质，并且有健壮的体魄

B. 有的呼伦贝尔大草原的牧民不具有健壮的体魄，但从食物中摄入的钙质并不少

C. 有的呼伦贝尔大草原的牧民有健壮的体魄，但没有充足的奶制品作为食物

D. 有的呼伦贝尔大草原的牧民没有健壮的体魄，但有充足的奶制品作为食物来源

答案是 C。

这个考题和四个选项及答案，大家比较容易理解。

在公务员考试论坛上针对该考题还有另一个关于充分必要条件的讨论："摄入足够的钙质"是"把充足奶制品作为食物来源"的充分条件呢？还是"把充足奶制品作为食物来源"是"摄入足够的钙质"的充分条件？

奶制品是摄入钙质的充分条件，题目中的意思也含有先后逻辑顺序，而且

常识告诉我们，饮用奶制品通常有助于钙质的摄取。因此，很多人都会认为"摄入足够的钙质"是"把充足奶制品作为食物来源"的充分条件。

但问题不是关于"奶制品是含钙的充分条件呢，还是含钙是奶制品的充分条件"，而是关于两句陈述命题的充分必要条件的判断。正确答案是："摄入足够的钙质"是"把充足奶制品作为食物来源"的充分条件。也就是说，命题"摄入钙质"可以推出命题"充足的奶制品作为食物来源"。但"摄入足够的钙质"却是"充足的奶制品作为食物来源"的结果，"充足的奶制品作为食物来源"是"摄入足够的钙质"一个原因。

仔细品味以上充分必要条件和因果关系这两种逻辑关系，是不是有要疯了的感觉？

"摄入足够的钙质"和"把充足奶制品作为食物来源"的充分必要条件关系以及因果关系的示意图如下。

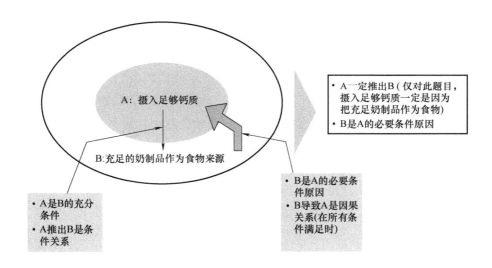

那么，为什么"充足的奶制品作为食物来源"是"摄入足够的钙质"的必要条件原因呢？下面来了解一下条件关系与因果关系组合在一起之后的因果关系有哪些类别的原因。

① 充分条件原因。

② 必要条件原因。

③ 充分必要条件原因。

④ 非任何条件关系原因（既非充分也非必要条件原因）。

充分条件原因如左下图所示，即 X_1、X_2、X_3 中任何一个原因出现，必然导致结果 Y。但出现结果 Y，却不一定会出现 X_1，或者不一定出现 X_2，或者不一定出现 X_3。这种情况下，X_1 是 Y 的充分条件原因，X_2、X_3 也分别是 Y 的充分条件原因。

必要条件原因如右下图所示，即 X_1、X_2、X_3 中三个原因同时出现，必然导致结果 Y。但只要 X_1、X_2 或 X_3 中任一个不出现，则不能导致结果 Y。只要发生结果 Y，则原因 X_1、X_2 及 X_3 必然同时发生。这种情况下，X_1、X_2 和 X_3 都分别是 Y 的必要条件原因。

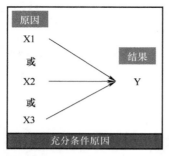
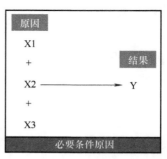

充分条件原因是"并联现象"，也可以说是"或门现象"；必要条件原因是"串联现象"，也可以说是"与门现象"，当必要条件的原因都发生时，这些原因的组合也属于充分条件。充分条件原因和必要条件原因在理科类的因果关系中是较为常见的因果关系。

充分必要条件原因是指，导致 Y 发生的只有一个原因 X，原因 X 发生也一定导致结果 Y。实际上这种情况比较少见，虽然大家在做原因分析时，有时候确实只找到了一个原因，而且这个原因也一定导致 Y 发生。但导致 Y 发生其实还有另外的条件原因，只是其他条件原因在做原因分析时作为默认条件而未做分析。比如说玻璃杯破碎了，原因分析时通常就只有一个，如因为玻璃杯从桌子上掉到地上。但显然还存在其他原因，如地板是瓷砖材质、玻璃是普通材质的玻璃容易碎、桌面离地面距离较高等，而这些原因在分析时都被作为默认条件而未做分析。

现实中很少存在充分必要条件原因，作者现在还未想出实例来。周建武博士举了一个例子，"当且仅当脑死亡，则人死亡"。他认为这是充分必要条件原因，作者认为这不是原因分析，而是"盲人摸象"，说的都是死亡的不同侧面，不是因果关系。

第四种因果关系是既非充分也非必要条件原因，这种因果关系在文科类的因果关系中非常普遍。比如说，一般情况下，随着学习更加努力，成绩会提高，所以学习努力是成绩好的一个原因。但是努力学习并不一定成绩就好，所以努力学习不能得出成绩好的结论；而成绩好也不能够一定得出努力学习的结论。所以，努力学习是成绩好的既非充分也非必要条件的原因。既非充分也非必要条件原因通常出现在用数据归纳总结出来的文科类原因中，也可以叫作有统计显著性的随机性原因，随机性原因的因果关系不明显。比如，数学统计发现，学历越高，结婚年龄越晚，学历高是结婚年龄晚的随机性原因，但学历高并不一定就结婚晚，结婚晚的人学历也不一定就高。因此，学历高是结婚晚的既非充分也非必要条件原因。

既非充分也非必要条件原因在理科类因果关系中也存在。故障树分析（FTA）有最小割集的概念，如对于顶事件问题 T 的最小割集 $\{X_1, X_2\}$，$\{X_2, X_3, X_4\}$，$\{X_2, X_4, X_5\}$，那么 X_1、X_2、X_3、X_4、X_5 五个原因分别都属于既非充分也非必要条件原因。但是 X_1、X_2 发生，问题 T 一定发生；X_2、X_3、X_4 发生，问题 T 一定发生；X_2、X_4、X_5 发生，问题 T 也一定发生。因此，三个最小割集都分别属于充分条件原因，五个 X 属于既非充分也非必要条件原因。

因此，因果关系与条件关系既有联系，又有区别。有条件关系的不一定有因果关系，有因果关系的不一定有条件关系，有因果关系又同时有条件关系还有四种情况。因此，总共有下图所示的六种情况。

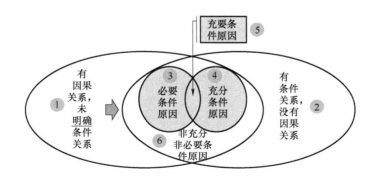

上面六种情况已介绍了四种，下面对第一、二种关系再做进一步的介绍。

有因果关系，但未明确条件关系的情况。比如某电视剧不好看，所以收视率很低，这是因果关系。但因为信息不充分，不能确定电视剧不好看与收视率低究竟是何种条件关系，只要信息充分，就能够把第一种情况的因果关系转换成3、4、5、6中的一种因果关系。

有条件关系,但没有因果关系的情况。比如草地上未湿,那么天未下雨。草地未湿是天未下雨的充分条件,但却不是因果关系。

对于上图所示的3、4、5、6具有明确条件关系的因果关系,有以下特点。

原因类别	问题对象 (一般情况)	关键原因数量	结果发生的 前提条件	关键原因 贡献率
必要条件原因	理科类问题	有限几个	原因 X_s 同时发生	100%
充分条件原因	理科类问题	有限几个	原因 X_s 任一个发生	100%
充分必要条件原因(几乎不存在的原因)	理科类问题	有且仅有一个	唯一原因 X 发生	100%
非充分非必要条件原因	理科类问题	有限几个最小割集,每个最小割集有几个因子 X_s 组成	任何一个最小割集发生	100%
	文科类问题	有限几个	可能性比较多	50%~85%

上面讲的原因都是问题的 Why 型直接原因点(PoC)。一般而言,对于理科类的某个具体问题,只要原因找准,措施得当,一般可以100%解决。而对于文科类问题,原因属于非充分非必要条件原因,属于概率性的原因,不是很直接的因果关系,只能降低问题发生的概率,很难根治。

虽然理科类的具体问题可以从技术上100%解决,但为了避免其他类似技术问题再次发生,因此仍然需要对理科类的 Why 型技术性的直接 PoC 做深层次的根因分析。往深层做根因分析时会涉及文科类的管理体系原因,虽然管理改进不能保证100%的效果,但管理改进可以降低其他类似的理科类问题发生频次。

为了加深大家理解理科类问题的根因分析过程,以及文理科根因分析和治愈体系相结合的重要性,下面用前面提过的砂轮问题的原因分析过程进一步解析。其他理科类问题的根因分析逻辑和思路都是相似的。

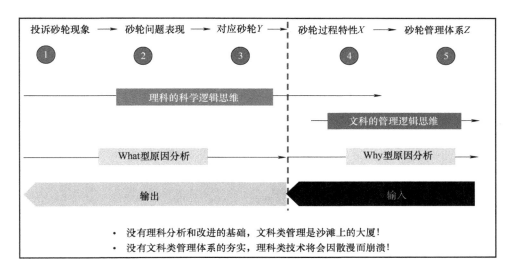

- 没有理科分析和改进的基础，文科类管理是沙滩上的大厦！
- 没有文科类管理体系的夯实，理科类技术将会因散漫而崩溃！

重要的事情再强调一遍，理科类问题的深层原因涉及文科类原因！文理科原因分析和改进互作补充：没有理科分析和改进基础，文科类管理是沙滩上的大厦！没有文科类管理体系夯实锤炼，理科类技术将会因散漫而崩溃！

有的问题比较复杂，不能简单地把其归类为理科问题或文科问题。比如，对于导致新型冠状病毒肺炎（COVID-19）的病毒 2019-nCoV 的相关问题，既有理科类的生物医学技术问题，又有关于文科类的问题，包括人类习惯、文化、人类活动、政府治理等人文、社会和政治等综合性问题。COVID-19 的患病机理是理科类问题；COVID-19 的传染既有病理性的技术原因，又有人文社会原因。

病毒在人的身体上发作的 What 型原因很快找到，也比较容易找到，但是要找到 Why 型原因的病毒源头及其传递链条，则困难重重。从 2019 年发作到 2021 年仍未找到根本原因。

对于病毒传染问题，这个 Why 型原因很容易找到，但不容易解决。虽然我国在政府有力的领导和组织下，传染问题被有效控制，这是举全国之力才做到的。COVID-19 传染的问题不仅有大量的文科类原因，也有一项理科类原因，即没有 COVID-19 的特效疫苗。随着 COVID-19 疫苗的面世和全面有效接种，即使不解决其他文科类的原因和难题，也能够较好地控制和解决。

对于文科类问题的原因分析，最好应用阿波罗法分析。用阿波罗法分析的好处是可以较为客观地分析条件原因，而条件原因当中可能存在理科类原因。理科类的条件原因解决掉了，问题一般就得到解决。下图是用阿波罗法对

COVID-19 传染所做的原因分析。

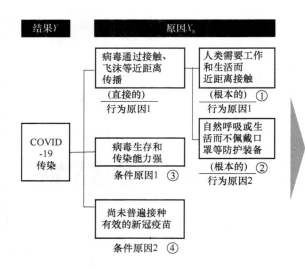

对于文理科问题，如果不能够解决理科问题原因，那么此问题就与文科问题面临一样的难题。如果能够解决理科原因，此问题就与理科问题一样基本可以得到100%解决。

三、因果关系的协变和机制属性

前面已经对因果关系做了较为充分的论述，这里再补充介绍因果关系的两个属性。理解这两个概念能够加深大家对问题的理解和认识，有助于根本原因分析和问题解决。这两个属性分别是协变属性和机制属性。这两个概念是戴维·H. 乔纳森所著《学会解决问题》这本书中介绍的。

协变属性主要是从实证观察得到的数据统计方面来论述的属性，属于前面提及的归纳法相关的内容；机制属性强调以质化的方式（即以工作机理、原理的方式）阐述因果关系，属于前面提及的演绎法相关的内容。协变属性和机制属性对因果关系的解释是互补的，就像演绎法和归纳法是互补的一样。协变属性可以通过观察发现原因和结果之间的协变关系，但要解释原因和结果之间如何发生及为何发生，则需要通过机制属性做解释。

1. 因果关系的协变属性

（1）因果关系的时间连续

因果关系的时间连续是指原因和结果发生的先后顺序，原因发生在结果之前，即使有多个原因发生，也可以准确描述因果关系的先后顺序。

(2) 因果关系的方向

此属性类似散点图分析的 X 和 Y 之间的正相关或负相关。但散点图分析的相关性并不一定有因果关系。因果关系的方向如果是正相关，则原因 X 的增加会导致结果 Y 的增加；如果是负相关，则原因 X 的增加会导致结果 Y 的减少。

(3) 因果关系的强度

此属性与散点图分析的 X 和 Y 之间的强相关或弱相关不同。散点图的相关性强弱表示的是 Y 和 X 的函数关系在多大程度上解释 Y 和 X 之间的关系。而因果关系都是强相关，但即使是强相关，结果 Y 和原因 X 之间的"数学"关系有系数大小的差别。比如两个线性因果关系分别是 $Y=5X+2$ 和 $Y=-0.01X-6$，两个都是强相关，第一个是正的强相关，第二个是负的强相关，且这两个线性关系的强度都是 100%。但第一个因果关系的强度很大，X 的 1 个单位的变化引起 Y 的 5 个单位的变化；第二个因果关系的强度很弱，X 的 1 个单位的变化引起 Y 的 0.01 个单位的变化。

(4) 因果关系的概率

协变关系的量化表征通常是用原因导致结果发生的概率来表示，即"协变指数"。《学会解决问题》这本书中介绍，"协变指数常被视作在 C（Cause）因素条件发生和 C（Cause）因素条件缺失的情况下，发生 E（Effect）目标效果的条件概率的差别"。与这句话对应的有下面这句话，"该模型将原因产生结果的概率减去原因未发生时结果发生的概率，这被称为规律性"。这是什么意思呢，用个例子来说明。比如一个充分条件的因果关系，其原因 X 和结果 Y 的关系是 $Y=5X+2$。原因 X 的目标规格是 [1~2]，结果 Y 的目标规格是 [7~12]。当 X 超出 [1~2] 范围就不合格，即 X 出现"质量"问题。此时，Y 也会超出 [7~12] 的范围变成不合格；当 X 在规格范围内，Y 也在规格范围内。此时的 X 出现问题，则 Y 会 100% 出现问题；X 不出现问题，Y 出现问题的概率为 0%。因此，X 出现问题导致 Y 问题的协变指数是 100%。

当有较多原因共同导致问题发生时，某个原因 X 发生时，问题 Y 不一定发生。此时的 X 出现问题与其他原因一同作用才可能导致结果 Y，因此协变指数受影响的因素较多。

(5) 因果关系的持续时间

也就是说，原因导致结果的效果会持续多久？是短期的或长期的还是永久的影响？有的原因影响时间短，如领导骂下属工作干得不好，下属心中难过，但第二天可能就没事了。有的原因影响时间是终身的，如某个人不小心腿摔瘸而残疾了，留下终身的痛苦。产品质量的缺陷原因一般会导致永久性影响，除非对质量缺陷进行维修或改进，并对质量声誉采取必要的补救措施。

(6) 因果关系的即时性或延时性

这个概念非常重要，与第一个概念相关。原因都是先发生的，但原因发生后结果是否立马产生就不一定了。为减少发生的问题数量，最好在原因发生后，立刻产生结果，这样可以立马提出反馈，及时发现问题、解决问题。同理，为鼓励或刺激某种行为多发生，结果也尽可能在原因发生后第一时间显现，其因果关系就有即时性特点，就像打游戏一样。游戏玩家第一时间感知到游戏结果，从而愿意继续游戏，沉浸在游戏获胜的喜悦中，或者调整方法策略扳回一局。如果打游戏时不立刻知道结果，要等到第二天甚至第二周才反馈结果，估计没几个人愿意再打游戏。比如新冠肺炎，如果患者一旦感染，身体马上就会发烧，那么新冠肺炎就很容易进行管控和治疗了。正是因为这个病毒的潜伏周期长，在进入人体后需要数天甚至数十天，患者身上才会表现肺炎的征兆，所以给管控和治疗都带来了极大的困难。

管理中原因导致结果的即时性很重要，这就是为什么管理学强调奖励和惩罚都要及时的原因。比如做某件事，做对了或做错了，努力了或没努力，如果能够立即给出结果，那么就会趋利避害地第一时间纠正错误，朝着正确的方向学习、工作和生活。因此，尽可能想办法缩短原因到结果之间的时间！

(7) 因果关系的循环性

一般的原因分析都是单向的分析过程，分析发生在前的原因导致后续结果的改变。但是结果 Y 的改变是否会导致原因 X 的改变呢？实际中是有这种可能的，就像牛顿第三定律"相互作用的两个物体之间的作用力和反作用力总是大小相等，方向相反"一样，前者影响后者，后者又影响前者，这样形成因果循环。

社会现象的马太效应就是因果关系循环性的体现。《圣经新约·马太福音》有这样一句话："凡有的，还要加给他叫他多余；没有的，连他所有的也要夺过来"。这句话寓意着一种因果循环：某人富有是原因，再多给此富有者是结果，此结果又加强导致富有（原因），然后原因又影响结果，往复循环；对没有的，又是另一种循环。

因果正循环或恶性循环在工作和教育中是一种较为常见的现象。比如某个大学生一毕业在新单位就表现很优秀，然后公司给予嘉奖；嘉奖后，员工受到鼓舞，然后表现得更优秀，之后再嘉奖。反复的正激励，在很多人看来该大学生走上了"开挂"之路。反之，如果某个大学生刚开始的工作不顺利，如果心态不正，原因分析和改进措施不正确，搞不好人生会越来越失落。

以上是因果关系的七个协变属性，下面介绍因果关系的三个机制属性。

2. 因果关系的机制属性

（1）因果关系的因果过程

乔纳森在《学会解决问题》中指出，人们往往笼统地理解因果关系，如将病毒性感冒归因于附近某个流感患者打喷嚏。但感冒这个结果和打喷嚏这个原因之间有一个较为复杂的很长的因果链条被忽略了。而这个因果链条需要生物学、医学及其他学科的专业人士从原理上分析，普通人根本搞不明白，只知道最表面的问题，如感冒发烧是由其他流感患者的飞沫传染的。至于别人的流感飞沫如何导致感冒发烧的因果过程是不清楚的。比如，流感飞沫里面怎么携带病人的病毒，病毒如何通过飞沫停留在宿主细胞，病毒基因代码如何在宿主细胞内被复制，复制出的数百万个病毒细胞如何侵蚀其他细胞，巨噬细胞如何去吞噬这些病毒，人体黏液如何包裹冲刷坏死的细胞和病毒尸体，这些免疫措施如何引起组织发炎等一系列反应，这些都是因果反应过程。

上述因果链条和因果发生过程的解释对根因分析非常重要，因果过程只能依据事物本身的工作机理做解释，前面七个协变关系是无法解释的。如果不能解释清楚因果过程，即使找到了末端原因，但因为解释不清从末端原因到最终结果之间的因果过程（即问题发生的机理过程），人们也可能不相信末端原因就是问题的根本原因。下面这个真实的历史案例就是关于这样的问题的。

案例 5：勤洗手被视为公敌

今天，预防流感和其他病毒传播的最佳办法之一就是勤洗手，这已基本成为一种常识，尽管有些人知道但未必做到。但 19 世纪中期，即便在欧美，一些医生也不知道在检查病人之前需要洗手清洁。

匈牙利医生伊格纳兹·塞梅尔魏斯于 1844 年至 1848 年间在维也纳总医院工作，该医院妇产科有两个病房区域：一个是由医生和他们的学生负责的；一个是由助产士和他们的学生负责的。据国外专业医院杂志 2013 年的一篇文章，从 1840 年到 1846 年，助产士病房的孕产妇死亡率为 3.62%，而医生病房的死亡率为 9.84%。

当时有各种假设：有人认为是由于坏空气引起的；有人认为是由于第一门诊更忙、更拥挤；有的猜想是医学院学生操作不熟练甚至粗鲁导致的；还有的甚至设想产妇生孩子的姿势，比如是因为仰躺造成的。

第一门诊的管理员塞梅尔魏斯医生也花了大量心血来排除各种可能的原因，但都没有解决问题。后来，他的同事雅各布·科列奇卡在一次尸体解剖时意外被解剖刀割伤手指，最后出现类似产褥热的病症而死亡，他因此把两者联系起来，提出因果假设："尸体里的某种'微粒'物质进入了人的血液里就会导致产褥热"。

这个假设说明了为什么第一门诊死亡率高，因为这些医生常常上完尸体解剖课后就去给产妇检查。

于是塞梅尔魏斯下令在第一门诊严格执行一项新政策：为孕妇接生前，必须用漂白水洗手（因为他注意到漂白水除尸臭最有效）。这是一个很大的改进，在1848年到1859年期间，医生病房内的孕产妇死亡率下降到了与助产士负责病房相同的水平。

尽管如此成功，当时的主流医学却不承认他的因果假说。

反驳的理由各种各样，包括不相信看不见的"微粒"的存在，不相信它能在人手上存留，不相信它能在人的肉体里繁殖并造成那么大的危害。甚至有医生站出来公开表达不满，因为如果他的理论正确，相当于间接地指控医生对这些孕产妇的死亡负有责任。

塞梅尔魏斯1865年含怨去世后不久，法国著名的化学家、微生物学家巴斯德建立了细菌学说，巴斯德用试验证明微生物可以在生物体内繁殖生长并致病。接着，获得医学诺贝尔奖的德国的伟大科学家科赫在1870年代有力证明了炭疽杆菌就是炭疽热的病因。

至此，人类确认了细菌的致病原因和机制，理解了塞梅尔魏斯的洗手做法的道理。

当时受医学知识和理论限制，塞梅尔魏斯医生不能解释未洗手导致感染，再导致产妇死亡这个因果过程。即使未洗手是导致维也纳总医院妇产科高死亡率的原因，但仍不能让医学界相信。可以说这是一个悲剧。其中的原因在于，那时候很多人只相信演绎分析法才能够把因果关系从原理上解释清楚。

如果相信数学统计分析结果，这个悲剧是可以被避免的。因为要证明未洗手是导致妇产科高死亡率的原因很简单，用数据归纳法的对比分析就可以得到结论。对于同样在第一门诊上班的医生，随机选30天时间不洗手就接生，同样周期选30天时间，医生必须用漂白粉洗手后才能够接生，比较两组日期的孕产妇死亡率。用漂白粉洗手后的孕产妇死亡率显著下降，那么从归纳统计上基本可以确定不洗手是导致孕产妇死亡的主要原因。至于不洗手为什么会导致孕产妇死亡，则需要机理分析，即从因果关系的机制属性上做深入分析，把中间的因果关系链条搞清楚。这也是必要的。

如果理解因果关系的协变关系的第四个原则，即因果关系的概率，这个悲剧也可以避免。因为洗手和不洗手在产妇致死率上有显著差异。因此，在缺乏因果机制理论的解释时，如果能够通过归纳总结或因果关系协变属性进行分析，得知某项措施或针对某项假设的原因采取措施是有效果的，那么大家可以先采取措施，后续再继续做机理分析。比如，那时候大家应该相信用漂白粉洗手对降低手术感染率是有极大好处（至少没有坏处）的，并强制在实施手术前采取洗手措施，同时再进行相关的机制属性原因探索和分析。

（2）因果关系的合取和析取过程

因果关系的合取和析取过程也是基于因果的机制原理所做的详细分析，分析包括以下两种情况：

一是，分析原因 X_s 和结果 Y 之间的一一对应关系。比如，当有几个原因 X_s 共同导致结果 Y 的发生时，对这些原因共同作用的机理分析就是合取过程；分析每个原因对结果 Y 的作用机理分析就是析取过程。

二是，从最根本原因分析到最终结果之间的因果关系链条。前面短吻鳄死亡的原因分析过程很长，主要困难在于因果的析取过程，找不到导致短吻鳄死亡的层层原因。而塞梅尔魏斯医生发现了导致孕产妇死亡的源头原因，这是因果关系的合成过程。但由于没有仪器设备检验分析能力，且医学技术贫乏，不能析取不洗手导致孕产妇死亡的病理发生过程和机理（不洗手会导致手上残留致命病菌，病菌侵入孕产妇细胞，以及后续的生物病理产生过程），所以医学界不相信塞梅尔魏斯总结出的原因。

（3）因果关系的必要性和充分性。

因果关系的第三个机制属性是关于因果关系的必要性和充分性，需要辨识各单独原因是充分的，还是必要的。在此不再赘述，因为本章第二节"因果关系与条件关系"中已经做了阐述。

第三节　因果关系的进一步探讨

一、原因的原因是原因吗

前面介绍的因果关系主要涉及一个层级的原因和结果之间的关系，即导致 A

的原因是 B，A 和 B 有因果关系，但没有再继续分析导致 B 的原因。假设导致 B 的原因是 C，B 和 C 有因果关系。那么问题来了，请问 A 和 C 有因果关系吗？

有？没有？或者是分情况，有的时候有，有的时候没有？

答案是第三种情况，得分情况，有的时候有因果关系，有的时候没有。

一般的情况下，A 和 C 之间是同一个方向的，因此有因果关系。比如，小明今天未到学校上课是 A，原因 B 是通往学校的唯一道路被泥石流冲毁了无法通行，B（道路被泥石流冲毁）的原因 C 是因为昨晚下了一夜暴雨。那么这个因果链条上的 A 和 C 是有因果关系的，C 是导致 A 的根本原因。

第五章将要介绍的 5Why 方法，就是对一个问题 Y 连续问几个为什么，直到找到末端的根本原因 X，只要 5Why 分析过程使用的是演绎法分析，末端的根本原因 X 和问题 Y 都存在因果关系，虽然因果关系的强度有可能比较弱，或者属于必要条件原因的因果关系。

那什么时候 A 和 C 没有因果关系呢？当从 A 分析到 C 的方向不一致时，A 和 C 之间可能就没有因果关系。下面通过例子加以说明。

案例 6：呼吸病死亡原因

微信公众号"孤独大脑"有一篇文章蛮有意思，标题叫《原因的原因不是原因，结果的结果不是结果》。作者就直接引用其中一个例子来说明原因的原因可能没有因果关系，这个例子如下，很简短。

某地空气极好，但是当地死于呼吸系统疾病的患者数量，却名列全国前几位。为什么呢？

原来，因为空气好，所以大量有呼吸疾病的患者前来疗养。

其实这样的现象也不少，如某个员工工作能力很强，但出的错却比普通员工多。为什么呢？因为他的工作负荷比普通员工大很多，工作强度和难度也更大。工作能力强不是导致出错多的原因。面对这种现象，英明的领导心中应该有合格的"称"，能够对下属合理分配工作。

回到上面这个例子，问题 A 是某地患呼吸系统疾病的患者数量位列全国前几位。原因 B 是因为当地有大量呼吸疾病的患者在此地疗养。B 的原因 C 是因为空气好。所以，C 带来 B，B 导致 A。C 和 B，B 和 A 都有因果关系，但 C 和 A 没有因果关系。因为空气好不可能增加呼吸病死亡的比例。这就是所谓的"原因的原因，不是原因"，特别当 A 和 C 之间的方向不一致时就很可能存在这样的问题。

再用微信公众号"孤独大脑"这篇文章的另一例子把结果的结果不是结果这个说法给理一理。

有个开服装厂的老板总说要关门，2019年底好容易接了几个大单，2020年初因为疫情，订单被砍掉了一大半！离关门不远了吧。

结果没几个月，该老板不仅没关门，生意还前所未有的好。

为什么呢？

因为某国疫情严重，而我国控制较好，所以前些年转到该国的订单，又转回我国了。所以，该服装厂的生意转好。

服装厂在2020年初真的快要关门了，是疫情的结果；最后生意转好是疫情的结果的结果，这样的转变有时候让人难以预料。这就是"结果的结果，不是结果"。

二、人的短板是不成功的原因吗

有部分人在事业上没有达到预期目标，然后把原因归结于自己的短板，于是非常用力地去补短板，去大量学习，参加各种考试认证，还在朋友圈打卡以加油打气。通过采取这些积极的行为，在避免过犹不及的前提下，对人是有益的，毕竟技不压身。但是，大多数情况下，这些补短板的行为并没有帮助他们更加成功。

这是因为，在多数情况下，事业上的差距不完全是因为短板造成的，而是因为长板不够长造成的，或者是因为自己选择了错误的赛道造成的，即选择的事业不是自己擅长的领域。因此，即使再怎么补短板，也很难把自己的短板变成长板。

而如果选择自己擅长的领域，那么即使其他短板再短，也可能无关紧要。如果某人在一般的企业里面当工程师，而他的弱点暴露无遗，那么他多半会一事无成，备受打击。但作为创业者，他充分发挥了自身优势，活成了他喜欢的样子，获得了成功，那么会有很多人支持他、追随他，虽然也有人反对他、反感他。

因此，成功的人不一定是因为他比常人厉害很多，而是因为他有某项优势比常人突出，而且他选择的事业正好充分发挥了其优势。如果认为自己的事业未达预期，则首先应该分析自己的优势是什么，自己选择的赛道是否能够发挥优势，这才是关键；其次再分析自己的短板对所选择的事业有多大影响，如果影响很大，则对关键的短板进行提高。

由此作者联想到产品问题的根因分析情形。在培训和咨询过程中，作者总会发现一些客户有一个错误的观点并给他们纠正，这个观点是"只要产品的某个特性不满足规格要求，就是导致产品质量问题的原因"。这个观点要成立，需要满足两个条件：一是该产品特性与质量问题有因果关系，至少是必要条件因果关系；二是该产品的规格设计是正确的、合理的，如果规格设计不合理甚至错误，满足规格反而导致问题，不满足规格却可能是正确的。比如，某个客户的产品性能指标偶尔被客户投诉，但一直未找到根本原因，该企业一直在用力地控制几个尺寸特性，但是这几个尺寸都合格的比率只有15%左右，有大部分尺寸都超差。但是这些尺寸超差的产品基本没有被客户投诉，也基本上没有影响性能问题。因此，该客户的质量管控方向是错误的，一些人力财力都浪费在了无效的检验工作上，导致一些无效的让步放行和评审会签，以及无效的扯皮会议上，却始终没有找出根本原因，也没法针对性地提高产品质量。

第五章 刨根问底之 5Why 法

第一节 5Why 法的基本概念·· 124
  一、丰田精益之 5Why 法 ·· 124
  二、小工具的大作用 ·· 124
  三、为什么要问为什么 ·· 127
    案例 1：PCB 功能不良 5Why 分析 ······································· 128
第二节 5Why 法的应用·· 130
  一、5Why 法应用中的七个问题 ·· 130
    案例 2：丰田 5Why 还是 7Why？ ·· 131
  二、5Why 法应用中的七种失误（坑）······································ 135
    案例 3：没听明白领导的话却不敢问 ···································· 135
    案例 4：杰弗逊纪念馆问题解决 ·· 140
    案例 5：少一枚铁钉会丢国家吗 ·· 142
第三节 对 5Why 法的两个补充 ·· 144
  一、0.5Why 法的奥秘 ··· 144
    案例 6：关于孩子学习成绩 ·· 145
    案例 7：某品牌 MPV 销量提升措施······································ 147
  二、5Why 法与 FTA 法的区别和联系 ·· 147
    案例 8：泰坦尼克号失事分析 ·· 148

中国古语有云打破砂锅问到底，用 5Why 法分析工具更有助于究根问底。

本章包括以下三部分内容：

第一节介绍 5Why 法的基本概念，主要是关于 5Why 法的来源和价值，分为三节——丰田精益之 5Why、5Why 法的大作用，以及为什么要问为什么。

第二节介绍 5Why 的应用方法——应用 5Why 需要思考的七个问题，以及需要注意的七个失误。

第三节介绍对 5Why 法的两个补充——0.5Why 法的奥秘，以及 5Why 与 FTA 的区别和联系。

第一节　5Why 法的基本概念

一、丰田精益之 5Why 法

在工业界，可以说无人不知精益生产，无人不知丰田的生产方式——丰田生产体系（Toyota Production System，TPS）。丰田生产方式是怎么诞生的呢？丰田生产方式就是通过心底和嘴巴反复询问"为什么"问出来的。这是作者说的，你可能不信，且看丰田生产方式发明人大野耐一是怎么说的。

1979 年 10 月由北京出版社出版的大野耐一的著作《丰田生产方式》的书中原文写道：丰田生产方式也不妨说是丰田人积累并运用这种反复问五次'为什么'的科学探索态度才创造出来的。通过自问自答五次"为什么"，就可以查明事物的因果关系或隐藏在事物内部的真正原因。

"为什么丰田汽车工业公司一个人只能操纵一台机器（而丰田纺织厂的一个青年女工却能看管四五十台自动织布机）呢？提出这样的问题就可以得出"因为机器的结构不是加工完毕就自动停止转动"之类的答案。由此为什么启发导出"自动化"的设想来。

"为什么不能做到 JIT（Just In Time）的生产呢？"针对这个问题，便会得出"前一道工序出活过早过多，不知道加工一件要用几分钟"的答案。此启发便导出"均衡化"的设想。

"为什么会出现过量生产的浪费呢？"针对这个问题便会得出因为"没有控制过量生产的机能"，针对此问题便产生"目视管理"的设想来控制过量生产，再进而导出"传票卡"的构思来。（备注，"传票卡"是丰田看板方式的一种信息卡工具。）

丰田生产方式的根本目的在于杜绝浪费。"究竟为什么会出现浪费呢？"提出这样一个问题，就等于问到了企业继续存在的条件即利润的意义上来了，而且，也等于自问自答地问到了有关人的劳动意义的本质问题了。

因此，丰田的经验告诉人们，只要善于发现问题，并愿意问为什么，那么不仅可以解决问题，甚至能把解决问题的成功经验连成片、形成面，并形成一套成熟的管理模式。

二、小工具的大作用

人们小时候都很喜欢问为什么，这是因为小孩子对什么事物都感到好奇，几乎所有小孩子都不例外。所以，有出版社专门出书给小朋友，名字就叫《十万个为什么》。书店和网上有各种各样的《十万个为什么》书籍在售卖，并且销量相当可观，光京东网的评价数就从几千到几万不等，甚至上百万。可见，小朋友们多么喜欢问为什么，成人们也舍得花钱投资到孩子身上。有的家长说给孩子们买《十万个为什么》，可以减少被问为什么却回答不上来的尴尬！

多问为什么对提高思辨能力是非常有好处的。但"十万个为什么"和"五个为什么（即5Why）"相差"两万倍"，这是怎么回事？

十万个为什么是对"十万"个不同话题分别问一次为什么。其实数字"十万"是个虚数，有可能一本《十万个为什么》只有一百个左右不同的话题，总共也就约一百个为什么。

而5Why是一种思考问题的工具，是用于原因分析时刨根问底的一种实用工具。5Why是针对一个问题进行层层深入地询问五次为什么。比如针对问题Q，可以问为什么有问题Q，原因是因为A1；为什么有A1，因为A2；为什么有A2，因为A3⋯对每个问题问五次为什么。这是5Why的原意。实际应用时根据情况可以问2次、3次、5次、8次，找到能够采取措施的根本原因即可。

如果《十万个为什么》能够加上5Why的方法，每一本书不要列那么多话题，只精选二十来个话题，并对每个问题不断深入连续问为什么，是能帮助小朋友们更加深入地探寻的，从而在深度提问和深度探索方面训练思维。作者相信这样效果会比现在浅尝辄止地问个为什么效果好很多。

比如某本《十万个为什么》的畅销书里面有一个问题是，"孔雀为什么要开屏？"书中的解答是，"大家都说孔雀是爱比美的动物，但其实孔雀基本上只会在春季上午的8~10点和下午的5点左右开屏，其他时间很少开屏。这是因为春季是孔雀繁殖的季节，而且开屏的并不是雌孔雀，而是雄孔雀。它们开屏是为了展示自己的美丽，向雌孔雀求爱"。

假设这样解释是正确而有意义的，但解释完毕后，可以用5Why法递进式地再询问几个为什么，启发孩子对孔雀做更深入的思考和探寻，可让孩子对孔雀的印象从一个点变成一个立体的形象。下面用5Why法对孔雀开屏进行询问和探索。

为什么孔雀要开屏？因为雄孔雀要向雌孔雀展示自己的美丽。为什么雄孔雀要向雌孔雀展示自己的美丽？因为雄孔雀向雌孔雀求爱。为什么雄孔雀向雌孔雀求爱？因为雄孔雀想要与雌孔雀一起生育可爱的孔雀宝宝。为什么雄孔雀想与雌孔雀一起生育宝宝？因为有了孔雀宝宝就能够让孔雀的生命得以延续。

这里的答案不一定妥当，但大家可以感受到5Why在启发思考方面的作用。

在做完这一番问答探寻之后，还可以用类似下面的图示化方式显示思考的逻辑，更方便培养小孩的逻辑思考习惯和能力。

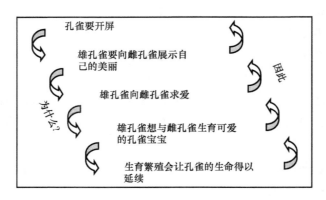

另外，在用5Why法解释完孔雀为什么开屏之后，还可以从其他不同角度问几个为什么。比如，为什么雄孔雀主要在春季上午的8~10点和下午的5点左右开屏，而其他时间很少开屏？为什么雌孔雀不开屏？为什么春季是孔雀繁殖的季节？通过这样的询问和探索，小孩子就可以学到很多丰富知识，更重要的是学会了提问和思考的习惯。同样，针对每一个角度的问题也可以往下多问几个为什么。每个话题就像一颗种子，打开"为什么"开关，从横向和纵向两个方向询问为什么，小孩的思维和灵感就像树枝似地散开，日积月累就会开出茂盛、美丽的思想之花，结出丰硕、甜蜜的创新之果。

小时候不好好训练问为什么的能力。多数成年人，已经丧失了孩童时代的好奇心，对许多事物熟视无睹，几乎不问为什么，即使遇到问题时，询问为什么的现象也极其匮乏；而那些优秀的开拓者者、善于创新的人才，仍然保持了良好的思辨能力、探索精神，这是孩童时代好奇心的发展升华。

"为什么"三个字，不仅是人们的思维模式和根因分析的法宝。在成年人的团队协作活动中，"是否善于问为什么，是否敢于问为什么"，也是积极企业文化的一种表现。

为什么这么说呢？假设一个研发人员在设计时选用一颗错误型号的元器件，最后造成产品性能质量问题被客户投诉。

这时候你问他，"为什么连元器件型号都选错了？"，他肯定会给你翻脸。

或者用一种更客观的方式问，"为什么选错元器件型号了？"，他可能也不高兴。

甚至用非常委婉的方式问,"当时为什么选这个型号的元器件?",他也会怀疑你在指责他。

总之,在公司没有形成"为什么文化"之前,直接询问对方为什么,对方可能会出于自我保护而持防备的心态,不会敞开心扉客观地面对问题和讨论问题。

事实上,绝大部分公司都未养成询问为什么的习惯和文化。所以,在公司倡导和培训根因分析和 5Why 方法,引导大家的共同认知,才能够随时随地公开地分析和讨论问题,询问为什么,把"为什么"当作常用语甚至口头禅。从而提升员工和企业的思辨能力、根因分析及问题解决能力。

愿本章能够像小朋友们喜欢的《十万个为什么》那样惠及大朋友们。

三、为什么要问为什么

在日常的生活、工作和学习中,针对某个决策、方案或知识时,通过问为什么,可以增加对被询问对象的认识和理解。本书主要针对所要解决的问题问为什么。如果不分析为什么,直接采取对策,该对策可能效果不好,甚至错得十万八千里。比如,某产品前几个月每月都可以卖 10000 台,但最近几个月每月只能卖 5000 台。于是销售人员说要降价销售,直接打七折销售。总经理采纳了意见,于是降价销售,结果降价后的第一个月销售虽然有起色,上升到了 8000 台,但后面的销量仍然跌跌不休,甚至后面每个月只销售 4000 台。都降价了,销量甚至比之前还差,销售人员很纳闷。

一些销售人员在市场拼杀习惯了,喜欢凭感觉和经验做事,不知道根因分析方法体系、过程和逻辑,遇到问题习惯性地凭经验采取对策。也许,销售人员大部分的感觉和经验是对的,但也有错的时候。如果销售人员学会问为什么,那么就会减少拍脑袋导致的决策失误。比如,针对销售量突然下降的问题,其原因可能竞争对手推出了一款新产品,非常好用,性价比也比该产品高,外观也很漂亮。所以,针对这种情况,靠降价就不灵了。

不问为什么,就直接采取措施,这样的人和公司都不少,但很多时候并不能解决问题。比如,不少公司都存在"沟通问题",但管理层和团队没有静下心来定义"沟通问题"是什么,有哪些"沟通问题",造成这些"沟通问题"的原因分别是什么。管理层更喜欢直接让培训部找相关老师做关于沟通技巧的培训,绝大多数培训老师就为企业培训沟通技巧,包括语言技巧、说话时的姿势、冲突处理和九型人格等。培训课堂很热闹,老师也讲得挺好,培训满意度很高,但培训之后并没有解决沟通不畅的问题，该吵的继续吵，要甩锅的继续甩锅。

为什么会出现这种情况呢？因为真正的原因与老师培训的内容关系不大。据作者观察，沟通问题的主要原因有，沟通对象之间不信任，有隔阂，有利益冲突，价值观不一样；或者，有人只关心自己的利益和个性，把团队和公司利益放在一边；或者，有人受不了严格的领导或同事，就打小报告说别人不善沟通；或者，工作能力欠缺导致业绩欠佳而非沟通不清楚……

德鲁克曾经说过，只要大家以公司利益为重，注重贡献，那么沟通上才不会有问题。因为为了大的目标，为了解决问题，就会主动沟通，哪怕对方说话过分或表达不清楚，但大家也能够在大局观的前提下进行充分沟通和反复沟通。

因此，以解决问题为导向的沟通不会有真正的问题。而以自己喜好、为了自己省事或以自己利益为重的沟通，不可避免地会有问题。如果不找沟通问题的根本原因，想通过沟通培训课程解决问题的愿望是天真的。

针对问题连续多次问为什么，可以找到不同层面的原因，采取不同层面的对策，随着为什么问得越深入和分析得越透彻，所采取的对策也越深刻和彻底。下面继续用前面 PCB 功能不良的案例做解释。

案例 1：PCB 功能不良 5Why 分析

- 1Why——为什么 PCB 功能不良？

因为 PCB 上 T061 功能测试不过。

1Why 结果：更换 PCB。

- 2Why——为什么 PCB 上 T061 功能测试不过？

U1 位置的 CIOA 芯片被打坏。

2Why 结果：更换不良芯片。

- 3Why——芯片为什么坏？

U1 位置 CIOA 芯片被错误的 AC 24V 高压去坏。

3Why 结果：去掉 AC 24V 高压。

- 4Why——为什么施加 AC 24V 高电压给 U1 位置芯片？

因为测试工程师不小心把冻结的 AC 24V 高压"魔鬼"打开了（把测试程序改变了）。

4Why 结果：把错误的 AC 24V 高压源封闭，甚至去掉此可能性。

- 5Why——为什么测试工程师错误地打开了冻结的 AC 24V 高压测试选项？

1）因为该 AC 24V 测试选项在开发时属于临时版本。

5Why 结果 1：删除错误的临时版本。

2）因为测试工程师在此次调试时不小心勾选了该 AC 24V 测试选项。

5Why 结果 2：勾选正确的测试选项。

- 6Why-1——为什么属于临时版本的 AC 24V 测试选项仍然存在？

因为当时外包软件设计人员未对临时版本做妥当处理。

6Why-1 结果：制定或完善关于软件外包人员负责的软件质量管控程序。

- 6Why-2——为什么测试工程师调试时不小心勾选了错误的临时版本？

因为主管让不熟悉此产品测试程序的工程师独自操作。

6Why-2 结果：对测试工程师及其主管，以及其他相关部门和人员，培训"师傅带徒弟管理指引"。

对此问题如果只问 1Why，只能得到粗放的修补措施；问 2Why 也只得到更具体的修补措施。对未来的生产制造过程不产生增益。因此，需要多问为什么才能够找到更深刻的原因，并采取彻底的改进措施。

此案例中 1Why 和 2Why 是 What 型原因，解决措施属于对已发生的"点"式问题做头痛医头的补救措施，未来过程未得到任何改进。

当询问 3~5Why 时，就发现问题的 Why 型原因了。针对 Why 型原因采取的措施属于纠正措施。纠正措施至少可以让该产品不再出现同样问题。因为去掉甚至删除 AC 24V 高压选项，并选择正确测试程序，让该产品不会再遇到同样问题。

此案例中 3~5Why 是 Why 型技术性原因，解决措施属于对该过程的未来做改进，避免未来可能发生的"线"式问题。

针对 6Why 的原因采取的措施属于预防措施：一是，制定或完善关于软件外包人员负责的软件质量管控程序；二是，对测试工程师及其主管，以及相关部门和人员，培训"师傅带徒弟管理指引"。因此，6Why 分析的是管理系统上的漏洞，采取的是管理改进措施。该对策会对所有外包人员开发出的测试软件产生增益，对所有师傅带徒弟的效果产生增益。

此案例中的 6Why 是 Why 型管理体系原因，解决措施属于对与此过程相似的所有过程的未来做改进，预防相似过程可能的"面"式问题。

由此案例看出，随着深入询问为什么，原因分析呈现"点""线""面"的递进深入和扩展，其原因对应的措施的影响深度和广度也得到加强。这就是 5Why 的巨大功用。

做好一个 5Why 分析并采取相应对策，胜过十个救火型的问题解决方案。因此，把5Why分析透彻就是立功，为团队和公司做贡献，包括对当前问题所做的救火贡献，以及对未来防火的贡献。虽然救火型的措施对解决当下问题有贡献，但是对团队的防火没什么贡献。公司要多奖励能深挖的功臣，不要只表扬那些辛苦的"消防员"。

第二节 5Why法的应用

一、5Why法应用中的七个问题

5Why分析法看起来非常简单，但不要轻视它。下面七个问题，你都做过哪些思考和研究？

（1）5Why要问到什么时候截止？

（2）5Why是一定要问5个为什么吗？问4个、6个或10个行不行？

（3）每个Why应该找出几个原因？

（4）5Why是层层递进的串联线性关系，还是可以层层递进的树形关系？

（5）针对5Why的每个层级原因，只对末端原因采取对策吗？

（6）对一个为什么的两个甚至多个答案，这些答案之间是加法、乘法还是其他关系？

（7）应用5Why分析有什么前提条件吗？

如果真的好好用过，并且思考过上述问题，那么就会觉得小小5Why不简单。5Why的难点不在于理解，而在于遇到各种问题时的灵活运用。应用5Why时既要求逻辑严密，也考验语言文字功底，同时还要有一定想象能力。当然，5Why也有方法和套路，每个人都可以用好5Why，提升认识事物本质的能力与问题分析能力，给工作和生活助上一臂之力。

无论5Why简单或不简单，它都非常有用。网上有一篇文章《丰田为什么不用六西格玛，原来用5Why就够了》，有点哗众取宠之嫌，但足以说明5Why是非常实用的方法，就像大野耐一在书里所写那样，丰田生产方式就是反复问五次为什么而创造的。

其实，5Why不能取代六西格玛，六西格玛（理应该包括5Why，但很多公司培训教材中却没有）可以取代5Why，六西格玛的统计工具不能取代5Why。不管六西格玛还是5Why，都只是众多根因分析方法和工具中的代表而已，而不是全部。

5Why 是一个根因分析的逻辑工具，当原因比较明显时，5Why 非常好用。如果遇到根因分析的技术难点时，5Why 法很难开展下去。有时根因分析在进行 What 型原因分析时困难重重，如前面介绍的短吻鳄死亡的原因分析；有时在进行 Why 型原因分析时困难重重，如前面提到的砂轮寿命偏短的原因分析。在遇到这些技术难题时，需要利用专业领域知识，并通过假设验证等手段找到技术原因的问题点，然后再通过 5Why 深挖冰山下的系统性深层原因。

5Why 法可以用于各种事情和问题的分析。著名的商业培训老师刘润在《5分钟商学院》中也分享了 5Why 法，所有人都可以学习和应用 5Why 法。

刘润老师虽然专业资深，但他书中关于 5Why 只是入门的介绍。他是在与时任中国运载火箭技术研究院党委书记梁小虹交谈的过程中获得 5Why 方面的启发，然后在书和课程中介绍和分享了 5Why 法。5Why 法也早已被很多世界五百强、中国五百强公司应用过。下面介绍和剖析丰田公司关于 5Why 的故事。

案例 2：丰田 5Why 还是 7Why？

5Why 法首创于丰田公司，由大野耐一发起和推广。一次新闻发布会，有人问："丰田公司的汽车质量怎么会这么好？"他回答说："我碰到问题至少要问 5 个为什么。"

大野耐一总是爱在车间走来走去，停下来向工人发问。他反复地问"为什么？"，直到回答令他满意、被他问到的人也心里明白为止，这就是著名的"五个为什么"的起源。

据说，有一次大野耐一到生产线视察，发现机器停转了。于是他问了一个问题："为什么机器停了？"员工答："因为超过了负荷，熔断器就断开了。"所以，这个 PoC 很容易就被找到。

他接着又问了第二个问题："为什么会超负荷？"答："因为轴承的润滑不够。"

第三个问题："为什么润滑不够？"答："因为润滑油泵吸不上油来。"

第四个问题："为什么吸不上来油？"答："因为油泵轴磨损、松动了。"

第五个问题："为什么磨损了呢？"答："因为没有安装过滤器，混进了铁屑等杂质。"

经过五次不断地问"为什么"才找到问题的真正原因和解决方法，即在油泵上安装过滤器。

下图是用可视化的方法进行的演示。

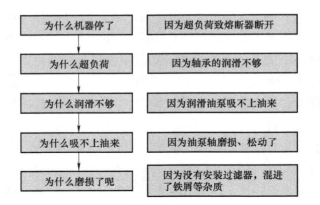

这个例子非常经典，也非常出名，而且是5Why法创始人大野耐一所用例子。因此基本上没有人质疑过这样用5Why法。

当然，能够做到这样的深入分析和应用已经很好了。秉着对学术认真和求真的态度，作者仔细学习和研究大野耐一这个5Why法的例子，发现有两个瑕疵：一是存在逻辑性问题；二是欠缺系统性原因分析。

大野耐一这个5Why法例子的逻辑性问题是什么呢？

从5Why法的逻辑来说，第一个和第五个为什么的答案包括了原因和结果的因果陈述。而因和果其实是相邻两个层次的原因（或结果）。比如第一个问题"为什么机器停了"，其直接原因应该是"熔断器断了"；然后问"为什么熔断器断了"，原因是"超过了负荷"。因此，对于"机器为什么停了"的原因"超过了负荷，熔断器就断了"，需要分成两个层次。同理，第五个问题的原因"没有安装过滤器，混进了铁屑等杂质"也应该分成两个层次。

为什么需要这样较真呢？主要有三个目的，下面以第五个为什么的答案为例进行说明。

第一个目的是为了保证结果和原因之间条理清晰和简洁。针对输出问题的"果"问为什么，那么后面只需回答输入的"因"，造成输入的"因"的原因另行分析。因此，针对机器磨损这个结果，其原因是"混进了铁屑等杂质"。而"没有安装过滤器"不是机器磨损的原因，是"混进了铁屑等杂质"的原因，需另行分析。

第二个目的是为了避免产生歧义及逻辑混乱。当把"因为没有安装过滤器，混进了铁屑等杂质"这样具有"因果一体"的原因作为前面问题的原因，针对此答案再询问为什么时，应该如何问呢？是问"为什么没有安装过滤器"呢？还是问"为什么没有安装过滤器就会混进铁屑"呢？还是问"为什么混进铁屑"呢？因此有三种不同的问题会导致歧义，但5Why法的本意应该是针对混进铁屑询问为什么。

第三个目的是确保在进行原因分析时循序渐进，确保分析的原因扎实可信。比如，针对问题"为什么磨损了呢"，做原因分析时需要贯彻大野耐一老先生所讲的现场、现实、现物的三现原则。因此，需要实地调查分析，就像毛主席说"没有调查就没有发言权"。实地调查发现"油泵混进了铁屑等杂质"，此时可能不知道混进铁屑等杂质的原因。所以，需要继续对"为什么油泵混进了铁屑等杂质"进行分析，可能发现"因为没有安装过滤器"这个原因。通过循序渐进的方法层层做原因分析，确保原因分析过程严谨、结论可靠。

因此，大野耐一这个5Why法案例的第五问应该改成下面的第五问和第六问。

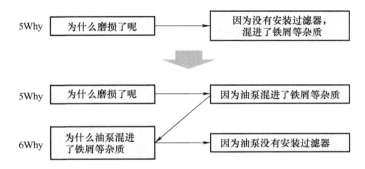

通过上述的技术性剖析，作者认为大野耐一这个经典的5Why分析可以细化为下图所示的7Why分析。

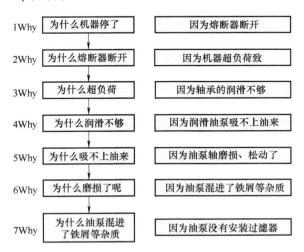

不知道朋友们以前是否对丰田这个5Why分析案例提出过类似的疑问。也欢迎读者朋友们对本书提出宝贵建议或疑问。

除此之外，丰田这个 5Why 法案例还欠缺系统性分析，表现在两个方面：
一、原因分析只有线性思维，而实际情况一般不是线性的一对一的因果关系；
二、此 5Why 分析只聚焦于技术分析，而未对管理体系做任何分析。

针对此案例，可以从以下方面做系统性的原因思考和分析。

针对原案例中第二层原因"轴承润滑不够"这个问题，除了继续问"为什么润滑不够"之外，还可以从以下几个方面询问问题：

"为什么轴承的润滑油不够，却没有早发现"；

"润滑油使用量有无标准"；

"如果润滑油用量有标准，员工按其执行了吗"等类似的问题。

同理，对第三、四、五层的原因也可以进行类似的询问。

通过这样的发散性思考和系统性询问问题，就会发现原来除了没有安装过滤器这个技术原因导致机器停止运转之外，还有其他关于过程标准及控制手段等管理体系存在漏洞。

下图是关于此问题的系统思考和为什么的询问方式。左边是丰田 5Why 原始方法，是一问一答的线性方法。图的右边是针对编号①~④问题，询问为什么问题未被及时发现。图的下方是针对编号①~④问题再从管理标准进行询问。右边以及下方的诸多询问就是关于问题的立体的和系统的思考和分析，从而全方位发现管理体系漏洞和改善机会。

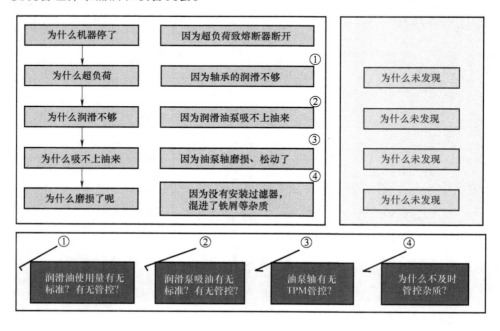

上图所示的分析过程是 5Why 法的衍生版 3×5Why 法。

5Why 被用于技术性的原因分析时是容易把握和操作的，答案比较明确，歧义较少。当 5Why 法被用于非技术性的问题分析时，把握好分析逻辑就没有那么容易了，答案也没有那么明确，在询问为什么的过程中话题也可能跑偏。总之，用 5Why 法分析非技术性问题时容易出"乱子"，常见的有下面七种"坑"。当然，用 5Why 法进行技术性原因分析如果把握不好，也可能有这些问题。

二、5Why 法应用中的七种失误（坑）

5Why 法是一个探究问题根源的方法，使用方便、上手简单。这个方法虽然看起来简单，但要得心应手地应用却不容易，因为在应用过程中容易失误而导致事倍功半甚至南辕北辙。下面举例说明 5Why 法在应用过程中常见的七种失误，形象地称为容易不小心掉进去的"坑"。它们分别是，①问题描述不具体、不准确；②进行原因分析时把多个原因放一起，或者把因和果两方面内容放一起，或者回答内容不具体；③问不出正确的为什么；④问答之间的逻辑有跳跃；⑤问答之间产生死循环；⑥原因分析不充分；⑦不知道 5Why 问到何时为止。

5Why 法不仅用于田间地头，而且可以上得厅堂。知名顾问刘润老师在研究 5Why 法，深圳尔雅总裁创始人王世民老师也在研究 5Why 法，下面引用王老师介绍的"没听明白领导的话却不敢问"的例子进一步讨论。

案例 3：没听明白领导的话却不敢问

- 1Why，为什么没听明白领导的话却不敢问？

因为害怕领导质疑自己的工作能力。

- 2Why，为什么害怕领导质疑自己的工作能力？

因为害怕失去领导信任。

- 3Why，为什么害怕失去领导信任？

因为害怕对职业发展产生不良影响。

- 4Why，为什么害怕对职业发展产生不良影响？

因为想得到更好的职业发展。

上面的 5Why 分析和问答过程，是不是看似有道理，但好像又缺少内容，不够具体。更糟糕的是，随着为什么的深入询问和分析，后面的原因分析偏离了"初心"。如何检验原因分析偏离"初心"了呢？用末端答案和第一个为什么"对话"，看原因解释是否合理。针对此例，末端原因是"想得到更好的职业发展",所以"没听明白却不敢问"。显然,这个解释是不够合理的。

5Why法应用中应该避免哪些坑呢?特别对于文科类的分析更要注意。

第一个坑,问题描述不具体、不准确。

下面仍以案例3为例。分析的问题是"没听明白领导的话却不敢问",这是个比较笼统的问题,导致原因分析也很笼统。在笼统问答的方式下,越往深层分析,因果关系就越模糊,类似"牛鞭效应"(指供应链上的一种需求变异放大现象,使信息流从最终客户端向原始供应商端传递时,信息扭曲而逐级放大,导致了需求信息出现越来越大的波动,信息扭曲的放大作用在图形上很像一个甩起的牛鞭),甚至导致末端的原因分析都偏离了方向。因此,对分析的问题要描述得具体、准确。比如,"没听明白领导的话却不敢问",究竟是没听明白领导的什么话呢?是"没有听明白领导关于本人下年度的工作安排却不敢问",还是"领导有口音而没有听明白说的话却不敢问",这是两种不同的情形。

如果是第一种情形,则5Why的第一问(1Why)是,为什么没有听明白领导关于本人下年度的工作安排却不敢问?

原因是,领导会生气。

2Why是,为什么领导会生气?

原因1是,领导不满意自己本年度工作业绩;

原因2是,在原因1的前提下自己又没有听明白领导安排的下一年度工作任务。

针对这个原因可以采取的措施是,尽快全力以赴地把领导布置的近期工作做漂亮,让领导满意并对本人产生好感,然后在适当时机再与领导交流和确认下一年度工作任务。

如果是第二种情形,则5Why的第一问(1Why)是,为什么领导有口音而没有听明白说的话却不敢问?

回答可能是,自己胆子太小不敢向上司提出合理要求,或者是因为领导对于他自己说过的话没有耐心再解释,或者其他原因,在此不再赘述。

因此,把问题描述准确是应用5Why法非常重要的第一步。《麦肯锡传奇》中有这么一段描述——企业倒闭最常见的原因不是因为对正确的问题给出了错误的答案,而是因为对错误的问题给出了正确的答案。

第二个坑,进行原因分析时把多个原因放一起,或者把因和果两方面内容放一起,或者回答内容不具体。

以案例3的第一问为例,"为什么没听明白却不敢问",回答是"因为害怕领导质疑自己的工作能力"。这个原因看起来清晰,也没有语病。但这句话的重点是什么呢？不清晰。因为这句话有两个主语和两个主题。两个主语分别是"我"和"领导"；对应的两个主题是"我害怕"，以及"领导质疑自己的工作能力"。那么针对这两个主语及主题，下一个为什么应该针对哪个主语对应的主题呢？这很容易造成5Why法应用中的困惑。

先把案例3的问题描述不准确的问题抛在一边，针对"为什么没听明白却不敢问"的回答进行改进，改成两个原因——"因为领导会质疑自己的工作能力"和"因为我害怕"。这两个原因在逻辑上属于"与门"的关系，是必要条件原因。当有两个及以上原因时，需要分别呈现不同的原因，方便后续针对每个原因分别询问为什么，使得问题有针对性，也确保条理和逻辑清晰。

当把"因为害怕领导质疑自己的工作能力"这个答案分成两个具体的原因时，再分别针对往下询问为什么，后面的原因分析也会很具体且聚焦，如下图所示。

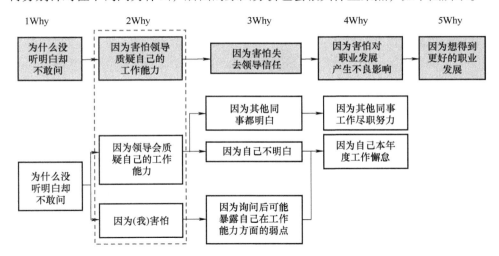

所以，不仅被分析的问题要具体和精准，回复的原因同样需要具体和精准。通过把第一个分析的原因进行精准拆分后，得到两个末端原因——"因为其他同事工作尽职努力"和"因为自己本年度工作懈怠"。这两个原因具体，且属于没听明白却不敢问的有关系的原因。对最初分析的末端原因——"因为想得到更好的职业发展"却不敢问，是偏离了"初心"且存在矛盾的。针对自己本年度在工作上懈怠的问题，采取的对策可以是，面对问题，并制定改进计划，努力加班赶上以前落下的工作；并且，坦诚地与领导沟通，承认错误，向领导展示自己改进的计划，表决心，同时请领导进一步指导。如果拿出这样的决心和勇气，很多领导会给予支持和帮助的。如果自己暂时没有勇气面对领导，但至少可以找到改进的方向，当自己的成绩取得进步时再与领导沟通。

通过上述剖析可知，用5Why法进行原因分析时需要注意以下三点。

首先，把问题和原因都描述清晰准确。

其次，在进行原因分析时把不同的原因分成不同的原因点来回答，不要混成一团。

最后，针对具体问题只分析该问题的原因，不要把原因的原因与原因合为一体，如案例2中的"因为超过了负荷，熔断器就断开了"。

第三个坑，问不出正确的为什么。

比如案例3，对于问题"为什么害怕领导质疑自己的工作能力"，答案是"因为害怕失去领导的信任"，此答案与问题的关联度不是很大，而且答案也不具体、很宽泛，导致再继续询问为什么的时候越来越发散，离"没听明白却不敢再问"这个问题的原因也越偏、越远。

造成上述原因分析质量不高的原因之一是，前面的问题描述不准确，或者说前面的问题描述有歧义。"害怕领导质疑自己的工作能力"可以有两个含义：第一含义是领导质疑自己的工作能力时害怕；第二个含义是害怕的事情是领导质疑自己的工作能力。

因此，针对"害怕领导质疑自己的工作能力"应该分别询问两个为什么：一是，为什么领导质疑我的工作能力呢？二是，为什么（领导质疑我的工作能力时）我害怕呢？这样就可以得到更加准确的分析和问答。

要避免第三个坑，首先要避免第一个和第二个坑。避免前三个坑是确保应用5Why法分析出高质量原因的基础，但还需要注意后面几个坑。

第四个坑，问答之间的逻辑有跳跃。

比如案例3，第三问"为什么害怕失去领导信任"，原因分析是"因为害怕对职业发展产生不良影响"。显然，害怕失去领导信任和害怕对职业发展产生不良影响隔着一段距离，因果分析不连贯，逻辑有跳跃。

问答之间的逻辑跳跃在日常对话中很常见，如问学习成绩为什么不好，回答是因为老师教得不好；为什么公司效益不好，回答是因为老板不懂管理；再比如为什么今年客户有这么多投诉，回答是因为老板不重视质量管理。这些问答都有很多跳跃，中间隔着多层的原因，而且中间的原因不止一个，导致最后被选出来的末端原因对问题的实际影响可能很小。这种情况在进行文科类问题的原因分析时是比较常见的。

第五个坑，问答之间产生死循环。

比如案例3，第四问"为什么害怕对职业发展产生不良影响"的回答是

"因为想得到更好的职业发展"。这个问答之间形成闭环的死循环。为什么是死循环呢？因为"为什么想得到更好的职业发展"的原因就是"因为害怕对职业发展产生不良影响"，这是个死循环。这种情况出现的比较少。

第六个坑，原因分析不充分。

一个问题只有一个原因，这在绝大多数情况下都是不太可能的，特别是对非技术性的原因分析。遗憾的是，许多5Why法培训资料在介绍时都是线性的一个原因走到底，包括大野耐一的5Why案例也存在这个问题。

下面是一个5Why法的分析模板，不少知名整车厂及零配件供应商都用这样的模板。看起来很漂亮，很有条理，也有逻辑，但终究是以线性思维进行原因分析，在引导原因分析时会误导。第六章介绍3×5Why法时作者分享了在培训和辅导中用的几款实用的模板。

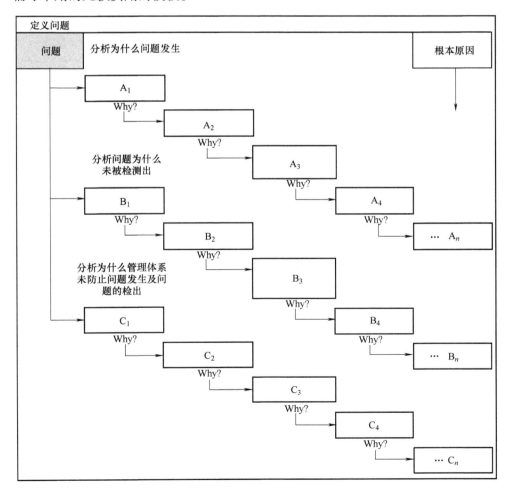

针对5Why法的一问一答形式，如何判定每个问题的原因分析是否充分呢？比如"为什么yyy？""因为xxx"，如何确定原因分析的"xxx"是否充分呢？

可以通过范式句子来验证，这个句式是，导致问题yyy的100%原因是xxx，或者因为xxx会100%导致问题yyy。如果不符合这个句式，原因分析就不充分，还需要挖掘更多原因。

理科类技术性问题一般是某个或某几个技术性原因100%导致某问题，但是文科类非技术性问题的一个甚至多个原因贡献不超过问题的90%，并且很难把所有原因找全。因此，对于非技术性原因分析，从实用的角度来说能够把影响问题大概80%的原因找出来即可。

案例4：杰弗逊纪念馆问题解决

这是个经典案例，很多5Why法的培训教材都采用这个例子。但作者认为这个例子有小瑕疵，所以还特别请在美国的朋友帮忙查证。后来一个朋友分享了元亨利所著的《沃顿商学院思维训练课》中的案例。

《沃顿商学院思维训练课》中案例的内容：美国华盛顿广场上某大厦的墙壁上出现了一道需要修复的裂缝。起初，人们认为是酸雨腐蚀导致了墙体裂开，于是便针对性地制定了一套修复方案，但却并没有什么效果。于是，大厦管理方请专家进一步研究后发现，并非酸雨，而是每天冲洗墙壁所用的清洁剂腐蚀导致了裂缝。为什么每天都需要冲洗墙壁？因为墙壁上有很多鸟粪。为什么有这么多鸟粪？因为大厦周围有很多燕子。为什么有很多燕子？因为大厦墙壁上有很多燕子爱吃的蜘蛛和飞虫。为什么有很多蜘蛛和飞虫？因为这里有适合飞虫生长繁殖的环境，而且蜘蛛喜欢吃飞虫，所以飞虫和蜘蛛在这里繁殖特别快。最终，专家们发现，是因为大厦顶部开了一些窗户，从窗户进来的阳光过于充足，使得温度和其他环境因素极适合飞虫和蜘蛛繁殖。于是，专家告知大厦管理部，"将顶层的小窗子全部关上，并拉上窗帘！"。

一些5Why法教案对此案例的描述：美国政府发现华盛顿的杰弗逊纪念馆墙壁受腐蚀损坏严重，于是请了专家来调查。专家们最先认为酸雨是原因，但实验发现酸雨的作用没有如此明显。再通过分析和测试，发现冲洗墙壁所用的清洁剂对建筑物有腐蚀作用，该大厦墙壁每年被冲洗的次数大大多于其他建筑，腐蚀自然更加严重。于是不断地询问为什么，找到最终的原因是，傍晚时尘埃在从窗外射进来的强光作用下,形成了刺激飞虫生长的温床。于是,杰弗逊纪念馆的墙壁腐蚀的解决措施是,拉上窗帘。

虽然上述两个关于大厦墙壁损坏的描述有点出入,但不影响把将之作为案例用于 5Why 分析。拿第一个教案中描述的问题进行 5Why 分析和演示,如下图。该大厦墙壁损坏的 5Why 分析是一维线性的因果分析,也就是说每个问题都只有一个原因。这样的原因分析充分吗?就前面的范式句做判定可知,基本上是充分的,因为每个问题 100%是由后面的原因导致的,后面的原因也 100%地导致了前面的问题。

上述 5Why 法看似没有掉进第六个坑,但其实是掉进了。因为这样分析的结果最终只找到一个线性原因——未拉上窗帘。但其实还有另一个原因是,清洗墙壁的清洁剂有腐蚀作用。

除了掉进第六个坑,上述分析还掉进了第二个坑。上面第一个为什么和第六个为什么的答案都包含了过多内容。如下图所示,第一个问题的原因包含两个"与门"关系的原因 A1.1 和 A1.2,这两个原因同时存在才 100%导致大厦表面斑驳陈旧。第六个为什么的答案包含了因果内容,需要再增加一层因果问答。在纠正第二个和第六个坑之后,5Why 分析过程如下图所示。大厦表面斑驳陈旧的两个末端原因为如下图所示的 A1.1 和 A7,即冲洗墙壁所用的清洁剂有腐蚀作用,以及(傍晚时)从窗外射进来的强光的作用。

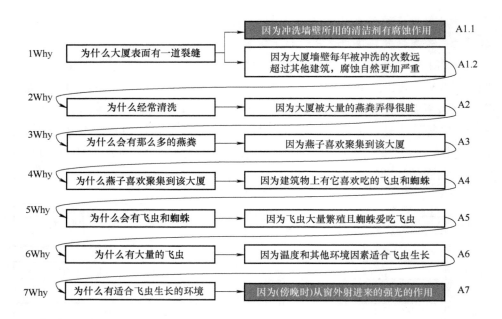

案例5：少一枚铁钉会丢国家吗

下面，关于少铁钉而丢国家的原因分析，显然是把归因简单化处理的结果，是典型的第六个坑，完全经不起推敲。

1Why，为什么丢失一个国家——因为打败了一场战争。
2Why，为什么打败这场战争——因为少了一位战将。
3Why，为什么少了一位战将——因为这位战将没有马骑无法参战。
4Why，为什么没马无法参战——因为这位战将的马掌掉了。
5Why，为什么马掌会掉——因为铁匠给马掌少钉了一根铁钉。
6Why，为什么少钉一根钉子——因为铁匠在钉铁钉时没有找见。

如果那场败仗100%导致那个国家灭亡，那么1Why的原因分析没问题。但从2Why到6Why，每个问题的原因都不应该只有一个答案。比如2Why，缺少一位战将最多算是导致战争失败的一个原因，针对2Why还应该有其他原因，如军队的整体实力弱小、缺乏能够替代这位战将的资源、在缺席该战将的情况下没有备选方案等。

判断原因分析是否充分的另一个绝招是，看所有末端原因是否能够直接导致顶事件问题。比如此战争案例，6Why的末端因素是因为铁匠在钉铁钉时没有找见一根钉子，顶事件问题是丢失一个国家。"因为铁匠在钉铁钉时没有找见一根钉子而导致丢失一个国家"，这个因果分析难道不荒唐吗？

但这个案例被不少国内外大公司作为经典案例来讲解。以前，作者也曾经错误地把它作为案例，主要是 5Why 法培训或细节管理重要性的案例。现在，如果要作为 5Why 法的案例来分析，可以当作反面教材。

这个案例分析是来自下面广为传唱的古老的英格兰民谣。

少了一枚铁钉，掉了一只马掌；

掉了一只马掌，瘸了一匹战马；

瘸了一匹战马，败了一次战役；

败了一次战役，丢了一个国家。

民谣的出发点是提醒大家不要忽视任何小事情。但把重大问题的原因归结为一个小问题，这是不公平的，其实最主要的原因是负责系统的管理者及其团队。因此，不能把责任归结为压死骆驼的最后那一根稻草，更应该把焦点用于分析压死骆驼的那 99.999…% 的原因。

第七个坑，不知道 5Why 问到何时为止。

5Why 究竟问到什么时候为止？每个人掌握的尺度可能不一样。作者建议的原则是，如果继续往下分析的原因对解决问题没有帮助，则停止。

拿杰弗逊纪念馆墙壁腐蚀问题举例，当一直询问为什么，直到分析的原因是因为窗户没关且窗帘未拉上而致使环境利于大量飞虫繁殖，最终导致一系列问题。如果继续问为什么未拉上窗帘，原因可能是因为没有管理规定。但拉窗帘这个规定对解决杰弗逊纪念馆的问题有实质性意义吗？几乎没有，所以没必要再询问为什么了。如果这个问题是由国家博物馆的管理机构负责，而且其他纪念馆也都存在类似问题，那么询问为什么未拉上窗帘就有意义，因为其他相关的纪念馆也可能存在窗帘未拉上而导致类似问题。在实际工作中对一些技术或质量问题进行分析时，在分析完技术性原因之后再继续询问原因后就要分析管理性原因了，对这些管理性原因采取措施就会对相关过程、人员和产品产生增益作用。但如果对继续分析的管理原因不能采取有意义的措施，则不必再问为什么。

下面用生活中关于摔跤的例子加以说明。

1Why，为什么摔跤？——因为地面湿滑。

2Why，为什么地面湿滑？——因为喝水时把水杯打倒了。

3Why，为什么会把水杯打倒？——因为端水时无杯托。

4Why，为什么无杯托？——因为部门助理今天没上班。

5Why，为什么部门助理今天没上班？——因为助理感冒了。
6Why，为什么助理感冒了？——因为昨天助理被雨淋湿了。
7Why，为什么助理被雨淋湿了？——因为昨天下雨了。
⋮

如果再继续询问，最后会把原因归结为老天爷了吧。

当然上面的原因分析属于单一的线性原因分析，这存在很大的问题，因为其实每个结果往往都是由多个原因引起的。例如，前面章节介绍的一个结果往往同时有理科原因和文科原因，行为原因和条件原因。其次，这个5Why分析没有及时在合适的环节停止询问为什么。利用5Why停止原则，可以在"因为地面有水湿滑"就停止询问为什么，因为把地面上的水清理干净就可以避免地面湿滑而导致再次摔跤的风险。

但如果此地点一年发生多次摔跤事故，好几次摔跤都因为地面湿滑，则不仅需要把这次洒在地面上的水清理干净，还需要分析为什么经常湿滑。如果是"因为经常有人端水时无杯托"，在此基础上还需要询问为什么，答案可能涉及不止一个管理性原因，对这些管理性原因采取措施能够降低甚至避免问题发生则是有意义的原因分析。至于后面助理是否上班或是否感冒等这种小概率异常问题则不必分析原因，即使做了原因分析对解决问题也没有多大帮助。

第三节 对5Why法的两个补充

一、0.5Why法的奥秘

0.5Why法是王世民老师倡导的，对理清5Why法的思考逻辑很有益处。

0.5Why法主要用于确认某个为什么的答案是否合理与充分。

比如地面湿滑摔跤的问题，正常的5Why法如上所述。0.5Why法不是直接从1Why问2Why，从2Why问3Why，而是在1Why之后问1.5Why，在2Why之后问2.5Why，也可以在任何第k次Why之后询问（k+0.5）Why。

比如地面湿滑摔跤的问题，"1Why，为什么摔跤？——因为地面湿滑。1.5Why，为什么地面湿滑就会摔跤？——……"通过这个1.5Why的询问，不难得出"因为地面湿滑"就导致摔跤的原因是不充分的。

0.5Why法用起来很简单，它的通用提问范式如下：

kWhy，为什么 yyy？——因为 xxx。

（k+0.5）Why，为什么 xxx 原因就会导致 yyy 现象或问题？

以上的 kWhy 代表第 k 次询问为什么，（k+0.5）Why 是第 k 次为什么之后的 0.5 次为什么，与（k+1）Why 不同。一般 5Why 分析法的询问范式如下：

kWhy，为什么 yyy？——因为 xxx。

（k+1）Why，为什么 xxx？

从问题范式可以看出，0.5Why 法是确认前面关于为什么的答案是否属于充分条件原因。比如，邻居家的孩子今年高考考上了清华大学，有人会问，为什么他们家的孩子能够考上清华大学？有人会说因为人家的孩子非常聪明。这时候就可以用 0.5Why 法来确认他的回答是否充分，是否有道理，"为什么他家孩子非常聪明就能够考上清华大学"？通过 0.5Why 法询问和分析发现，非常聪明的孩子不一定能够考上清华大学。所以，非常聪明不是考上清华大学的充分条件原因，还有其他原因，如学习态度、学习习惯和学习方法等。邻居家的孩子是由于这些综合性原因才考上清华大学的。

0.5Why 法除了用于确认原因分析是否充分与合理，还可以用于确认解决方案是否合理。

案例 6：关于孩子学习成绩

假如有朋友跟你咨询，"我家小孩需要找一对一的高中老师补课，您有推荐的培训机构或老师吗"？这时候一般热心肠人士可能会直接给对方推荐培训机构或老师，"我家的孩子以前在高一时数学成绩不好，于是高一暑假期间找 xxx 机构王老师指导了一个月，高二成绩就迅速提升上来了，并在高考中，数学考了 139 分。您去找王老师吧，需要我协助联系吗？"你看，多热情。

但这个建议合理吗？如果对方的诉求合理，提供的建议也许可以好心办好事；但如果对方的诉求不合理，原因不是缺少一对一的老师，如果介绍一对一老师反而是好心办坏事。

如何确认对方的诉求是否合理呢？首先要了解其诉求背后的原因，可以用根因分析的方法。但在针对解决方案做根因分析时，用 5Why 法提问可能找不到原因，甚至偏离了真正原因。比如，针对孩子学习成绩找老师进行 5Why 分析，就可能是下面的对话模式。

朋友问：我家孩子需要找个一对一的补课老师，你有什么好老师推荐的吗？

问：（1Why）为什么要找一对一的补课老师？

朋友答：因为想提高孩子的学习成绩。

问：（2Why）为什么想提高孩子的学习成绩？

朋友答：因为想让他考一个好大学。

问：（3Why）为什么想让他考一个好大学？

朋友答：因为……

对这样的情况，如果用 5Why 法来分析解决方案背后的原因好像找不着北。如对方提出一个解决方案，用 5Why 法提问为什么时，只要对方分析的是此解决方案的目的，那么通过 5Why 法询问就找不到方案背后的原因。因此，如果用 5Why 法分析解决方案是否合理时，需要在用 5Why 法之前先明白对方想要解决的问题是什么。可以加一个 What 型问题。比如关于朋友找一对一补课老师的咨询，可以用如下方式。

朋友答：我家孩子需要找个一对一的补课老师，你有什么好老师推荐的吗？

问：（1What）找一对一的补课老师想解决什么问题？

朋友答：我家孩子的平均成绩大概 50 分左右。

问：（1Why）成绩确实不太理想，为什么呢？

朋友答：因为……

通过上述分析，也许找一对一补课老师并不是一个好的解决办法。

确认解决方案是否合理的第二种方法，可以是 0.5Why 法。比如，关于朋友找一对一补课老师的咨询，可以用如下方式。

朋友问：我家孩子需要找个一对一的补课老师，你有什么好老师推荐的吗？

问：（1Why）为什么要找一对一的补课老师？

朋友答：因为想提高孩子的学习成绩。

问：（1.5Why）为什么想提高学习成绩就要找一对一的补课老师呢？

通过上面 1.5Why 的询问就会发现，提高学习成绩不一定要找一对一补课老师。因此用 0.5Why 法把梦中人警醒了，原来咨询者只关注解决方案，而不顾解决方案是否正确。在用 0.5Why 法确定解决方案不合理之后，需要对解决方案所针对的问题原因进行分析，此时可以继续用 5Why 法。

用 0.5Why 法检视拍脑袋的决策或建议方案是否合理是非常管用的。比如，某市场经理针对销量下降的解决方案是产品降价，你问他为什么降价，他的理由看起来很正当，是为了提高销量。这么正当的理由理直气壮，让人无法反驳。但是这时可以用 0.5Why 法开拓思路，"为什么通过降价的方法提高销量"？这会促使大家冷静理智地重新思考更多原因,并采取相对客观、全面而合理的对策。

案例 7:某品牌 MPV 销量提升措施

2016 年某品牌 MPV 新车上市,一夜之间红遍了大江南北,一车难求,已经支付定金的订单排队提车要 4 个月以上,全年销量达到近 20 万辆。这个销量在当年的车市中已经属于爆款车型了,可是谁也没有想到,就是这么一款爆款车型其销量却在不久的将来迎来了断崖式的下滑,2017 年销量下滑到 10 万辆,2018 年继续下滑到 5 万辆,2019 年仅售 2 万辆,2020 年销量为 4000 辆,这样的下滑速度远远超过行业和细分市场的平均水平。为了抑制销量下滑并提升销量,公司决策层决定通过降价提高销量。

那这样的措施是否全面而合理呢,首先用传统的 5Why 法来分析一下。

1Why,为什么要降价?——因为要提升销量。

2Why,为什么要提升销量?——因为需要提高营收。

3Why,为什么需要提高营收?——因为企业要生存。

……

下面来理一理思路,因为企业要生存,所以要降价,这个结论本身逻辑上是有问题的。仔细想想,企业要生存难道不是要增加利润吗?增加利润不是要涨价吗?有人会说,增加规模同时降价不一定利润会降低,那这里又要问一句,降价就一定会增加规模吗?如此看来上述的措施和分析是不够合理和全面的,那再用 0.5Why 法来重新分析一下。

1Why,为什么要降价?——因为要提升销量。

1.5Why,为什么要提升销量就要降价呢?——嗯…噢…

用 0.5Why 法进行分析后,可以明显看出,仅采用降价策略提升销量显然是不充分的,提升销量的途径还有如提升产品力、提升产品性能、增加曝光率、升级服务等措施。

二、5Why 法与 FTA 法的区别和联系

故障树分析(Fault Tree Analysis,FTA)法,是在系统设计过程中,通过对可能造成系统失效的各种因素(包括硬件、软件、工艺、设备、环境、人为等因素)进行分析,画出逻辑框图(即故障树),从而确定系统失效原因的各种可能组合方式或其发生概率,以计算系统失效概率,采取相应的措施,以提高系

统可靠性的一种设计分析方法。这是 FTA 法中的定量分析。

FTA 法也可以用于对已经发生的故障进行定性的原因分析。在定性分析时可以通过逻辑符号表达，最普通的逻辑符号是与门及或门关系。FTA 法在对故障原因做定性分析后，也可以对今后的故障发生概率进行预测。这两个优点都不是 5Why 法所具备的。

案例 8：泰坦尼克号失事分析

1912 年 3 月建成下水的泰坦尼克号是当时最先进、最科学的设计产物。

1912 年 4 月 10 日，在南安普敦港的海洋码头，号称"永不沉没"的泰坦尼克号开始了处女航，计划前往纽约。

四天后，4 月 14 日那个寒冷的夜晚 23 点 40 分，泰坦尼克号和冰山发生"死亡之吻"。

四个多小时后的 15 日 4 点 00 分，卡帕西亚号的船员借助黎明的微光发现了第一艘救生艇，救援工作一直持续到早上 8 点 30 分。泰坦尼克号上 2208 名船员和旅客中，只有救生艇上的 705 人生还。

很多人都看过《泰坦尼克号》这部电影，在此不描述具体过程。泰坦尼克号失事原因有不同说法，甚至成为一个谜。从客观角度分析，比较普遍的观点是，主要有四个原因，具体见如下 FTA 法分析过程。这些原因属于与门事件，是必要条件原因。

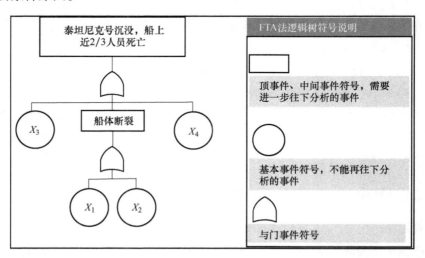

从 FTA 法分析得知，船体沉没，人员死亡近 2/3 这是问题顶事件，其原因分别是 X_1、X_2、X_3、X_4。如果 X_1、X_2、X_3、X_4 同时发生 1 次，则导致 1 次 Y

事件。

上述四个原因分别指，原因 X_1 = 观察员、驾驶员失误，造成船体与冰山相撞；原因 X_2 = 船体钢材不适应海水低温环境，造成船体裂纹；原因 X_3 = 船上的救生设备不足，使大多数落水者被冻死；原因 X_4 = 距其不到20海里的加州人号无线电设备处于关闭状态，无法收到求救信号，不能及时救援。

这四个原因中只要任何一个原因不发生，则不会产生顶事件问题（要么船不会与冰山相撞而沉没，或者相撞后也不会产生如此惨痛的后果）。

FTA法在对故障进行定性分析后，也可以做量化分析。比如，对于此泰坦尼克号事件，如果事件 Y 的发生概率是 $p\%$，则当且仅当 X_1、X_2、X_3、X_4 同时发生时，概率为 $p\%$。但通常 X_1、X_2、X_3、X_4 不会同时发生，都是随机地发生，且它们之间相互独立，Y 事件的发生概率还是 $p\%$ 吗？不是的！远小于 $p\%$，那是多少呢？这个5Why法是没办法分析和计算的。FTA法有一套算法。假设 X_1、X_2、X_3、X_4 失效概率是 $p\%$，它们相互独立而随机地发生，则事件 Y 的失效概率等于 X_1、X_2、X_3、X_4 同时失效的概率，$P(Y) = (p\%)^4$。当 $p\% = 1\%$ 时，则顶事件 Y 的失效概率是 10^{-8}。

用5Why法来分析上述FTA法关于泰坦尼克号事件的分析过程，如下图所示。5Why法也没办法展示各原因之间的逻辑门关系。

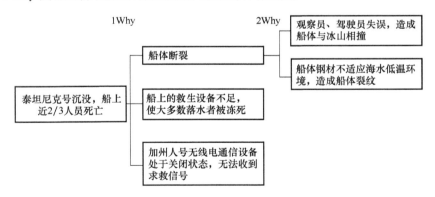

用FTA法做原因分析时重点在于把关键问题找出来，侧重于产品工作机理、人因（人的原因或因素）或环境因素等逻辑分析。因此，FTA法分析的某个中间事件可能包含比较详细的因果事实陈述，如观察员、驾驶员失误造成船与冰山相撞，这包含一个因果事件（人失误导致船体与冰山相撞）和两个与门原因（驾驶员与观察员同时失误），但被当作一个事件陈述。下图是用5Why法的表达方式。

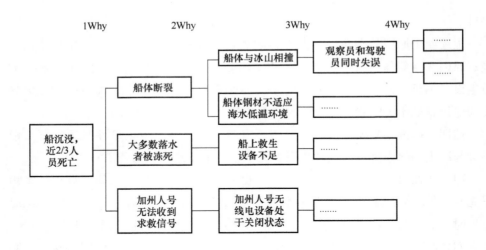

第六章　Why 之一二三四五

第一节　3×5Why 法 ·· 152
　一、3×5Why 法与 5Why 法 ·· 153
　　案例 1：四个问题的 5Why 分析 ··· 153
　二、为什么做 3×5Why 分析 ··· 155
　　案例 2：PCB 功能不良再分析 ·· 155
　三、如何分析 3×5Why ·· 156
　四、结构化八类原因 ·· 159
　　案例 3：机器不工作的八类原因 ··· 160
　　案例 4：少 1 颗螺钉 ·· 162
　五、3×5Why 法的实质是 4×5Why 法 ······································· 166
　六、3×5Why 法的模板和应用 ··· 167
　七、3×5Why 法之 3×5Why 分析 ··· 169
第二节　深入认识 3×5Why 法 ··· 171
　一、3×5Why 法递减效应 ··· 171
　二、3×5Why 法与企业文化 ·· 172
　　案例 5：质量问题的责任判定 ·· 173
第三节　Why 之一二三四五八万 ··· 176
　　案例 6：液晶屏的杂质问题 ·· 177

　　本书第五章阐述了 5Why 法，本章介绍其衍生版本 3×5Why 法。
　　本章包括三部分内容：
　　第一节主要介绍 3×5Why 法是什么、为什么，以及如何分析、如何应用。其中，如何应用是重点，围绕如何应用 3×5Why 法，进一步介绍了 3×5Why 法分析出的结构化八类原因，及其实质性的 4×5Why 法（此处不是 3×5Why 法）分析过程，并补充了 3×5Why 法的应用模板。
　　第二节主要是帮助读者更全面地认识和解读 3×5Why 法，因此介绍了 3×5Why 法的递减效应特点，以及与企业文化的关系。
　　第三节用数字"一二三四五八万"对 5Why 法和 3×5Why 法做了总结。

第一节　3×5Why 法

5Why 法是丰田提出来的，但作者真不知道是谁首先提出了 3×5Why 法，在大野耐一所著的《丰田生产方式》书中仅看到 5Why 法，未见 3×5Why 法的影子。有人把 3×5Why 法称为 3 乘 5Why 法，也有人称为 3 层 5Why 法。

当作者第一次接触 3×5Why 法之后就喜欢上了"她"，并一直认真学习、实践和总结。3×5Why 法是对 5Why 法的补充和升华，是全方位系统分析原因的结构化工具。

3×5Why 法究竟是什么呢？

3×5Why 就是 15Why 吗？15Why 就是简单重复 3 次 5Why 吗？还真不是，3×5Why 法不是小学数学题那样的解决方案，而是根因分析的一种工具。

3×5Why 法是从问题的发生原因、流出原因和管理系统原因三个方面进行五个为什么的原因分析。这三个方面也属于三个层面或三个方向的问题。下面是 3×5Why 法的示意图。

```
为什么问题产生?           Why? Why?
                              Why? Why?
                                    Why?

为什么问题流出?           Why?
                              Why? Why?
                                    Why? Why?

为什么系统未避免问题?     Why?
                              Why? Why?
                                    Why? Why?
```

针对理科类问题用 3×5Why 法做分析时，先分析为什么问题产生和为什么问题流出的原因。这两方面的原因，主要是从技术层面分析物理、机理或工作逻辑等原理层面得到的原因。相对第三个层面的管理系统原因分析而言，为什么问题产生和为什么问题流出的分析是客观的，是以事实、数据和物理、机理等为基础的剖析。在分析完为什么问题产生和为什么问题流出后，再分析为什么系统未避免问题。分析为什么系统未防止问题发生这非常重要，但只说对了一半。这是因为预防问题发生的系统也有失效的时候，因此当问题发生时，如果能够及时地检测出问题，不让问题流出去也很重要。那么，系统未避免问题的分析要从问题发生和问题流出两个方面分析系统原因。系统原因是导致技术问题的体系流程及人员管理因素等方面的原因，因此系统原因有人为的主观因素。

针对文科类问题用 3×5Why 法做分析时，分析思路同理科类问题是一样的，只是文科类的问题发生和流出的"技术性"原因不是理科性质，而通常是关于事理和人理方面的原因，与管理体系原因属于一类原因。因此，对于文科类问题的 3×5Why 分析，可以只做 2×5Why 分析，不用分析第三个方面的关于管理体系的 5Why 分析。

一、3×5Why 法与 5Why 法

5Why 法可以用于任何问题的分析，包括企业中的常见问题，如质量问题、交付问题、成本问题、销售问题、管理问题等；也可以包括社会问题，如心理问题、学习问题等。5Why 法也可以用于对任何事物或话题的追根溯源、刨根究底。当然，5Why 法只是提供一种分析思路和逻辑，要真正把背后的原因挖掘出来，必要时还得借助其他根因分析工具和方法。

3×5Why 法相比 5Why 法，在结构上多了两个方面的 5Why 分析。它也是对问题的分析，但问题不是自己发现的而是被合作伙伴发现的。比如，写的书中有错别字，或者某个观点不对，自己没有发现或未意识到，但被出版社编辑发现，或者被读者发现。那么比如针对某个错别字的问题，可用 3×5Why 法来分析，为什么计算机敲出错别字，为什么敲出的错别字没有被检查出来，为什么文字输入管理系统允许敲错别字、允许查不出错别字。而有的问题就不适合采用 3×5Why 法，如张三不是亿万富翁、李四感冒了、生产线员工自己检出不良品、研发人员发现设计缺陷等。因为这些就是明摆着的事实，不必分析问题为什么未被发现。但可以用 2×5Why 法，从问题的发生原因及为什么系统允许问题发生这两个方面进行分析。因此，3×5Why 法的缩减版本是 2×5Why 法。2×5Why 法是 5Why 法的扩展版本，这是因为采用 5Why 法分析问题发生的原因时只要不断询问为什么就会触及系统原因，5Why 法就变成了 2×5Why 法。

案例 1：四个问题的 5Why 分析

问题 1，为什么我们要读书？每个人都有多种独特答案，而且可以"不耻下问"为什么。

问题2，为什么拉杆组装尺寸不合格？这个问题的5Why分析如下表所示。

问题现象	根本原因				
	1Why	2Why	3Why	4Why	5Why
拉杆组装尺寸不合格	拉杆拧入螺母部分过深	端面导角圆直径超出上限	打导角的冲棒外径偏大	打导角的冲棒直径设计不合理	—
		内螺纹端面2~3个螺纹磨损严重	攻丝时排铁屑不顺畅	打导角的冲棒磨损	冲棒未实施寿命管理
				端面倒角角度过小	设计不合理
	小径偏大	内螺纹磨损	该批次产品实施了螺纹回牙	—	—

问题3，为什么价值不菲的某品牌汽车的发动机漏油？对这个问题，该汽车公司可以用3×5Why法做全面深入分析。

问题4，为什么有a>b，b>c，则可以得出a>c的结论？

上面是四个不同问题，它们有什么差别吗？

第一个问题虽然叫问题，但不是现实与目标有差距的问题，而属于思辨类问题。第一个叫疑问（Question）。

第二个和第三个问题都是需要得到解决的问题，现实与目标有差距。因此，第二个和第三个叫问题（Problem）。

第二个和第三个问题的区别在于，第二个问题在工厂内被检测出来了，第三个问题是汽车主机工厂及4S店都未发现，被消费者发现的。

第四个问题属于在既定理论框架下根据已知条件证明结果的问题。第四个叫智力问题（Puzzle）。

综上所述，上面这四个问题分别属于三类。这三类问题中，只有"Puzzle"有标准的正确答案。

第一个问题用5Why法分析时，只需要问为什么要读书，不必问为什么读书的问题未被发现，也不必问系统有什么缺陷导致读书，因此只需用1×5Why法。

第二个问题用5Why法分析时首先分析拉杆组装尺寸不合格的技术性原因，再分析为什么系统未避免拉杆组装尺寸问题。不用分析为什么尺寸问题未被发现，因为这个问题已经被及时发现了，因此可以用 2×5Why 法（第一个 5Why 分析问题的发生原因，第二个 5Why 分析系统原因）。

第三个问题用 5Why 法分析时需要从三个层面问为什么：为什么某品牌汽车发动机漏油？为什么该公司未检测出发动机漏油的问题？为什么该公司的管理系统未避免奔驰发动机漏油，也未确保漏油问题被检出？因此适用 3×5Why 法。

第四个问题只需要用既定的理论证明即可解答问题，不需用 5Why 分析方法。

第二个关于拉杆组装尺寸问题用的 5Why 法工具分析，分析得比较全面，也比较透彻，而且已经分析到管理系统原因了（标灰的内容），虽然仍需要进一步分析更深层的管理系统原因。因此，5Why 法不断询问就进入到 2×5Why 法。

二、为什么做 3×5Why 分析

在对产品技术质量问题做原因分析时，大家一般都会对问题发生的原因进行分析，但很多人原因分析的层次较浅，分析不透彻，只挖掘到问题表象。如果用 5Why 法分析则可以挖掘到最底层的根本技术原因，再继续询问为什么，就涉及系统层面的原因分析。因此，如果只用 5Why 法分析，会把技术原因和管理体系原因混在一起，未把技术原因和管理体系原因分开，这是其第一个薄弱点。

只用 5Why 法分析的第二个薄弱点是，会漏掉针对问题的流出原因分析。

只用 5Why 法分析的第三个薄弱点是，可能会止步于问题发生的技术性原因，因此不会对系统原因进行分析。丰田公司的大野耐一关于 5Why 分析的例子都是如此。

因此，为了明确对产品技术质量问题进行三个层面的原因分析，用 3×5Why 法代替 5Why 法将具有更多优势，从而避免 5Why 分析的上述三个薄弱点。

案例 2：PCB 功能不良再分析

下面对前面 PCB 功能不良的案例再用 3×5Why 法分析一下。可以对比发现，用 3×5Why 法分析出的原因比用 5Why 法分析多问出六个末端原因。其中一个是关于问题流出的原因，五个是问题发生和问题流出的系统原因，具体如下图所示。

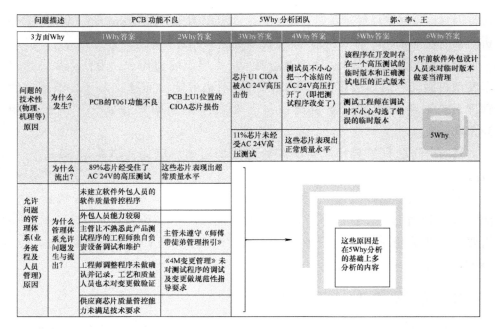

从上面分析结果可以直观地感知如下两点：

1）用5Why法进行原因分析就像剥洋葱一样不断对原因进行深入挖掘。

2）3×5Why法相比5Why法分析的维度和内容更多，且能够清楚地把技术性原因和管理体系原因分别加以展示。

5Why法和3×5Why法都是非常好的简单实用的根因分析工具，即使缺少经验的年轻工程师，在这两个工具的结构化运用时，也可以打开根因分析的思路，扩大对问题的认知维度，加深对问题的认知深度，提高对问题的分析能力和认知能力。

三、如何分析3×5Why

上面案例2的模板是作者在琢磨和应用3×5Why法的过程中总结出的诸多模板中的一个。其缺陷在于，此模板在应用时把问题"为什么发生？""为什么流出？""为什么管理体系允许问题发生与流出？"三个方面的原因分析做成平行的5Why，容易产生误导——模板中管理系统的原因是直接从问题本身问起的。但管理体系的原因应当是基于问题的发生及流出的技术性原因来做原因分析的。

为什么直接从问题本身来分析管理体系的原因是错误的方法呢？以PCB不良为例，PCB不良的一项管理体系的直接原因是"未建立软件外包人员的软件质量管控程序"，而这个原因其实不会直接导致PCB不良，只是一种可能性。因此，针对PCB不良如果直接分析管理体系原因，不太可能准确找到"未建立软件外包人员的软件质量管控程序"这项原因；反而可能在头脑风暴过程中，认为是由于操作员工不熟练工作或未按照规范标准作业等脱离实情"想"出来的管理体系原因。

因此，下图所示的3×5Why法的分析思路是错的——关于允许问题发生和流出的管理体系原因分析思路是错误的。

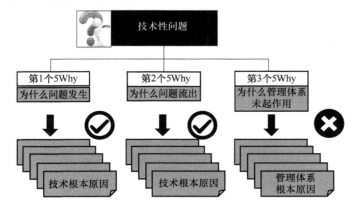

管理体系的原因不是直接问"是什么管理体系原因允许PCB功能不良，允许不良缺陷流出？"。这样的管理体系原因分析没有充足的依据，也没有根，不可避免地包含臆想的成分，即使分析看起来有理。

管理体系的5Why分析是有根据和线索的，如下图所示。五个有关管理体系

问题描述	PCB 功能不良		5Why 分析团队		郭、李、王	
3方面Why	1Why答案	2Why答案	3Why答案	4Why答案	5Why答案	6Why答案
问题的技术性(物理、机理等)原因	为什么发生？	PCB的T061功能不良	PCB上U1位置的CIOA芯片损伤	芯片U1 CIOA 被AC 24V高压击伤	测试员不小心把一个冻结的AC 24V高压打开了（即把测试程序改变了）	该程序在开发时存在一个高压测试的临时版本和正确测试电压的正式版本	5年前软件外包设计人员未对临时版本做妥当清理
					测试工程师在调试时不小心勾选了错误的临时版本		
	为什么流出？	89%芯片经受住了AC 24V的高压测试	这些芯片表现出超常质量水平	11%芯片未经受AC 24V高压测试	这些芯片表现出正常质量水平		
允许问题的管理体系(业务流程及人员管理)原因	为什么管理体系允许问题发生与流出？	未建立软件外包人员的软件质量管控程序			② 为什么工程师出错？	① 为什么未对临时版本做清理？	
		外包人员能力较弱					
		主管让不熟悉此产品测试程序的工程师独自负责设备调试和维护	主管未遵守《师傅带徒弟管理指引》		③ 为什么工程师出错后未被查出？		
		工程师调整程序未做确认并记录，工艺和质量人员也未对变更做验证	《4M变更管理》未对测试程序的调试及变更做规范性指导要求				
		供应商芯片质量管控能力未满足技术要求			④ 为什么芯片质量水平差异很大？		

的末端原因分别是从前面导致问题发生和流出的技术性末端原因推论得到的，而不是直接根据 PCB 不良这个问题找到管理体系原因。

因此，关于第三个方面询问管理体系为什么未避免问题发生和流出的原因分析，3×5Why 法的分析思路"嫁接"于问题为什么发生和流出的技术性根本原因，如下图所示。

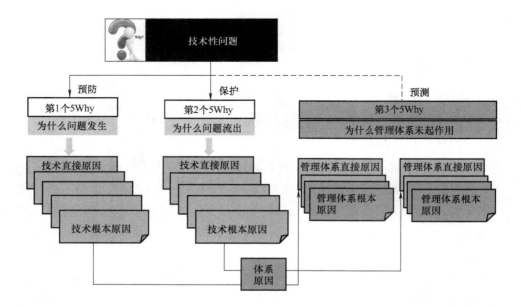

上图非常形象地展示了 3×5Why 法的分析过程，先对问题为什么发生的原因进行分析，再对问题为什么流出进行分析。当确定问题发生和问题流出的技术性根本原因后，再往深层寻找和分析管理体系的原因。

从问题的发生角度来说，针对技术性问题的根本原因采取措施，在 ISO 体系来说是纠正措施，在此叫预防技术问题发生（Prevent）。

从问题流出的角度来说，针对技术性问题的根本原因采取措施，可以保护客户不接收到不合格品，是保护客户（Protect）。

从管理体系角度来说，不仅要做好流程管理和人员管理，同时也要为技术工作保驾护航，减少问题的发生和流出，甚至在某种程度避免问题，这叫管理预测（Predict）。

质量管理大师戴明曾经说过，领导者的基本工作就是预测。所以，针对具体问题的分析，不要认为那只是个别问题，或者认为那只是某个工程师的问题。一定要基于技术原因分析再做好管理体系上的原因分析，并制定解决方案。因此，管理体系不仅需要中层和基层人员积极参与并负责建设，特定情况下需要中高层介入和支持，从而真正做到管理预测。

四、结构化八类原因

大家都在说根本原因分析，究竟什么是根本原因？作者查找了很多资料都没有找到能够把根本原因解释清楚的。按照字面意思理解，根本是指事物的根源和基础，是最主要的部分。根本原因就是事物最根源、最基础和最主要的部分。但是，这个解释仍然笼统而模糊。

看来，用上述方式没法准确解释根本原因是什么。比如大野耐一关于机器停止工作的例子，分析到的末端原因是油泵未安装过滤器。那么未安装过滤器是根本原因吗？如果继续询问为什么没有安装过滤器，则得到管理体系上的原因。那么究竟是技术的末端原因是根本原因呢？还是管理体系的末端原因是根本原因呢？

为此，下面用分类分层的方法来进一步辨析区别问题的根本原因：

一是从类别方面定义根本原因，可分为技术性的根本原因和管理体系的根本原因。

二是从层次方面定义根本原因，按原因由浅入深的顺序，可以分为直接原因和根本原因。直接原因属于第一层的原因，根本原因属于最末端的原因。相对直接原因，其他都是间接原因，根本原因也属于间接原因。

下表是依据 3×5Why 法对问题原因进行分析所做的结构化总结，共计八类原因。

问题层面	原因分类	直接原因	间接原因			根本原因
			间接原因 1	间接原因 2	间接原因…	
问题发生	技术原因	OTD	OTI（问题发生的技术性间接原因）			OTR
	管理原因	OMD	OMI（问题发生的管理性间接原因）			OMR
问题流出	技术原因	ETD	ETI（问题流出的技术性间接原因）			ETR
	管理原因	EMD	EMI（问题流出的管理性间接原因）			EMR

针对问题发生，有以下四种原因：

1）第一种原因叫 OTD。其中，O 代表问题发生（Occurance），T 代表技术（Technique），D 代表直接原因（Direct reason）。因此，OTD 代表问题发生的技术性直接原因。

2）第二种原因叫 OMD。其中，O 代表问题发生（Occurance），M 代表管理（Management），D 代表直接原因（Direct reason）。因此，OMD 代表问题发生的管理性直接原因。

3）第三种原因叫 OTR。其中，O 代表问题发生（Occurance），T 代表技术（Technique），R 代表根本原因（Root cause）。因此，OTR 代表问题发生的技术性根本原因。

4）第四种原因叫 OMR。其中，O 代表问题发生（Occurance），M 代表管理（Management），R 代表根本原因（Root cause）。因此，OMR 代表问题发生的管理性根本原因。

针对问题流出，有的也叫问题逃逸（Escape），也有类似的以下四种原因：

1）ETD，代表问题逃逸的技术性直接原因。
2）EMD，代表问题逃逸的管理性直接原因。
3）ETR，代表问题逃逸的技术性根本原因。
4）EMR，代表问题逃逸的管理性根本原因。

问题逃逸是从英文资料翻译过来的，英文为 Problem Escape。分析问题逃逸的原因就是分析问题为什么未被"肇事者"及（或）"检验员"发现。

问题怎么会逃跑呢？难道问题是坏人，干了坏事就想逃跑。问题确实就像"坏人"，要想方设法"逃跑"。逃跑至少可以暂时躲过一劫，不然被检查出来要么被修理，要么被报废，肯定不好受。

在分析技术直接原因、技术根本原因及管理体系直接原因时，一般由跨部门骨干人员组成的团队负责。当涉及管理体系根本原因分析时，可能涉及公司更高、更广层面的管理体系原因分析，所以在必要时建议邀请相应管理人员参与，确保分析更全面、更透彻，并在管理改进时获得相应支持和授权。

案例 3：机器不工作的八类原因

下面还是以经典的丰田机器不工作的案例进行说明。对其采用"八类原因"的结构化方法，可以分析出四类原因（因为机器停机被发现了，因此不必对问题逃逸分析四类原因，所以只针对问题发生做四类原因分析）。结果如下图所示，其中英文缩写的含义见上面八类原因的表。

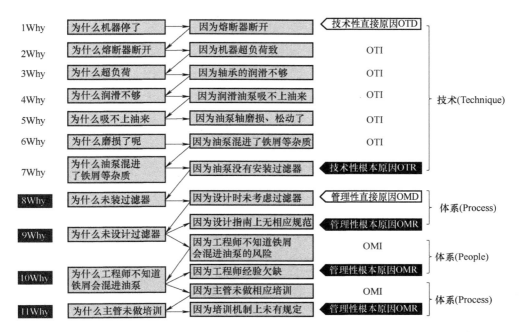

为什机器停止运转，技术上的直接原因是熔断器断开，技术上的根本原因是油泵未安装过滤器。为什么机器停止运转的管理体系的直接原因是工程师设计设备时未考虑过滤器。当然设备也确实未安装过滤器。往下继续深挖原因，得到管理体系的根本原因有三个：此类设备设计指南上无相应设计指导规范（安装过滤器防止铁屑）；工程师经验欠佳（有时候公司发展过程中无法避免）；培训机制上未规定主管对经验欠缺的工程师要进行培训和指导。这三个管理的根本原因分属于9Why、10Why 和 11Why 分析出的结果。

此问题的前七个为什么，是技术性原因的询问；后面四个为什么，是管理体系原因的询问。技术性原因与物理产品或理科类问题相关，管理体系原因与人的知识、经验、意识，以及管理流程、培训机制等文科类管理体系相关。

上述 8Why~10Why 的分析，不是大野耐一的分析，是作者个人的模拟分析。此案例的机器停机问题能够被人及时发现，所以不适合用 3×5Why 法的"为什么问题流出"进行原因分析。

但此案例是否就不能用 3×5Why 法了呢？可以的，如针对 3Why 的答案"轴承的润滑油不够"，可以问"为什么润滑油不够的问题未被及时发现"，可能会发现未有健全的维护保养程序规定。比如，针对 8Why 的答案"设计时未考虑过滤器"，可以询问"为什么大家未发现设计问题（设备设计方案中未考虑过滤器）"，可能会发现未做设计评审或评审过程不严谨等管理性问题。

这个案例相对来说比较容易分析，那么对于许多制造业及服务业常见的人为失误的质量问题，如何用3×5Why法分析这八类原因呢？下面用一个案例加以说明。

案例4：少1颗螺钉

某批次800件产品中有两件产品的附件包中分别缺少了1颗螺钉（客户安装产品时所需要的），这个问题被客户发现并投诉。对如此简单的质量问题应如何做根因分析呢？

很多企业都存在类似的简单质量问题，但总是屡禁不止、屡战屡败、屡败屡战，就是不能解决，也不知道如何彻底解决。有个学员问，"郭老师，我们公司有很多博士、硕士，技术水平很高，公司出现任何功能性问题，很快就可以解决。但人为失误导致的各类低级问题反复发生，却不知道如何解决"。这种现象通常与公司的管理相关，也与根因分析与解决的方法、能力和投入力度等因素有关。

各种人为失误问题大多属于普通原因，需要做一次彻底的根因分析，并形成管理结论。有的人为失误可以用技术手段避免，有的人为失误需要靠管理措施避免。但是，都需要根据人为失误的风险评估、措施的优先级顺序及投入产出比等综合因素，来决定如何采取必要的技术手段和管理措施。并且，之后遇到类似问题时可以参考和评审以前的分析和对策，不必重复分析做无用功，除非环境发生了变更。

对人为失误，究竟如何进行根因分析呢？

不少人都不知道如何对人为失误进行原因分析。人的操作失误通常归结为操作者的疏忽导致失误，即"人为疏忽"。其解决措施通常是加强员工的责任心，并培训员工关于工作的注意事项，有的公司还针对人为出错制定考核办法等。但是这样的分析和对策基本上解决不了问题，这是因为人为疏忽的原因通常太宽泛、不具体。针对不具体的宽泛的原因，采取的措施也只能是泛泛而谈，也不具体，因此措施也显得形同虚设。

要正确地对人为失误进行客观的原因分析，先要纠正定义。首先不能用"人为疏忽"四个字给问题扣上帽子，那样会先主观认定就是人的问题。这类问题可以称为"人因相关"的质量问题，这样命名更客观，便于后续的原因分析。

"人因相关"的质量问题同样有技术性的客观原因，因此要先从客观上找技术性原因。简单地把原因归为人为疏忽，是简单化的感性描述，会与客观的技术性原因分析格格不入。针对附件包中少放螺钉的问题,用相对客观的技术性视角分析原因,可以描述为"工人未放螺钉"。

用客观的技术性方法来应对"人因相关"的质量问题,就容易通过3×5Why工具,分析出更多技术性和管理性的原因,并最终找出问题发生和问题流出的八类原因。下面是分析结果。

问题	两个产品各少放1颗螺钉		5Why分析团队		U、V、W、X、Y、Z	日期	××××-××-××
维度	1Why答案	2Why答案	...	5Why答案	1Why答案	2Why答案	3Why答案
	导致问题的技术(物理、机理)原因				允许问题发生与流出的管理体系原因		
为什么问题发生?	工人未放螺钉	工人连续工作中注意力下降			未有技术方案及相应投资策略解决人因相关的普遍性问题		
		工人面前的几个附件材料凌乱而位置不合理			指导书中没有精准化的指导方法和注意事项	工艺部门没有高标准的作业指导书的制定方法	
		工人放附件的作业顺序随意变动		无标准的放附件的方法和口令		工艺工程师未深入研究工艺、质量及动作方法	欠缺对工艺工程师的技术培训和指导
		未采用防呆方法防止人为操作失误			公司未提供相应的防错技术培训并推进应用		
为什么问题流出?	工人未做自检	工人不知道要做自检			作业指导书中未规定自检的要求	公司没有关于自检和互检的质量标准	
					班长未强调自检		

（续）

问题	两个产品各少放1颗螺钉	5Why 分析团队	U、V、W、X、Y、Z		日期	××××-××-××
维度	1Why 答案	2Why 答案	…	5Why 答案	1Why 答案	2Why 答案	3Why 答案
	导致问题的技术（物理、机理）原因				允许问题发生与流出的管理体系原因		
为什么问题流出？	无人做互检	放完附件后直接包装等待出货			综合考虑没必要增加检验成本		
	人员检验有漏检的风险和可能性	终检是抽样检验					
		人检验有出错的可能性					
	没有感应器探测装附件过程	对漏放附件的问题不知道有探测技术			工艺部门对防错理论和技术不熟悉		

在用相对客观的手法对"人因相关"的质量问题进行描述和分析后，结合3×5Why法这个强大的工具，就得到26个不同方面和不同层次的答案！

26∶1！这就是系统思考，系统分析，再加上结构化工具的综合力量！

下面用原因矩阵表对上述3×5Why法所分析的结果进行总结，并对照八类原因。

问题层面	原因分类	直接原因	间接原因	
			中间原因	根本原因
问题发生	技术原因	工人未放螺钉		工人连续工作中注意力下降
				摆放在工人面前的几个附件材料凌乱而位置不合理
			工人放附件的作业顺序随意变动	没有标准的放附件的作业方法和口令
				未采用防错方法防止人为操作失误

（续）

问题层面	原因分类	直接原因	间接原因	
			中间原因	根本原因
问题发生	管理原因	未有技术方案及相应投资策略解决人因相关的普遍性问题		
		指导书中没有精准化的指导方法和注意事项		工艺部门没有高标准的作业指导书的制定方法
			工艺工程师未深入研究工艺、质量及动作方法	欠缺对工艺工程师的技术培训和指导
		公司未提供相应的防错技术培训并推进应用		
问题逃逸	技术原因	工人未做自检		工人不知道要做自检
		无人做互检		放完附件后直接包装等待出货
		漏放附件的问题没有探测器检测报警		对漏放附件的问题不知道用探测技术探测和报警
		人员检验有漏检的风险和可能性		终检是抽样检验
				人员感官检验有出错的可能性
	管理原因	作业指导书中未规定自检的要求		公司未有关于自检和互检的质量标准
		班长未强调自检		
		综合考虑没必要增加检验成本		
		工艺部门对防错理论和技术不熟悉		

技术原因的直接原因和根本原因有什么区别吗？从本质上没有区别，都是技术上的原因。差别是一个先发生，一个后发生。那么是直接的技术原因还是根本的技术原因先发生呢？根本的技术原因先发生，直接的技术原因后发生。比如大野耐一的机器停止的案例，其根本的技术原因是油泵未安装过滤器，这个原因从设备一出生就存在，使用一段时间后导致直接的技术原因发生，即熔断器断开，整个设备就停机了。

管理体系的直接原因和根本原因有区别吗？有区别。区别是，管理体系的直接原因是影响此问题的管理体系原因，如负责此设备的某人经验能力不足或此设备的设计图样有错误等。而管理体系的根本原因是影响面更普遍的原因，该原因不仅导致此关注对象问题的直接体系原因出现问题，还可能导致其他对象、其他过程、其他人员出现问题。比如大野耐一的机器停止的案例，管理体系的直接原因是该设备工程师不知道铁屑会混进油泵的情况和风险，此原因与负责该设备的设计工程师相关。而管理体系的根本原因是因为相应工程师的培训机制不健全，这个影响面就比较大。培训机制不健全不仅影响此工程师，其他经验能力欠缺的工程师也可能受到影响。同理，第二个管理体系根本原因是没有此类设备的相应设计指导规范，那么其他经验能力欠缺的工程师在设计相关设备时也没有参照标准，设计质量好坏取决于个人经验和能力。因此，管理体系的根本原因比直接原因影响范围更广。

五、3×5Why 法的实质是 4×5Why 法

通过上述分析，可以发现 3×5Why 法其实可以说是 4×5Why 法，分别如下：
第一个 5Why 分析，关注的是为什么问题发生，分析的是技术性根本原因。
第二个 5Why 分析，关注的是为什么问题流出，分析的是技术性根本原因。
第三个 5Why 分析，关注的是为什么管理体系允许问题发生，分析的是管理体系根本原因。
第四个 5Why 分析，关注的是为什么管理体系允许问题流出，分析的是管理体系根本原因。

综上所述，总共是进行 4 个 5Why 的分析。4×5Why 法分析的原因对应 PPT 三要素，即人员（People），包括人员的意识、能力、团队协作、沟通、执行力、态度、人性弱点等；流程（Process），包括方针、制度、规范等各层级、各类别指导办法；技术（Technique），是指分析理科类问题时主要涉及的专业技术。

技术性根本原因分析主要对应的当然是技术（Technique），管理体系原因分析主要从人员（People）和流程（Process）两个方面入手。在进行分析时不能只分析技术性的原因，即使是年轻的工程师，也要思考和分析管理体系上存在的问题与不足。越早开始训练、应用这个分析方法，工程师成长越迅速。3×5Why 法不仅增强根因分析的广度和深度，也强化训练管理思维。

一般来说，问题发生的技术性根本原因可以分析到第三层、第五层甚至更多。相比技术原因分析，问题发生的管理体系的原因分析的原因链条更短，管理体系的原因分析一般可以分析到一至三层。问题流出的技术原因分析的原因链条比问题发生的技术原因的更短。对于问题流出的管理体系做原因分析，其原因链条长度与问题发生的管理体系原因的相似。

六、3×5Why 法的模板和应用

(一) 3×5Why 法模板一

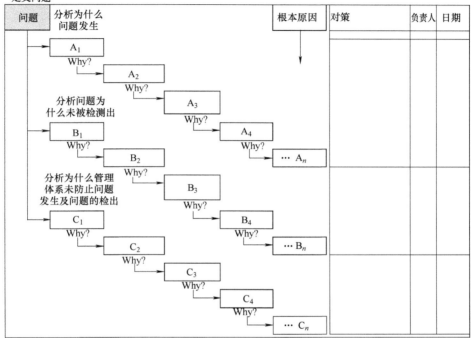

这是很多外资公司都普遍使用的一种漂亮整齐的模板,作者也用过几次。但在应用这个模板时发现,原因分析不会这么对称、漂亮,通过前面的理论和实战分析,也会发现这个模板好看而不实用。

(二) 3×5Why 法模板二

问题描述			5Why 分析团队				更新日期		
分析维度		1Why答案	2Why答案	3Why答案	4Why答案	5Why答案	6Why答案	对策	负责人	日期
问题的技术性(物理、机理)原因	为什么发生?									
	为什么未被检测出?									

（续）

问题描述				5Why 分析团队				更新日期		
分析维度		1Why 答案	2Why 答案	3Why 答案	4Why 答案	5Why 答案	6Why 答案	对策	负责人	日期
允许问题的管理体系原因	为什么管理体系允许问题发生与问题流出？									

此 3×5Why 法模板可以在问题发生原因、流出原因及系统原因的每个层面进行自由扩展。第二个实用的特点是把需要采取的对策放在末端的根本原因后面，使得原因和对策能够对应。其不足之处是，不能把问题发生和流出的管理体系原因分开。于是，作者在应用过一段时间后，把模板二优化成模板三。

（三）3×5Why 法模板三

问题描述				5Why 分析团队			更新日期		
分析维度		1Why 答案	2Why 答案	3Why 答案	4Why 答案	5Why 答案	对策	负责人	日期
问题为什么发生？	问题发生的技术性原因								
	允许问题发生的管理体系原因								
问题为什么未被检测出？	问题检测失效的技术性原因								
	检测失效的管理体系原因								

模板三其实是 4×5Why 法的 3×5Why，即 2×5Why+2×5Why。第一个 2×5Why 指向问题发生的两个原因（技术原因和管理原因），第二个 2×5Why 指向问题流出的两个原因（技术原因和管理原因）。

在用模板三进行应用和培训一段时间后，发现也有理论缺陷。因为从形式上看，问题的发生和流出的管理体系原因是直接从问题出发的，不符合管理体系的分析逻辑。因此，作者再把 3×5Why 法的模板进一步优化成模板四。

（四）3×5Why 法模板四

问题			5Why 分析团队			日期		
分析维度	1Why 答案	2Why 答案	…	5Why 答案	1Why 答案	2Why 答案	3Why 答案
	导致问题的技术性（物理、机理）原因				允许问题发生或问题流出的管理体系原因		
为什么问题发生？							
为什么问题未被检测出（如适用）？							

模板四的优点比较明显，逻辑和结构都很清晰。该模板先对问题发生和流出两个方面进行技术性的原因分析，平行于技术性根本原因进行对应的管理体系原因分析，因此显得逻辑流畅、结构对称。

七、3×5Why 法之 3×5Why 分析

一般而言，3×5Why 法沿着两条路线进行根因分析：一是针对问题分析导致问题产生的技术性原因及管理体系原因；二是针对问题分析导致问题流出的技术性原因及其管理体系原因。这两条分析路线泾渭分明、逻辑清晰，如下图所示。

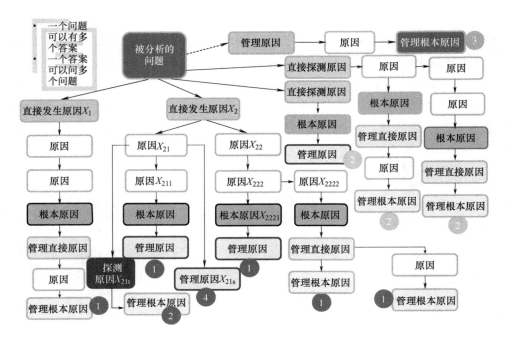

在分析过程中，对任何一个问题都可以分析出不同原因。比如，上图所示的问题发生的直接技术原因就有 X_1 和 X_2，X_2 有两条分支技术原因 X_{21} 和 X_{22}，X_{22} 有一个原因 X_{222}，X_{222} 有两条分支技术原因 X_{2221} 和 X_{2222}，沿着 X_{2222} 往下分析就分析到了技术性根本原因。然后，再往下就分析管理体系的直接原因，一直分析到管理体系根本原因。因此，每一个技术原因往下分析时，都有一到多个原因，但分析的方向都未变，要么沿着问题的发生原因递进分析，要么沿着问题的流出原因递进分析。

那么，在针对问题发生做技术原因分析时，是否可以询问为什么没有检测出该问题而及时干预和制止呢？是否也可以询问为什么管理体系允许此问题发生呢？

答案是可以的。比如，对原因 X_{21} 继续做根因分析时，第一，分析为什么会出现 X_{21}，找到原因 X_{211}；第二，可以分析为什么问题未被探测到，找到答案 X_{21t}；第三，分析为什么管理体系允许 X_{21} 发生，找到答案 X_{21s}。

因此，利用上述 3×5Why 询问为什么的方法，针对每个技术性原因（不管是问题发生还是问题流出原因）都可以再用 3×5Why 法进一步分析原因（导致该技术问题发生的 5Why，导致该技术问题流出的 5Why，容许此技术问题的管理系统 5Why），即 3×5Why 法之 3×5Why 分析。此方法可谓是根因分析的活水源头，让调查研究更深入细致，给问题的解决提供多样的切实有效的解决方案！

当然，在实际工作中只针对关键问题进行 3×5Why 法之 3×5Why 分析，要把关注的问题及其原因分析得透彻和全面，从而采取必要、全方位、立体的改进措施。因为用 3×5Why 法之 3×5Why 来分析根本原因，可以分析出很多显性的和潜在的原因，而只有对原因采取有效的措施才是有价值的。如果公司问题比较多，则要依据重要度和优先级次序，对关键重要的问题用此方法。一般情况下把 3×5Why 法用好、用活即可，在关键问题上适当运用 3×5Why 法之 3×5Why 分析。

上图中有四个序号①、②、③、④，分别代表管理体系原因的四种路径：①代表管理体系原因来源于问题发生的技术性根本原因分析；②代表管理体系原因来源于问题流出的技术性根本原因分析；③代表管理体系原因是通过头脑风暴分析得出的，不是根据技术原因推导出的管理体系原因，只能作为管理体系原因分析的一种补充；④代表管理体系原因来源于技术性的间接原因中的 3×5Why 分析，即 3×5Why 法之 3×5Why 分析得到的管理体系原因。

从 3×5Why 法的正常逻辑来说，管理体系原因主要来源于路径①和路径②；而路径③看起来不符合逻辑，但可以作为管理体系原因的一种实用的补充；路径④主要针对非常关键的中间节点上的技术原因做管理体系原因分析。

3×5Why 法应用起来很简单，但却蕴含着丰富的思考和逻辑，如果用熟了，不仅可以深入细致地观察、调研、分析问题，还可以切实有效地解决问题，而且有助于大开脑洞、开拓思路。作者祝愿并相信，3×5Why 法成为每个人问题解决能力提升和思辨能力提升的"一部电梯"！

第二节　深入认识 3×5Why 法

一、3×5Why 法递减效应

不管从问题发生角度还是从问题流出角度分析原因，都需要横向展开不同方面，纵向展开不同层次，因此 3×5Why 法也就是以"横向到边，纵向到底"的原则做原因分析。所以，对于绝大多数问题的原因分析，都不会像多米诺骨牌那样呈现简单的直线式的原因链条。多米诺骨牌有一个特点是，只要排列在多米诺骨牌的阵列路径上，不管是最后一块牌，还是中间任何一块牌，只要其中任何一块牌倒下，都可以把牌一级传递一级地推倒。任何一块多米诺骨牌倒下都是因为其背后牌倒下。

但是，对于现实世界中的问题，绝大部分原因都是发散的，如为什么学习成绩不够优秀、为什么不能够年薪百万、为什么某个注塑产品中有5%尺寸不合格、为什么某个电子产品中有2%性能测试不合格等。这些问题的原因都是多维度的，每个维度都可以往下询问为什么，越往深层次分析的原因对该问题造成的直接影响越小，或者造成该问题必然发生的可能性越低。但是越深层的原因，其影响面越大，不仅可能导致被分析的问题发生，同时也可能导致其他相关问题发生。特别是文科类的管理性原因，正如前面所论述的，文科类原因通常是既非充分也非必要条件。因此，在应用5Why法及3×5Why法进行根因分析时，既要注意原因分析的发散性，又要注意原因的收敛性；既要往原因分析的各方向扩展，也要注意控制原因分析纵深层次。

二、3×5Why法与企业文化

一般用3×5Why法进行原因分析时，通常是先分析问题发生的技术原因，再分析问题流出的技术原因，然后基于问题发生和问题流出的技术原因分析对应的管理体系原因。这是原因分析逻辑，也是实事求是的根因分析方法和顺序。当然，也不一定都需要找到问题发生的技术原因并针对原因才能够解决问题，如手指在不小心被修笔刀划伤流血，流血的根本原因是因为被刀割伤，而止血的措施不是把刀扔掉，而是压住出血附近的血管让血管收缩，让血液不再外流。因此，问题解决措施与出血原因没有关系。再比如，作者小时候经历过煤油灯的时代，用煤油灯照明写字时不小心可能会让作业本沾上点煤油。这个问题的原因是有时候装煤油的瓶子周围沾上了煤油，最后解决作业本沾煤油的问题不是改进煤油灯，而是装上了电灯。因此，这种情况不用针对问题原因进行解决，而是通过技术改进而弃用原来的方案，原来的问题就不复存在了。

本书的目的就是帮助读者掌握各种方法，来分析急需解决问题的根本原因，并解决问题的。因此，前面介绍的3×5Why法的应用逻辑便是如此。当然，如果分析问题的原因遇到棘手的技术困难时，可能需要好几天甚至好几个月才能确定问题发生的技术性根本原因。在这种情况下可以先分析问题流出的技术原因，找到堵住问题的技术措施，减缓甚至避免在生产和交付上受到的影响，再继续针对问题发生的原因进行分析。

有的企业遇到问题时，"问题制造者"（通常是制造部门或研发部门，语意是中性的，只是表达问题是来自研发及制造等部门，因此加个双引号）先不问为什么发生问题，而是归因质量部——"如果质检把问题检测出来，就不会被客户投诉了"。在培训3×5Why 工具时，也有学员问，"是先分析问题为什么发生呢？还是先分析问题为什么未被检测出来？"。有一位质量经理学员跟作者说，"我们公司很多人在用 3×5Why 法分析时，总喜欢先问为什么问题未被检测出来"。

为什么会出现上面这种现象呢？主要有三个可能的原因：一是某些公司过于注重惩罚的作用，导致大家害怕出错，害怕被罚；二是"问题制造者"的部门或个人没有责任担当，缺乏正确的质量意识；三是团队之间不信任，相互推诿、扯皮。这些原因，导致出现问题后有人先想到的是"这个问题应该由谁承担责任"，或者"谁应该承担主要责任"，或者"我如何能够减轻责任"。因此，"问题制造者"先撇下了问题发生的原因不问，通过分析问题为什么未被检测出来而把注意力放到质量检测，这也是间接地把问题责任进行转移。当质疑完质量部门及检验人员的"漏检"问题之后，再分析问题产生的原因。

那么，按 3×5Why 法的逻辑，先分析问题发生的原因是否就是把责任推卸给"问题制造者"呢？或者应该把主要责任归结为"问题制造者"呢？答案是不是的，这不是正常的根因分析逻辑。

不管是"问题制造者"，还是"问题检查者"，都不应该持有上述错误的想法。任何问题发生后的第一要务是查明原因，采取对策，而不是厘清责任，更不是逃脱和推卸责任。当问题解决进行到一定程度时甚至完全解决后，可以根据客观、实事求是的根因分析，对导致重大问题的严重失职行为，再决定是否追责，以及如何追责。追责也要客观公正、实事求是，与先分析问题的发生原因或先分析问题的漏检原因无关，也与部门或个人是否强势、善良、软弱无关。

如何判定质量问题的责任呢？有的质量问题原因比较复杂，甚至遇到技术难题不易分析，涉及的部门也较多，不容易解决，是烫手山芋。要把质量问题的责任界定清楚，前提条件是能够分析清楚问题的来龙去脉。

案例 5：质量问题的责任判定

某一批产品的生产不良率较高被质检抽到批退，生产全检后发现不良率是 3.5%而要求返工。生产部门说是因为这一批材料有瑕疵，质量部门在来料检验时未查出材料的问题。所以生产部门认为责任应该由质检部门承担责任。质量的来料检验部门说在来料抽样检验时符合公司的检验标准，并质疑生产线为什么有 3.5%的不良率还要继续生产。生产说如果不及时生产，导致交期延误罚谁！

制造和质量部门说的都好似有道理，但真的合乎实情吗？

要公平地判定质量责任，仅凭正义感是不够的，还需要还原问题的真相，并准确定位问题的根本原因。

比如这个生产不良率的问题，首先确认生产指认的原材料不合格问题是否存在，并确认除了原材料问题是否还有其他问题。如果原材料真的有大概 3.5% 不良率，暂时把供应商的原因搁置不谈，分析质量部门的进料质量检验（Incoming Quality Control，IQC）是否存在失误或者失职。如何分析呢？首先查看和确认生产线使用的物料不良的情况，可能有两种情况：一是物料瑕疵随机地分布；二是物料瑕疵比较集中地分布于某个小范围。

对于随机性的瑕疵分布，如果既定的抽样方法能够发现足够的不良数，从而判定批次不良，那么根据质量处理办法（如退货或挑选返工等方式）应该可以避免生产部门使用批次不良的原材料。而如果 IQC 未能查出问题或未处理好批次不合格物料时，IQC 部门应该承担相应责任。这是对 IQC 的工作分析及责任判定，那么生产部门是否失责呢？对于批次不良的物料被送到生产线，如果生产工人连一个不良品都未发现，或者只发现了少量不良而未能有效处理，或者发现较多材料不良而未采取有效措施，如果因为这些不当原因导致高达 3.5% 的产品不良率，则生产部门要承担相应责任。

如果因为材料瑕疵集中于某个范围，IQC 在抽样检验时确实很可能抽样到质量水平较高的样品而未检查到问题。在这种情况下，IQC 没有失职而不应承担相应责任。但生产线员工应该可以发现集中于某个范围的较多的不良材料，因此，生产线员工应该承担相应责任。

上面是内部问题的责任判定的大致逻辑，对于外部客户投诉的质量问题，该如何判定责任呢？作者有不少客户都问过这个问题，他们针对客户投诉进行质量责任判定时很苦恼。这些客户基本都是依靠经验主义来从事质量管理工作的，没有什么科学的质量管理方法，也没有什么像样的质量工具，当问题出来后主要靠经验和感觉来分析原因。因为原因分析不准确、不全面，因此责任判定也犯难。比如，某个军工方面的客户针对客户投诉要做双五归零分析，双五归零本来是个非常好的工具，但他们用得不好，甚至对双五归零的认识都存在较大误会。他们的观点是，技术问题就是指产品性能参数不能满足客户提出的技术需求，责任在研发部门，由研发部门做技术归零的原因分析；质量管理问题主要是与管理相关出现的漏洞，因此责任主要在非研发部门，特别是质量部门。所以，出现客户投诉后，他们首先区分是技术问题还是管理问题，然后再分别由研发部门或质量部门分析原因。这样做有很多弊端，不仅导致前期的责任判定错误或不全面，而且不利于原因的全面和深入分析，不利于改进，不利于团队协作等。其实，不管客户投诉的问题多复杂，在找到原因之前先别判定是技术问题还是管理问题，更别判定责任，可用3×5Why法先做根因分析，把问题的发生和流出的机理、原理原因分析准确和透彻后，再分析深层的管理体系原因。把原因分析清楚了，责任自然就清楚了。

当各方面都有工作失误时，责任判定也要有一定原则。针对客户抱怨的质量问题，如果制造部门或研发部门在问题的产生方面负有不可推卸的责任，而质检部门在问题流出方面也有不可推卸的责任时，那责任划分上孰轻孰重呢？作者建议的判定原则是，制造部门或研发部门承担60%的责任，质量部门承担40%责任。

为什么不是50：50呢？主要有下面三个原因：

第一，制造部门或研发部门工作质量失误，而它们自己也未发现问题，所以首先要承担问题的双重责任（不制造问题和不流出问题）。

第二，制造不良或设计不良多是这类问题的源头。制造部门或研发部门工作失误而导致产品质量问题，这是在为质检部门及客户"挖坑"。如果制造部门或研发部门工作不出现失误，那么即使质检部门工作失误也不会导致客户抱怨。

第三，因为制造部门或研发部门工作失误，导致产品质量问题，即使质检部门发现了问题而在出厂前返工，都会造成公司损失。

基于上述三个理由，作者一般按60：40的比例把责任判定给问题的制造者与检测者。在培训和工作中，听到作者这个分析和判定的学员或朋友，基本上也都能够接受这个比例和原则。

当制造部门或设计部门工作失误导致一定比例的产品质量有问题，而质量部门在抽检时未发现产品质量问题（因为抽检的原因确实有较大概率不能发现缺陷）。针对这种情况，作者一般按80：20的比例把责任判定给"问题的制造者"与质量部门。可能有人不同意这个判法，认为因为从抽样的概率来说，很大可能检测不出问题，所以质量部门没有失职。作者做质量负责人时，为什么会判20%的责任给到自己及自己的团队呢，主要有以下三个原因：

1）质量部门需要有担当，这样才好开展质量工作。

2）虽然质量部门也许没有做错事情，但如果业务部门业绩不好，则质量部门的业绩也同样受影响。从这个角度而言，质量部门一样需要分担业务部门的工作损失。

3）质量部门的价值之一就在于协助业务部门发现问题。

质量部门确实需要有担当，但需要有理有据有节，不能乱承担责任，不能当质量的"好好先生"。

第三节　Why 之一二三四五八万

最后，用数字一二三四五八万对 5Why 和 3×5Why 做个总结。

一代表 3×5Why 是从 1 个 5Why 衍生而来的，先有 5Why，才有后面的 3×5Why，甚至 $k×n$Why 的灵活运用。

二代表 3×5Why 源于两个方面的 5Why，即问题发生的五个为什么（包括技术原因和管理体系原因），以及问题流出的五个为什么（包括技术原因和管理体系原因）。这两个方面的技术原因是最后的 5Why 分析的基础。

三代表 3×5Why 中的数字 3，即大家耳熟能详的三个方面的为什么。即，问题发生的 5Why，问题流出的 5Why，以及允许问题发生和流出的管理体系的 5Why。

四代表前面论述过的 2×5Why+2×5Why，相当于 4 个 5Why。其中一个 2×5Why 是指问题发生的两个方面的原因（技术原因和管理原因），另一个 2×5Why 是问题流出的两个方面原因（技术原因和管理原因）。

五代表 3×5Why 中的数字 5，即要问五次为什么。虽然 5 是阿拉伯数字，但实际上相当于我国虚数三的用法，如三人行必有我师、三思而后行、一日不见如隔三秋等。因此，5Why 不代表一定问 5 次。

八代表 3×5Why 分析之后得到 8 个原因，即前面论述过的问题发生的四个原因（技术性直接原因、技术性根本原因、管理性直接原因和管理性根本原因），以及问题逃逸的四个原因（技术性直接原因、技术性根本原因、管理性直接原因和管理性根本原因）。

万在这里也是虚数，首先代表 3×5Why 法可以分析出的许多综合性原因，其次代表分析方法灵活多样。用 3×5Why 就可以分析出比较全面的原因，再结合 3×5Why 法之 3×5Why 这样的灵活方法就可以分析出更多原因，如果愿意甚至可以刨根究底地挖掘出成千上万的原因。只是基于根因分析的意义和价值，考虑投入产出比，即便有非常好的想法和方法，但也要考虑实际情况，适可而止。因此，只要能够把握问题本质，抓准关键原因，即使不能 100% 解决问题，只要能够保证采取的措施是关键的且有效的，那就足够优秀了。特别对于现实生活和工作中的"劣构问题"（即没有标准答案的问题），一定要抓问题关键和关键原因。

万还有一层含义，即表示在应用 5Why 法或 3×5Why 法时，在分析问题发生和流出原因时，通过询问为什么，找原因的方法也可以灵活多变。比如说"为什么只有产品 A 有问题，同样的产品 B 没有问题呢？""为什么产品卖了几年都没有问题，现在开始陆续出现问题呢？""为什么某部门以前的离职率很高，自从张三作为部门负责人后离职率大幅降低且维持在一个较低水平呢？"等。另外，除了寻找问题发生的原因之外，还可以从其他角度询问问题，在做根因分析的同时发现额外的价值甚至惊喜。正如爱因斯坦说，"提出一个问题往往比解决一个问题更为重要"，做根因分析时正好需要提出有创造性的问题。通过下面案例可以进一步验证爱因斯坦这句话的正确性。

案例 6：液晶屏的杂质问题

201y 年，某产品从研发样机开始到试生产，陆陆续续地近 10 个月了，新产品导入团队没有向上反映液晶屏里面有毛丝和杂质等问题，虽然这个问题在试生产过程中不同程度地存在着。

但在即将宣布大批量生产准备上市的时刻，这也是新产品开发的一个重要里程碑节点，生产经理义正词严地说液晶屏有较多外观问题，影响批量生产，需要团队解决液晶屏的毛丝和杂质问题才同意通过这个"质量门"（为把控研发过程的关键质量控制点和评审点，因此设定质量门）。对于这个问题，研发项目团队做不了决定，于是问题逐步升级到质量、生产、工程及研发部门总监。作者那时候作为质量总监也现场查看问题，并确认此质量问题影响生产合格率及质量成本等，必须解决。解决方案要么做设计变更，从根本上解决，要么从工艺制造角度补救解决。后来作者让工程师去用离子吹风机试试，看能否防止液晶屏上沾上毛丝和杂质，结果实验验证方法可行。这个问题就通过工艺打补丁的方式解决了。

针对上述液晶屏的毛丝和杂质问题，当然需要做根因分析并解决问题，可以用 3×5Why 法找出许多原因。

基于 3×5Why 的"万"字法，此问题可不仅限于液晶屏里面的毛丝和杂质问题，还隐藏着与毛丝和杂质无关的管理问题。因此，一个优秀的公司或一个优秀的管理者，也许可以从以下几个方面提出问题：

为什么生产经理不早点反馈液晶屏里的毛丝和杂质问题？

为什么其他团队成员不反馈液晶屏里的毛丝和杂质问题？

为什么团队之前未重视并解决液晶屏里的毛丝和杂质问题？

为什么在之前的研发项目里程碑评审中，质量人员及团队成员都未评审出此质量风险？

当然还可以提出更多问题。

提出这些问题之后可用 5Why 法或 3×5Why 法，但提出这些问题并不是依靠传统的 5Why 法或 3×5Why 法，而是 3×5Why 的"万"字法，是把爱因斯坦关于提问的倡议发扬光大。总之，在解决问题时或解决问题后，还想把工作推进到更高水平，那么"提出一个正确的问题"很重要！

通过本书第 5 章和本章的介绍，大家应该体会到 5Why 法和 3×5Why 法应用上的"道生一，一生二，二生三，三生万物"其乐无穷的妙趣了吧。

第七章　问题解决之倒漏斗法

第一节　漏斗法 ··· 180
　　案例1：降报废率的六西格玛项目 ································ 183
　　案例2：不知其然的DOE ··· 189
第二节　倒漏斗法 ·· 191
　　案例3：PCB测试不良的倒漏斗法 ································ 193
　一、纠正行动、纠正措施和预防措施 ································ 200
　　案例4：亡羊补牢 ··· 201
　二、培养"扁鹊"和"扁鹊哥哥" ····································· 203
　　案例5：PCB不良的纠正预防措施 ································ 205
　三、问题解决的三个层次 ··· 206
　　案例6：石川馨的改善案例 ·· 207
第三节　问题解决的创新性方法 ······································ 207
　　案例7：解决摩擦焊问题的TRIZ方法 ···························· 210
　　案例8：你的灯亮着吗 ··· 210
　　案例9：停车位紧张矛盾 ··· 212

　　本章节把根因分析的方法和工具与问题解决过程全打通，并以案例为主线更全面地阐述整个问题解决过程。

　　本章包括三部分内容：

　　第一节介绍漏斗法，这是传统的问题解决方法论。

　　第二节介绍倒漏斗法，并引申论述错误纠正、纠正措施和预防措施，以及对应的问题解决的三个层次。

　　第三节介绍问题解决的创新性方法，是问题解决的常规方法的补充和提高。

　　通过对比问题解决的漏斗法和倒漏斗法，读者可以更加深刻地体会传统的漏斗法的误区和弊端，并领悟如何活用倒漏斗方法来高效解决问题。

根因分析的目的是解决问题。换句话说，为了有效地解决问题，需要充分地做好根因分析。

问题解决主要有三个方面的难点：一是寻找问题的根本原因很困难，特别是某些技术性难点问题，需要很长时间分析和排查；二是虽然知道根本原因，但解决此问题遇到技术瓶颈不容易突破；三是问题解决的投入太大或管理成本过高，以致某些问题可能不值得被解决。

在日常工作中，可能偶尔会遇到第一种困难，第二种和第三种困难则相对很少。因此，绝大多数问题的根因分析其实不是那么困难，问题解决也并不困难。但是，在实际工作中很多时候根因分析并不透彻，问题解决的效果也不理想。有些做得好的改进，效果仅限于被改进的产品或片段过程，但类似问题不久后又会在其他产品、其他过程或其他人员那里发生。

那么为什么会存在上述问题？如何才能有效地解决问题呢？本章就来讨论这个话题。

第一节　漏　斗　法

很多时候问题解决方法使用的是漏斗法的模式，如大名鼎鼎的六西格玛的DMAIC（Define，Measure，Analyze，Improve，Control）方法或8D方法在培训或介绍的都是漏斗法。下面以六西格玛介绍的传统漏斗法进行剖析。

六西格玛，主要基于事实和数据，用严谨的流程分析和数据分析进行根因分析和问题解决，是明显的西式逻辑和方法。华为公司在引进六西格玛后，将之前使用的改进方法"土八路"法与"赛先生"六西格玛做了对比，如下表所示。

类别	"土八路"改进方法	六西格玛方法
波动	不分"特殊原因"和"普通原因"，无视波动，导致错误的改进次序和对象，改进策略低效	重视波动
测量系统	有数据，但只要"尽量"准确就够了。甚至先有目标，后有算法	尊重数据
问题聚焦	改进措施多管齐下，不分重点，精力分散	问题聚焦
根因分析	更重视措施实施，急于实施改进，对效果心里没底。即使改进后也不清楚哪个原因最有效，难以固化成果	根因验证

在用六西格玛方法之前华为公司尚且自认如此，我国绝大部分没有学习过六西格玛的企业问题可能比上述更严重，问题数量也更多。

六西格玛方法是科学的方法，也有诸多配合的工具。这些都是实现六西格玛目标的有效工具集。那六西格玛方法有什么问题吗？六西格玛方法最大的问题是被某些培训公司及教材编写者的误解和片面宣传。其中最典型的就是根因分析的漏斗法！⊖

其实，六西格玛不应该包装得那么高大上，一些咨询公司可能为了赚钱，硬生生地把六西格玛黑带培训扩展成20天的系列培训，硬生生地在DMAIC每个阶段，特别是DM阶段塞进了许多可有可无的工具。而一些六西格玛培训老师及学员也不清楚，不分青红皂白地"依葫芦画瓢"，增加了学习、理解和应用六西格玛管理方法的难度和负担，造成六西格玛在推广和应用中遇到极大的阻力，也没有取得应有的效果。最被人诟病的方法就是在DM阶段用"流程图+C&E矩阵+FMEA"三板斧对潜在的原因进行逐步过滤筛选，即漏斗法。到AIC阶段的筛选力度就小很多了。整个DMAIC漏斗法如下图所示。

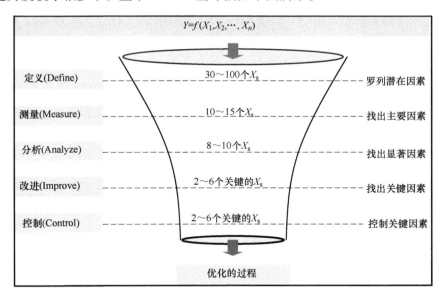

这套"科学的"方法论夹杂着很多烟幕弹，不仅增加了过多的培训内容，并且把六西格玛的改进过程设计和包装得非常复杂，如美国通用电气公司就有

⊖ 此处介绍的漏斗法及后面介绍的倒漏斗法均采用根因分析的思路和逻辑，而本书第三章介绍的"RCA五星法"主要是根因分析的方法和工具。

经典的 12 步法（后来增加了定义阶段的 3 步，变成 15 步）。而有的公司把六西格玛项目按 DMAIC 分解成大概三十四个步骤，如某世界 500 强公司的 DMAIC 各阶段步骤分别是 8、8、7、6、7 步，总计 36 步。另外，还有定义阶段的，如步骤一"D1 项目背景及选择理由"，步骤二"D2 问题陈述"，步骤三"D3 Y 定义"等。因此，项目资源投入较大，要收集和编写诸多资料和文件，项目周期和过程也很长，原因分析"犹抱琵琶半遮面"，问题解决"千呼万唤始出来"，让局外人感到神秘。

六西格玛"漏斗法"最主要是体现在定义和测量两个阶段。

在定义阶段首先用高阶流程图 SIPOC（Supplier-Input-Process-Output-Customer）分析，定义项目的过程范围。然后对项目过程做微观流程图 IPO（Input-Process-Output）分析，列出所有可能影响结果的过程因子，包括可控的因子或不可控因子，一共有 30~50 个甚至上百个因子。

然后在测量阶段，对影响结果的可能原因做如下探索：

1）把微观流程图列出的 30~50 个甚至上百个因子输入到因果矩阵分析表中。通过对结果重要度打分，以及因子对结果的影响度打分，计算各输入因子的重要度，并对因子重要度排序，初步筛选出 30 个左右潜在重要因子。这一步筛选因子的工具是原因-结果矩阵表（也叫 C&E 矩阵）。

2）把因果矩阵表筛选出的 30 个主要因子输入到失效模式与影响分析（Failure Mode and Effect Analysis，FMEA）分析表中，再对这些因子评估其失效模式，分析其导致的失效影响的严重度（S），失效原因的发生相对频次（O），以及对失效模式或失效原因进行检测的可探测性（D）；根据 SOD 这三个风险的打分值计算风险系数（Risk Priority Number，RPN）；再按 RPN 值的高低进行风险排序，筛选出 10 个左右的潜在关键因子。这一步筛选因子的工具是 FMEA 工具。

以上是很多传统六西格玛项目"教科书"式的三种工具的使用方法（流程图+因果矩阵+FMEA）。但细究起来就会发现，这样不仅花费很多人力物力、效率低下，而且方法并不科学、合理。这些工具不应该是事后出现问题才用，如果要用，应该在新产品导入阶段时用于过程分析和潜在质量风险的分析及预防工作。比如 FMEA，其目的和优势就是做质量风险分析并采取相应的质量预防措施。FMEA 工具是针对假设的或历史经验总结的失效模式，来推导可能的失效原因。而六西格玛是要针对已知的问题去寻找根本原因，即使原因不明时做假设，也需要试验和数据验证，但这不是 FMEA 的特长。当找出根因并确认根因后，需要对 FMEA 做必要的更新。

在分析阶段，六西格玛用各种对比方法或必要的试验设计 DOE 工具等确定关键原因；在改进和控制阶段，对关键原因做优化、改进、验证和控制。在这三个阶段的方法是比较合理的。

上述整个六西格玛的套路，对初学者有一定价值，毕竟对新手来说能学习并应用一些工具和方法。但就解决问题而言，对于有丰富的工作经验或已经熟练掌握了较多根因分析方法的中高级从业者，这种方法就不可取了，不仅不好用，而且有很多副作用。

下面用一个具体案例来讲述六西格玛漏斗法的使用过程，并分享一下作者的观点。

案例 1：降报废率的六西格玛项目

某知名电子厂在 201×年成立了一个六西格玛质量改进团队，该团队按照 DMAIC 方法分五个阶段，计划用时五个多月，每个月开展一个阶段的活动，最终完成预定目标，将质量不良率从 0.502% 降至 0.05%。降低的数值虽然不大，但降幅达到了 90%，而且因为产品报废单价贵及产量大的原因，节约的年度质量成本近百万人民币。

此项目要解决的主要问题是电路板焊接缺陷。其根因分析并不难，按照本书的根因分析和问题解决思路和方法，只要团队资源到位，项目负责人组织协调能力强，快则几天，慢则一个月就可以完成同样的目标。但该项目按照六西格玛漏斗法的套路做了近半年，用了许多质量工具，做了许多无用功。下面给大家介绍一下其六西格玛改进过程，为节省篇幅，只介绍最主要过程。

第一阶段，是定义阶段，用时一个月。

项目组在定义阶段收集了前 9 个星期的产品报废率数据，平均报废率为 5020ppm⊖，即 0.502%。下面是用时间序列图做的报废率趋势呈现（原图是把报废率数据当作连续数据制成 I-Chart 用于分析，但这是错误的统计分析方法。不良率属于离散数据，严格来说应该用 P-Chart。在对过去问题进行陈述和总结时用时间序列图即可）。从图形直观来看，报废率波动处于比较正常状态，没有大起大落的情况，没有明显异常。

⊖ ppm：1ppm 表示百万分之一。

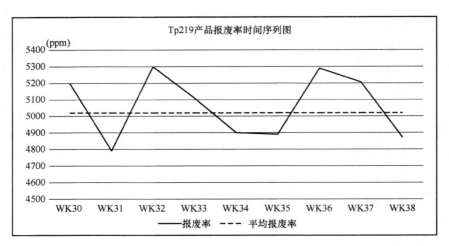

在定义阶段，项目组确定了报废中的前三项不良项目——少锡、空焊和偏位，各占比为 36.5%、29.3% 和 20.4%，三项共占比为 86.2%。因此，这是六西格玛项目的三个问题解决对象 Y_1、Y_2 和 Y_3。

项目组在定义阶段分析了 SIPOC 宏观流程，并对该产品涉及的主要生产过程做了微观流程分析。项目范围是电子元器件的表面贴装（Surface Mounting Technology，SMT）生产工序，大的工序只有三道（锡膏印制→置件→回流焊），共列出 19 个对输出质量有影响的输入因子，如下图所示。

I 输入因子	因子类型	P 过程	O 输出结果的可能缺陷
锡膏质量	C		
印制机保养	C		少锡
印制参数	C	锡膏印制	空焊
钢网清洗	C		漏印
标记(Mark)点坐标	C		印制短路
钢网开孔设计	C		印制偏位
PCB表面清洁度	U		
置件速度	C		贴片偏位
置件坐标	C		贴片缺件
吸嘴类型	C		反向
零件识别方式	C	置件	
供料器(Feeder)质量	U		
吸嘴吸力	U		
零件包装	U		
吸料真空值	C		
零件尺寸	C		
温度	C		
链速	C	回流焊	空焊
氮气含量	C		

上图所示的因子类型中，C 为 Controllable 首字母缩写，代表质量可控；U 为 Uncontrollable 首字母缩写，代表质量不可控。

对于制造业，输入因子主要是 4M1E；对于服务业，可能不只有 4M1E 还有其他输入因子。总之，IPO 是对过程质量进行详细的现状调查与分析的一种工具。在新产品导入期间可用 IPO 工具对过程质量进行梳理，并结合 FMEA 工具进行质量风险分析，明确相应的质量预防措施，输出质量控制计划（QC Plan）或简化版的过程管控标准，如下图所示。

序号	输入	分类 C/U/X	标准			检查频次	过程	输出	标准			检查频次
			LSL	目标	USL				LSL	目标	USL	
1	锡膏	C	满足标准 WI27			使用前	锡膏印制	锡膏厚度	0.175	0.2	0.225	首件1件
2	钢网	C	清洗干净			使用前						
3	印制速度	C	29mm/s	30mm/s	31mm/s	开机前						
4	网板张力	C	《网板张力测试指导书》GDZ026			1次/6月						
5		C										
6		C										
7		C										
8		C										
9		C										
10		C										
11		C										
12		C										

如果制造工序七八道甚至数十道，则输入因子的数量会增加至几十个甚至数百道。如果工序涉及数百道。则输入因子会上数百个乃至数千个。对这样的制造过程用漏斗法分析，其效率和效果根本无法保证。

六西格玛漏斗法最上面的"那口天锅"就是从微观流程分析开始的，把所有的可能因子都逐一列为分析对象，再把这些分析对象作为输入"喂"进 C&E 矩阵。

作者更认可的是，在新产品量产前用 IPO 进行过程梳理，用 FMEA 进行风险分析并输出过程管控标准，用好这"三板斧"对量产质量控制有极大帮助；量产后再严格执行，保障过程的稳定性；当发现问题时，分析根本原因并更新此"三板斧"。如此一来，可在制造和质量管理的日常工作中把基础工作做扎实。这些应该是正常的质量管理体系所必须具备的基本功，而较难的问题交由如六西格玛方法来解决。

第二阶段，为测量阶段，用时一个月。

此六西格玛项目在测量阶段将 IPO 的输入因子列入因果（Cause & Effect, C&E）矩阵的输入，将定义的前三（TOP3）的问题列入 C&E 矩阵的输出。然后对输入因子和输出因子的相关性进行量化打分，对输出因子的重要度打分，两项交叉相乘的累计和作为潜在关键因子的排序依据，具体如下图所示。

过程步骤	输入因子	重要度			综合影响度	潜在关键因子
		空焊 10 分	少锡 9 分	偏位 8 分		
锡膏印制	锡膏质量	3	1	0	39	×
	印制机保养	1	2	1	36	×
	印制参数	9	9	0	171	√
	钢网清洗	9	9	0	171	√
	标记（Mark）点坐标	0	0	3	24	×
	钢网开孔设计	9	9	1	179	√
	PCB 表面清洁度	3	3	0	57	×
置件	置件速度	0	1	9	81	×
	置件坐标	3	3	9	129	√
	吸嘴类型	0	0	3	24	×
	零件识别方式	0	0	3	24	×
	供料器（Feeder）类型	3	3	9	129	√
	吸嘴吸力	3	3	9	129	√
	零件包装	0	0	9	72	×
	吸料真空值	1	1	9	91	×
	零件尺寸	0	1	9	81	×
回流焊	温度	3	3	1	65	×
	链速	3	3	1	65	×
	氮气含量	3	3	1	65	×

C&E 矩阵看起来有数据分析，但其实是凭经验、拍脑袋给的分值。即使 C&E 矩阵给的分值比较合理，但把此工具用于问题的根因分析仍然不合理，也不符合逻辑，原因如下：

第一，对需要被改进的不同缺陷打分不一样，这个不合理。比如，空焊、少焊和偏位三种缺陷的重要度分值为 10、9、8 分，虽然严重度实际上有一定差异，但既然六西格玛项目已经明确此三种缺陷都需要同等改进，那么从质量改进的角度，这三种缺陷的严重度是一样的。实质上这三种缺陷对于产品结果而言也都是一样的严重程度，即报废。因为该项目的客户有明确规定，当产品的铁盖区域内元器件出现焊接缺陷，不允许返修，只能报废。

第二，凭经验打分有可能把潜在的关键因子漏掉，如把那些得分低的因子排除了，但这个因子有可能是影响某个需要改进的关键因子。比如上图"置件"的两个因子"零件包装"和"零件尺寸"，它们对偏位这个缺陷的影响很关键，但因为对空焊和少锡影响度低，所以总体的影响度低而被忽略了。

因此，用 C&E 矩阵进行根因分析是有缺陷的。这种矩阵式的评分方法对于某些决策有用，但对于原因分析是有误导的。

此六西格玛项目在测量阶段的第三板斧是，针对因果矩阵筛选出的潜在关键因子印制参数、钢网清洗、钢网开孔设计、置件坐标、供料器（Feeder）类型、吸嘴质量等潜在关键因子用 FMEA 做风险分析，如下表所示。

过程步骤	过程输入	潜在失效模式	潜在失效影响	严重度	潜在失效原因	发生度	现有控制措施	探测度	风险系数（RPN）	建议行动
锡膏印制	印制参数	印制参数设置不当	少锡、空焊	9	刮刀压力、印制速度、脱模速度设置不当	6	无	10	540	用 DOE 方法验证不同参数组合
锡膏印制	钢网清洗	钢网堵孔	少锡、空焊	9	钢网未及时进行清洗	6	线长定期提醒监督	9	486	改善钢网管控系统
锡膏印制	钢网清洗	钢网堵孔	少锡、空焊	9	钢网上线前未检查	3	导入点检表，上线前检查	2	54	无
锡膏印制	钢网开孔设计	钢网设计不合理	少锡、空焊	9	开孔面积比、开孔距离、开孔形状设计不合理	4	无	10	360	针对钢网开孔应用 DOE 方法

(续)

过程步骤	过程输入	潜在失效模式	潜在失效影响	严重度	潜在失效原因	发生度	现有控制措施	探测度	风险系数(RPN)	建议行动
置件	置件坐标	坐标设置不当	偏位	7	工程师调机技能不足	3	定义标准式,加强工程师调机技能	2	42	无
	供料器(Feeder)类型	供料器类型错误	偏位	7	作业员上错供料器且未比对型号	1	IT系统扫描自动侦测	3	21	无
	吸嘴吸力	吸嘴堵塞	偏位	7	吸嘴未定期保养	6	周保养	6	252	改善吸嘴保养方法

通过上面 FMEA 工具,因为风险系数低而排除两个因子,即置件坐标和供料器(Feeder)类型。

请注意比较 C&E 矩阵和 FMEA 工具的逻辑。C&E 矩阵从相关性分析,认为置件坐标和供料器类型是偏位的潜在关键原因;而 FMEA 因为发生度和探测度分值都很低,所以被认为不是偏位的关键原因。因此,这两个分析工具是有矛盾的。而 C&E 矩阵和 FMEA 这两个工具没有逻辑上的先后递进关系,这样的分析是没有依据的,也不严谨。

另外,FMEA 通过用 SOD 的乘积排序找问题 Y 的关键因子也不对。FMEA 对应的失效模式可能不是关注问题的,从而导致所关注问题的原因即使时常出现,但因为探测度低也可能导致 SOD 低而被忽略。因此,FMEA 用于筛选关键因子的逻辑也不对。

回到此六西格玛项目的 C&E 矩阵和 FMEA 这两个工具,它们对于少锡、空焊和偏位三种缺陷的严重度(或者重要度)打分不一致,这是一致性问题。

此六西格玛项目组通过运用三大传统的烦琐工具(IPO 微观流程图、C&E 矩阵和 FMEA),确定了四个潜在关键因子。此分析过程是不是像漏斗一样在做原因筛选?从 19 个潜在因子筛选到了 6 个,再从 6 个筛选到 4 个。

如果六西格玛项目涉及数十个工序,因子筛选会从上百个筛选留下 10 个左右,最后分析和改进确定 5 个左右关键因子。这是很多六西格玛项目惯用的手法,甚至成为不少公司的标准培训教材和项目模板。

第三和第四阶段,是分析和改进阶段,用时两个多月。

在分析阶段项目组对钢网清洗和吸嘴品质做了快赢(Quick Win,QW)改善,即快速整改。这两项工作是平时都应该做好的基础工作,但未做好,属于执行力问题。而通过这两项基础质量改进,报废下降了 76%;大概降为 1200ppm!这说明基础性的管理工作是导致此产品报废最主要的原因,而这样的问题根本不必用六西格玛方法做原因分析和改进!

六西格玛小组在分析和改进阶段用相对高级的质量工具试验设计(Design of Experiment,DOE)法做了两个试验。

第一个 DOE 是对锡膏印制参数实施三因子(刮刀压力、印制速度和脱模速度)两水平的试验,试验优化了三个参数的设定值,提高了锡膏厚度的过程能力(过程能力在某种意义可以看作是产品质量合格率)。

但是,提高锡膏厚度的过程能力,就一定能够降低空焊和少锡的缺陷比例吗?未必!这需要研究锡膏厚度和空焊、少锡比例之间的关系。如果不研究这两者之间的关系,单纯提高锡膏厚度的过程能力可能吃力不讨好。下面举例说明。

案例 2:不知其然的 DOE

某产品的锡膏厚度设定值为 140μm±25μm。通过测量几个典型位置的厚度,并取平均值(为锡膏厚度平均值),应满足 140μm±25μm 的标准。

当前锡膏厚度平均值符合率超过 99.99%,只是锡膏厚度的平均值偏离规格中心值大概 10μm。通过 DOE 改进后把锡膏厚度的平均值调整到离规格中心值大概 2μm,过程能力有提高,符合率 99.99x% 到 100%。但这个 DOE 改进是否真的有意义呢?

如果锡膏厚度平均值不符合标准,就一定导致产品不合格,这是优化锡膏厚度平均值符合率的意义所在。但是,改进后符合率只优化了不到万分之一,这在当前大多数情况下意义微乎其微。如果从锡膏厚度的规格来看,当规格设定不合理时,DOE 改进的方向可能是错误的。比如说,此产品的锡膏厚度最佳值最好在 150μm±20μm,那么在未研究规格设定是否合理之前贸然展开 DOE,反而起了反作用。

此六西格玛项目确实未从报废率上对 DOE 的结果进行说明,因此该 DOE 虽然从统计意义来说达成了目标,但从实际意义来说可能是根本就不应该做的"改进"。刮刀压力、印制速度和脱模速度这三个因子,在当下的参数设定下也许满足要求,不是造成空焊和少锡的关键原因。

因此,在大家对某项技术指标或业务指标实施改进之前,首先最应该确认的是此指标和实际绩效的关系是什么,此指标设定值是否合理,是否真的需要得到改进。如果解决问题的方向不正确,或者当前的指标设定值不合理,那么不管用任何先进的方法、工具或技术实施改进,努力的结果有两种可能:幸运的话算锦上添花；多数情况下是不幸的，就变成了画蛇添足、劳而无功，甚至南辕北辙、适得其反。

再回到此六西格玛项目的第二个 DOE，就是对钢网设计做参数优化。这个 DOE 的目标很明确，通过试验明确新的参数能够降低某颗芯片的少锡和空焊不良率。关于 DOE 的分析和优化过程就不展开论述了，这些需要补充较多的统计理论知识，篇幅很长，并且也有参考书籍进行了详细介绍。

第五阶段，为控制阶段，用时一个月。

通过测量阶段的快赢改善，以及改进阶段的几项改进，六西格玛项目把报废率从 0.5% 降到 0.05%，年节约金额近百万，成果还是比较明显。

下面是此六西格玛项目的分析过程和方法总结示意图。

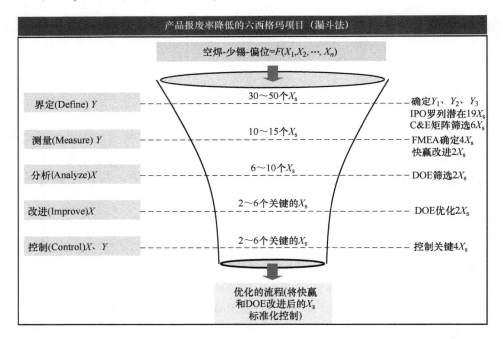

但对于此类常见的且没有技术难点的问题，根因分析过程太长、太烦琐了，方法和工具太复杂，解决问题的速度太慢，套路和文件太多，效率太低！

此类质量或技术问题改进项目虽然不难，但如果利用六西格玛方法的套路和包装，根因分析和问题解决过程就真的像漏斗一样，要逐层筛选和确认涉及范围的所有可能的因子，最后对确定的因子进行改进，并对改进进行标准化管控。

上面案例 1 是一个过程相对简单、潜在因子比较少的六西格玛项目，用漏斗法分析起来都比较复杂。作者还看过一个获大奖的某六西格玛黑带项目，该项目按照漏斗法套路在测量阶段用 IPO 流程图分析了 35 个因子，C&E 矩阵分析筛选了 21 个因子，应用 FMEA 工具后仍剩下 17 个因子，再通过快赢改善为 11 个因子，最后剩下 6 个因子。分析过程筛选潜在关键因子数目的变化趋势是 35→21→17→11→6，烦琐的分析过程是彻底的漏斗法形式的。

此项目在分析阶段用数理统计工具对余下的 6 个因子用统计显著性检验做对比分析，确定了 5 个关键因子，并在改进阶段应用 DOE 实施参数优化和改进。但是，确定因子是否显著，一定要用假设检验等统计工具吗？很多时候凭常识、逻辑及足够数据就可以比较的。只是这个六西格玛项目采用的是能获奖的那种套路。此项目报告共计七十多页，务实的管理层没那么有耐心看 72 页的问题改进报告，更没有时间去审查改进过程的逻辑和工具是否完美。这种浮夸的六西格玛方法是一种"病"，需要"治"。

健康的六西格玛，是利用其丰富的数据统计知识，采用产品或事物本身的工作原理、工作机理等相结合的方式，进行根因分析；健康的六西格玛，应该降低根因分析和问题解决的复杂度；健康的六西格玛，需要洞察问题的本质、直击问题的本质，而非拐弯抹角、故弄玄虚；健康的六西格玛，应该通俗易懂、简洁实用，能让多数人欢迎而非抗拒；健康的六西格玛，应该是学员发自内心去学习和应用，而非为了一纸证书去应付考试；健康的六西格玛，应提高学员根因分析和问题解决的能力，并且终身受益！

为什么前面说上述的六西格玛项目其实短则几天、多则一个月，就可以确定原因并解决问题呢？主要差别在于，要用倒漏斗法而非漏斗法，来进行根因分析和问题解决。

第二节　倒漏斗法

什么叫倒漏斗法呢？与漏斗法相反，倒漏斗法是把问题进行分解，针对问题利用工作原理或者机理去找导致问题的可能的原因，是自上而下的根因分析方式。而漏斗法是从原因到问题的海底捞针式的方法，是自下而上的方式。

仍然以案例 1 的 SMT 报废率为例，不用做 IPO、C&E 矩阵及 FMEA，而是用 What 型原因分析，对结果做不同层次和深度的问题分析，把模糊问题变成清晰的问题，变成 Y，乃至最终的小 Y。具体应用：直接依据 SMT 的工艺技术原理，把焊接报废占据绝大部分的少锡、空焊和偏位问题归类为两类技术问题，即锡膏量不够和元器件偏位，分别为关键问题 Y_1 和 Y_2。

锡膏量不够和偏位这两个失效模式属于 SMT 的常见问题，其失效机理比较清楚。依据工艺技术原理，锡膏量不够的主要原因有三种：一是印制机设定参数不合理，即原因 X_{11}；二是钢网清洁度不够，即原因 X_{12}；三是钢网开孔设计不合理，即 X_{13}。偏位的主要原因也是三种，分别是置件坐标不正确 X_{21}，供料器（Feeder）类型有误 X_{22} 和吸嘴吸力不够 X_{23}。

这个倒漏斗法分析过程如下图所示。

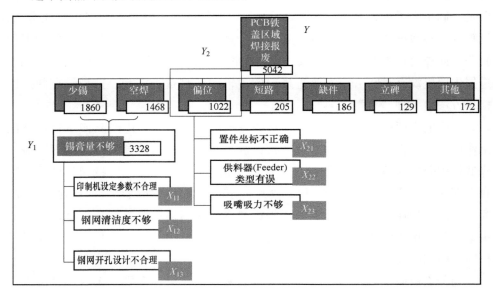

因为工作机理很清晰，再对潜在的原因进行现场实地观察和确认，或者设计相应的试验验证。比如，针对置件坐标及供料器（Feeder）类型，可直接到相关 SMT 设备上现场确认，经现场确认发现这两项都不是问题。对于钢网清洁度及吸嘴吸力，也可通过对现场观察和确认，并且发现清洁频次不受控，钢网清洁度确实不满足要求；也发现吸嘴有堵塞情况，有导致器件吸不准而偏位的风险。因此，这两个是主要的原因，做立即整改。而印制机设定的参数和钢网开孔的设计合理性的问题，可以用相应的 DOE 加以验证。

通过上述现场观察、验证，以及对相应参数进行调整、试验，最后发现锡膏量不够和偏位两个焊接不良的主要原因是，X_{11} 印制机设定参数不合理（这个不一定对，但采用原案例结论），X_{12} 钢网清洁度不够，X_{13} 钢网开孔设计不合理，以及 X_{23} 吸嘴吸力不够四个因子。这个分析过程就是利用逻辑，结合问题发生的工艺机理，进行工程原因分析。其分析过程可以通过 FTA 这样的演绎分析方法，进行如下图所示的原因分析，以及进行现场排查确认。下图非常清晰地给出了倒漏斗法的分析过程。

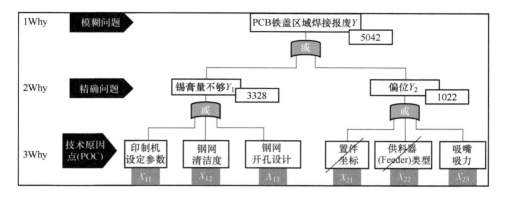

最后通过 X_{11}、X_{12}、X_{13} 和 X_{23} 因子的改善，不仅解决了锡膏量不够及偏位的问题，同时对焊接的其他问题也有所改进，最终把焊接总体不良率降到了预期目标。

倒漏斗法是针对问题 Y 逐级分解小 Y，再分析直接技术原因点，也就是本书第二章论述的 What 型和 Why 型原因分析过程。这种分析思路简单、易懂、易学，用于根因分析时直接而又聚焦。在从 What 型到 Why 原因的分析过程中，如果失效模式的工作机理比较简单、清晰，就尽可能用演绎法展开，并通过相关措施进行验证；如果失效模式的工作机理复杂、模糊或不可量化，则可以利用假设和试验验证法。但假设和试验验证法不是随便拍脑袋假设的，更不能乱用六西格玛"三板斧"套路。倒漏斗法的假设和试验验证，是根据问题和可能原因之间的逻辑推理聚焦在某个合理范围，并通过设计和实施相应的试验，通过试验数据，来排查和确认关键因子的。

案例 3：PCB 测试不良的倒漏斗法

在前面列举的 PCB 测试不良案例中，不良率有 11%。下面再利用这个案例进行说明。

对于该案例，如果按照六西格玛的定义、测量、分析、改进和控制等步骤，以及用漏斗法进行根因分析，肯定会受到老板的严厉批评。这是因为，根据六西格玛漏斗法，需要对 PCB 测试不良做详细的 IPO 过程分析，列出 SMT 的贴片过程、元器件的在线测试（ICT）过程、产品组装过程、高压测试（HVT）过程及成品功能测试（FCT）过程，总共 5 个过程，并对 5 个过程涉及的上百个可能的因子 X_s 进行梳理；然后，用 C&E 矩阵及 FMEA 工具进一步筛选；最终，也很难确定是哪些因子导致 PCB 测试不良。这样分析肯定行不通。

此问题的解决过程应用的是假设验证法：先假设 SMT、ICT、HVT 和 FCT 四个过程中任意一个过程出现问题会导致 PCB 测试不良，这是根据逻辑推理进行的假设；再通过试验及数据分析进行分析和排查；最终确认导致 PCB 测试不良的问题在 ICT 过程。只要把导致 PCB 测试不良的过程确定下来，再去寻找原因就比较容易。其试验过程和试验数据如下表所示。

序号	批次	数量	SMT	ICT	HVT	FCT	测试结果		
							合格数	不合格数	不合格率
1	A	30	√	√	√	√	24	6	20.0%
2	B	39	√	×	×	√	39	0	0.0%
3	B	20	√	√	×	√	19	1	5.0%
4	C	30	√	×	√	√	30	0	0.0%
5	C	30	√	√	√	√	29	1	3.3%
6	D	72	√	×	√	√	72	0	0.0%
7	D	72	√	√	√	√	65	7	9.7%
		152						15	9.9%

通过上述假设、试验和数据归纳分析，得到结论是 ICT 过程导致 PCB 测试不良。

分析此 PCB 测试不良的假设验证法主要就是如下图所示的三个步骤。

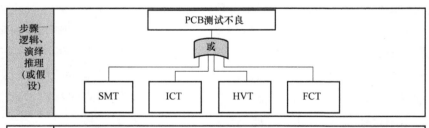

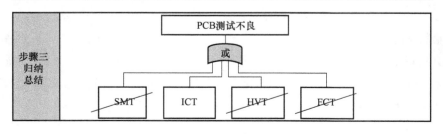

步骤一，通过逻辑推理或基于工作原理、机理等演绎推理，分别假设每一种原因发生的场景。演绎推理可以用 FTA 方法。

步骤二，对假设的原因实施可控的试验，获得试验结果和数据。

步骤三，基于第二步的结果和数据进行归纳总结，排除非原因过程，确定 ICT 过程是导致 PCB 测试不良的真正原因。可以用 FTA 方法展示分析的结果。

当确认由于 ICT 过程导致 PCB 不良后，后续对 ICT 过程有针对性地进行异常原因分析，比较容易地查出了 ICT 异常是由于 ICT 的测试程序在变更过程中弄错了（本来施加于芯片 U6 的 AC 24V 电压被施加于芯片 U1），故此导致部分芯片 U1 损坏。

上述 PCB 测试不良的原因分析过程应用的是倒漏斗法。倒漏斗法是对问题直接进行机理或原理分析或逻辑推理，然后进行必要的验证，或者通过假设和试验验证。如果在假设验证的过程中可能没有得到真正原因，那么前期的试验结果可以为后续的假设验证提供线索，并进一步迭代和更新假设验证方案，最终找到真正原因。这是倒漏斗法的第一个特点，即有针对性地去寻找技术原因点。

倒漏斗法的第二个特点是在确定完问题的技术性原因后，再用 3×5Why 法进行三个方面的分析：对问题发生的技术性原因做 5Why 分析；对问题为什么未被检测出来或未被更早地检测出来做 5Why 分析；对管理体系方面存在的不足做 5Why 分析。用 3×5Why 法就从更多的方面和更深的层次找出更多原因。

因此倒漏斗法有两个特点：①在分析问题的技术性原因点时，它是依据原理或机理由问题 Y 分析各原因 X_s，就像 FTA 的逻辑树那样；②通过 3×5Why 分析以点带面地逐层分析诸多末端原因，也像大树的树根式地向下散开。作者把这两个特点称为倒漏斗法。

比如，案例 1，当用倒漏斗法的原理或机理法分析确定焊接的技术性原因（印制机设定参数不合理、钢网开孔设计尺寸不合理、钢网清洁度及吸嘴吸力不满足要求）后，再通过倒漏斗法的 3×5Why 法分析更多原因。用 3×5Why 法及 3×5Why 法之 3×5Why 分析可以分析如下类似问题：

1）为什么会导致这些问题呢？
2）为什么没有第一时间发现这些问题呢？
3）为什么系统允许这些问题发生？
4）为什么系统允许这些问题未被及时地发现呢？
5）工艺工程师、设备工程师之前是否学习过 DOE 及相关统计知识？为什么?

6) 是否制定了关于设定工艺参数的指导办法?办法是否合理?为什么?
7) 工程师工作是否主要凭经验和试错法?为什么?
8) 是否制定了关于钢网的设计指南?指南是否合理?为什么?
9) 是否制定了关于钢网的质量验收办法?办法是否合理?为什么?
10) 工艺工程师是否与钢网设计供应商充分沟通和协作?为什么?
11) 是否制定了钢网清洁制度?清洁制度是否合理?为什么?
12) 操作人员是否不知道钢网清洁对产品质量的重要性?为什么?
13) 班长和质检是否对钢网清洁做定期巡检检查?为什么?
14) 对于吸嘴堵塞是否有质量要求?要求是否合理?为什么?
15) 是否把吸嘴纳入到了全面生产性维护(TPM)计划中?为什么?
16) 对于依靠人来定期执行的某些任务,是否有一套好的防错方法和监督机制?
17) ……

这样,从一个焊接的问题分解成两个子问题,然后通过工艺技术机理寻找可能的6个原因,最后分析确认出4个原因,再由4个原因分析出可能的十几个原因(这些原因是可以采取措施进行改进和预防的)。这个过程如下图所示,是不是像倒漏斗形状!

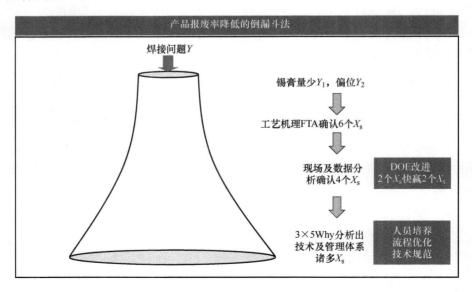

下图所示是对本节焊接报废(PCB铁盖区域焊接报废)的原因分析过程。

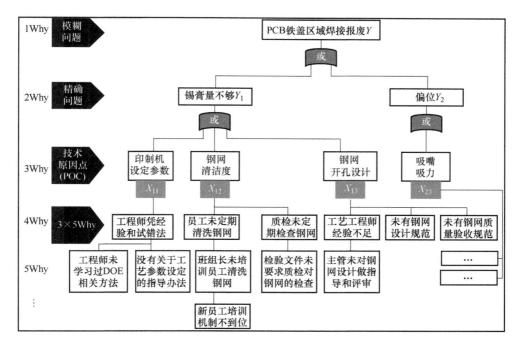

解决技术性问题是最重要、最基础的，但只解决技术性问题是不够的。通常情况下，技术性问题背后都存在管理体系原因，如果不解决管理体系问题，那么不受控的技术性问题会层出不穷。因此，关键是要从根本上解决问题和改进管理体系的薄弱环节。那么如何提升管理体系能力呢？最好的办法是基于已经发生的技术性问题，来分析管理体系原因，这样改进才有根据，也容易得到大家认可。这也是倒漏斗法的基本工作思路。

倒漏斗法不仅确保在原因分析时能够聚焦于问题，而且在原因分析时能够打开思路，沿着技术性问题做管理体系原因分析，并从部门、跨部门及相应流程、技术标准等各方面进行改进。当然，让技术工程师对管理体系进行原因分析和改进可能会有困难，但是可以把相应的思路及问题线索提供给经理们，或者提供给流程管理部门、企业管理部门，让负责管理体系改进的经理们或职能部门从技术问题切入，推动有根据、有力度的管理体系改进。

当然，其主要是针对典型问题做具体的技术原因及管理原因分析，诸多芝麻蒜皮的小问题可以综合整理成管理体系问题，用批处理的方式做分析和改进。

一般来说，倒漏斗法做根因分析有五个步骤：①确定问题 Y；②精确定位到 Y_1、Y_2、Y_3 等具体关键问题；③分析潜在的技术性原因 X_s；④筛选和确认技术性原因 X_s；⑤用 3×5Why 法透彻分析技术和管理原因 X_s。问题解决需要对应原因分析的步骤④和步骤⑤，这两个步骤不能合并，要先分析问题的技术性原因，再分析技术性原因背后的管理体系原因。

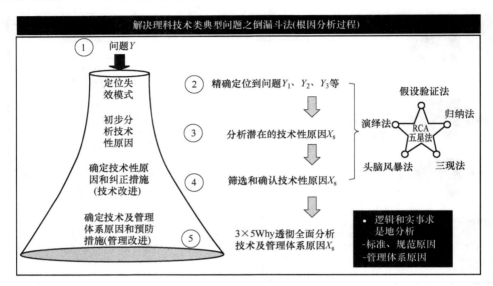

通常而言，某个技术的失效模式，其技术性原因数量有限，通常就是一个或几个。针对技术性原因的改进，也通常能够立马见效。针对技术性原因的改进属于纠正措施，其改进对象是针对已经发生的技术性原因和问题。在每个技术性原因背后，用3×5Why法可以分析对应的管理体系原因。这些管理体系原因虽然不会必然导致技术性原因，但很可能导致技术性原因发生，并且有较强的相关性。针对管理体系原因采取的措施属于管理改进，作者称之为预防措施。管理改进针对的不是具体的产品技术质量问题，而是针对通用性的技术规范或标准，或者针对管理体系。它们会影响所有与此技术规范或标准有关的人员和过程，或者所有受此管理体系影响的人员和过程。含有预防措施的管理改进属于防患于未然，是预防可能导致技术性问题而采取的管理体系措施，因此其预防效果不会立竿见影。管理改进是对某个业务流程或组织的某个局部能力而采取的改进措施。

针对文科类的管理体系问题进行原因分析，通常是通过事实和数据做分析，用逻辑推理和实证验证相结合的方式分析原因。比如分析高中两个班级，为什么A班成绩平均分常比B班的低10分，那么通常需要对两个班级的学风、班主任的管理力度、教师差异及生源差别等各方面进行比较分析、查找原因。对于文科类问题的原因分析，困难不在于找出原因，而在于不容易找准、找全原因；并且，即使找到原因，某些措施也不容易实施，或者实施的效果不如技术性措施效果那么直接、明显。

在针对技术性问题做原因分析和改进时,最有效的方法不是六西格玛的"三板斧"。虽然它对生产过程的问题分析有一定作用,但其用的方法确实很笨,甚至很可能漏掉关键原因。并且,对研发导致的技术质量问题做原因分析,"三板斧"则更难发挥作用。

不管是制造过程还是研发过程产生的质量技术问题,最好的方法是"与产品对话""与问题对话""与问题发生的失效机理对话",再运用必要的统计技术加以分析和验证。这是最好的方法。2018 年在北京举办的一个六西格玛分享交流会上,北航博士生导师马小兵研究员分享了他对可靠性及根因分析总结出的四条"实践认知"。作者觉得非常好,在此分享给大家,如下图所示。

> 评验结合,验证为主;
> 内外综合,机理为先;
> 数理融合,物理为大;
> 参数耦合,相关为优。

这四条"实践认知"是问题解决的"捷径"和基本准则。在与马教授微信沟通确认后,作者给大家解读一下这四条准则的含义。

"评验结合,验证为主",是指针对可靠性的评估和验证手段,以验证为主。

"内外综合,机理为先",是指产品可靠性实验室内测试试验后,外场使用可靠性信息用于分析时要以失效机理为先。

"数理融合,物理为大",是指数学统计分析和物理原理分析,要以产品的物理原理为主,数学统计为辅,不能喧宾夺主。

"参数耦合,相关为优",是指在两组物理参数存在耦合关系时,需要优先研究和确认两者之间的相关性,以确认两者之间可能的因果关系。

作者对马教授的四条准则的理解是,不管是可靠性分析,还是对问题的根因分析,都要以物理、机理和实证等为主要导向,数学统计和其他信息作为辅助手段。

根因分析推荐用倒漏斗法,问题解决也同样用倒漏斗法。问题解决从纠正行动开始,纠正行动属于对问题点的补救,类似急救;然后,采取纠正措施,类似根治〔纠正措施是针对问题产生的技术性原因(出现问题和流出问题的技术性原因)采取的对策,纠正措施比纠正行动涉及的面更广、更深〕;最后,采取预防措施,类似有益的运动养生(预防措施是针对与问题相关的产品、过程和人员能力进行提升,是提升管理体系的能力,涉及面和影响面比纠正措施更大、更广)。因此,从纠正行动到纠正措施,再到预防措施,这个过程就是倒漏斗状。

一、纠正行动、纠正措施和预防措施

问题解决是有层次的。最浅层的问题解决是纠正行动,纠正行动属于灭火式的行动,是消除症状的行动。纠正措施属于改善的措施,比纠正行动更进一步,纠正措施能够让被改善对象的系统得到完善。而预防措施中的预防就是指不能仅限于问题本身,而要从问题中学到经验教训,从问题的本源去解决根本问题,举一反三地应用到其他人员、流程、产品或服务上,从而增强组织能力和管理体系能力。

关于纠正行动、纠正措施和预防措施的定义,ISO 9000:2015《质量管理体系 基础和术语》给出了非常清楚的定义,如下图所示。ISO 9000 的前几个版本也给出了同样清晰的定义。

> 3.12 有关措施的术语
> 3.12.1 预防措施(preventive action)
> 为消除潜在不合格或其他潜在不期望情况的原因所采取的措施
> 注1:一个潜在不合格可以有若干个原因。
> 注2:采取预防措施是为了防止发生,而采取纠正措施是为了防止再发生。
>
> 3.12.2 纠正措施(corrective action)
> 为消除不合格的原因并防止再发生所采取的措施
> 注1:一个不合格可以有若干个原因。
> 注2:采取纠正措施是为了防止再发生,而采取预防措施是为了防止发生。
> 注3:这是ISO/IEC导则,第1部分的ISO补充规定的附件SL中给出的ISO管理体系标准中的通用术语及核心定义之一,最初的定义已经通过增加注1和注2被修订。
>
> 3.12.3 纠正(correction)
> 为消除已发现的不合格所采取的措施
> 注1:纠正可与纠正措施一起实施,或在其之前或之后实施。
> 注2:返工或降级可作为纠正的示例。

但是 ISO 9001：2015《质量管理体系　要求》已经淡化了预防措施，虽然其中有一处提及预防措施，但并不像以前的版本有专门关于预防措施的要求（如 ISO 9001：2008 的 8.5.3）。为什么会有这个变化呢？作者认为主要是因为，ISO 9001 以前虽然强调预防措施，但究竟如何执行预防措施的标准很模糊。因而，企业不知道如何执行预防措施，外审核员也不知道如何检查和审核预防措施。所以，预防措施成了个美丽的词语，理想化了，依 ISO 9001 标准又不知道如何执行。因此，ISO 9001：2015 干脆就取消了预防措施的内容了，虽然 ISO 9000：2015 保留了预防措施的定义。

虽然纠正措施和预防措施有区别，但都属于改进，与纠正行动有明显区别。戴明十四项管理原则中的第 5 条"持续不断地改善现有产品和服务，改善现有流程"就进行了说明。他引用朱兰的例子来说明纠正行动和改进（改善）的区别——"投宿旅馆时，假设你听到有人高喊失火，于是拿灭火器灭火，按警铃通知消防队，让所有人都安全逃出。看来你似乎做对了，但扑灭火焰本身并未改善旅馆的消防系统。"发现并解决一个问题，并停留、恢复原来的正常状态，这不是改善，改善是在原有质量基础上的进一步提高。

那么，纠正行动、纠正措施和预防措施有什么区别呢？下面用广为熟知的例子来说明。

案例 4：亡羊补牢

战国时楚襄王荒淫无度，执迷不悟，将劝谏的大臣庄辛赶出楚国。秦国趁机征伐，很快占领楚都郢。楚襄王后悔不已，派人到赵国请回庄辛，庄辛说："见兔而顾犬，未为晚也；亡羊则补牢，未为迟也。"鼓励楚襄王励精图治、重整旗鼓。

那么亡羊补牢是怎么亡羊的，又是怎么补牢的呢？传说的故事如下。

从前，有个人养了一圈羊。一天早上他准备出去放羊，发现少了一只。原来羊圈破了个窟窿。夜间狼从窟窿里钻进来，把羊叼走了。

邻居劝告他说："赶快把羊圈修一修，堵上那个窟窿吧！"

他说："羊已经丢了，还修羊圈干什么呢？"没有接受邻居的劝告。

第二天早上，他准备出去放羊，到羊圈里一看，发现又少了一只羊。原来狼又从窟窿里钻进来，把羊叼走了。

他很后悔，觉得不该不接受邻居的劝告，并赶快堵上那个窟窿，把羊圈修补得结结实实。从此，他的羊再也没有被狼叼走的了。

这个故事有没有纠正行动？如果针对丢失的羊，则没有纠正行动，无法纠正，因为没法再从狼的肚子里把羊恢复过来；如果针对羊圈的窟窿，修缮窟窿则属于纠正行动。如果这个故事不是狼把羊叼走了，而是羊从窟窿处逃走了，那么如果能够把逃走的羊找回来，这是纠正行动。

这里面挺有趣的现象出现了。同样是修缮窟窿，针对丢失的羊，那就属于纠正措施，因为丢失羊的主要原因在于羊圈的窟窿；针对破烂的窟窿，这就属于纠正行动，因为羊圈的窟窿本身就是不合格的，对其修缮是消除其不合格。

修缮羊圈的窟窿，这个措施足够吗？一般人都认为这很不错了，能够防止羊再被狼叼走，纠正措施有效。但其实这个措施是不够的，因为羊被狼叼走，不仅是因为羊圈有窟窿。羊圈的窟窿只是丢羊的条件原因，其行为原因在于周围有狼的存在。因此，还要想办法避免狼再来侵袭。如何避免狼再来侵袭呢？比如，可以饲养牧羊犬或狼狗等守护，至少在狼来侵袭时能够大声叫唤，主人可以用金属利器或火把等把狼赶走（那时候没有火枪）。或者，在狼到羊圈的必经之路上设陷阱，让狼来羊圈时掉进陷阱。这是针对羊丢失的行为条件原因采取的纠正措施。条件原因和行为原因属于"或门"关系，也就是说只要解决其中某个方面的原因就可以，不一定两个方面的原因都得解决。而具体解决哪一方面的原因，或者是否要解决两个方面的原因，取决于纠正措施的成本和可行性。

上面的原因分析和对策是针对问题发生的直接原因，继而用3×5Why法进一步分析。比如针对羊圈为什么会出现此窟窿，可能是因为羊圈的建筑材料（如草编的墙），或者因为羊圈的某个地方被雨水浸泡坍塌，或者因为羊圈的门不结实被弄出窟窿等。针对这些不同的问题还要采取不同的改进措施，如石头砌墙或给墙体遮雨或把羊圈的门换成足够结实的木质门等。这些也属于纠正措施。

之后，继续用3×5Why法分析问题逃逸或问题为什么未被发现。虽然羊丢失的问题在第二天就被发现了，但为什么羊圈上的窟窿未被发现或视而不见呢？这属于3×5Why法要分析的第二个方面的问题，即为什么问题未被发现，只是这个问题不是针对羊丢失未被发现，而是3×5Why法之3×5Why分析所询问的中间问题。

如果羊圈的窟窿未被发现，要分析为什么。如果羊圈有窟窿这个问题被发现了，但主人视而不见，认为不是问题，那么仍然要询问详细原因。

如果羊圈的窟窿未被发现，则可能因为羊主人没有定期巡视设备设施，这个属于全面维护保养的基本管理要求。如果采用现代科学管理方法对羊圈的设备设施进行定期检修与维护保养，那么可以避免羊圈破烂到羊被狼叼走。此管理改进属于预防措施。

如果羊主人认为羊圈的窟窿不是问题呢，则可能是因为羊主人的安全隐患意识薄弱，或者因为羊主人的管理水平和理解能力低，不知道窟窿会导致羊被狼叼走。这些原因与人的行为意识和能力有关，针对这些措施采取的措施属于预防措施。

至于用3×5Why法再问管理体系上为什么允许羊被叼走，或者管理体系所导致的羊圈窟窿问题，则可以分析出如匮乏羊圈用建筑材料相关知识或缺乏资金修建更结实的羊圈等原因。至于这些管理原因是否容易解决，要视情况而定。如果有办法采取相应措施，这些措施同样属于预防措施。

以上预防措施是针对潜在的不合格原因，因为这些问题不一定直接导致不合格（羊被叼走），但有一定机会导致潜在不合格（羊被叼走），正视这些问题并加以改进能够在很大程度上预防问题的发生。这些预防措施通常与管理方法、流程及人员意识和能力等相关。

古代农牧民普遍缺乏纠正措施与预防措施的概念，古代文武官员也普遍没有。即使到了二十世纪，不管是国际的标准化组织如ISO组织，还是大型企业如美国福特公司，虽然都提出了纠正措施和预防措施的概念，但采取的主要是纠正措施。1987年，福特公司，虽然提出的8D方法中关于纠正措施和预防措施的两个概念也未区分清楚。同年，ISO 9000系列标准发布，才正式提出纠正措施和预防措施的概念。福特8D法中的第七步D7定义的预防再发生（Prevent Recurrence），被很多人认为是预防措施。但按照ISO 9000的定义，这其实是纠正措施的另一种叫法。因此，严格来说，福特8D法没有预防措施。包括福特公司在内的很多的8D培训资料针对D7阶段也仅提出了针对纠正措施更新文件要求，如更新作业指导书标准操作程序（Standard Operation Procedure，SOP）、更新检验指导书标准检验程序（Standard Inspection Procedure，SIP），或者更新设计图样、材料清单文件，或者更新产品或过程FMEA文件等。这些文件只是关于解决技术性原因后的标准化管理的而已，不是有关真正的预防措施的。

二、培养"扁鹊"和"扁鹊哥哥"

真正的预防措施是什么呢？作者根据多年对8D法、六西格玛、3×5Why法、全面质量管理体系PPT（People-Process-Technique）及管理理论的研究，把8D法原来的D6改为纠正措施（按ISO 9000的定义，指的是预防再发生）、D7改为预防措施（按ISO 9000定义，指的是预防发生），对它们区别与联系进行了改进与总结，如下图所示。其中，CA 为纠正措施（Corrective Action），PA 为预防措施（Prevent Action）。

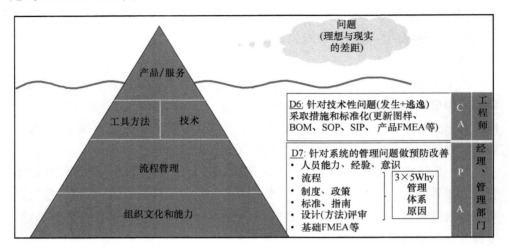

如上图所示，不仅能看到 D6 的纠正措施和 D7 的预防措施之间的明显区别，而且能看到相应操作方法和工具。D6 主要针对技术性原因采取措施，并进行标准化；D7 主要针对管理体系原因采取措施。因此，要充分做好纠正预防措施，3×5Why 法是个很好的工具和方法。纠正措施一般由当责工程师负责；预防措施因为涉及管理体系改进，需要经理人员给予支持，或者由相应管理部门负责实施。

同时，上述也可以视为问题解决的倒漏斗法，最上面是针对问题现象采取纠正行动，中间针对技术性原因采取纠正措施，最下面针对流程和人员进行管理提升。

在福特 8D 法中，纠正措施其实包含两个步骤，即 D5 和 D6。D5 是针对问题发生和问题逃逸技术性原因采取纠正措施，并验证效果，满足要求后在 D6 把 D5 的措施进行标准化而正式实施改进措施，并通过批量生产及客户交付使用后的反馈，确认纠正措施有效。在福特 8D 法的 D5 使用的是验证（Verify）；D6 使用的是确认（Validate）。这两个词是 ISO 9000：2015 中两个重要词汇"3.8.12 验证（verification）"和"3.8.13 确认（validation）"，能够把这两个词的区别和联系搞清楚、讲明白，需要对质量管理的理论和实践有相当的经验和认识才行。西门子楼宇科技集团的产品开发流程有两个紧邻的里程碑阶段：一个是验证阶段（相当于研发设计定型阶段）；一个是确认阶段（相当于需求实现的确认及产品定型阶段）。基于对验证和确认的认识，也可以把 8D 法的 D5 和 D6 的区别和联系搞清楚，同时也可以理解为什么 D7 不应该是纠正措施做标准化文件升级，而应该注重于管理体系的升华和能力提升。

案例5：PCB 不良的纠正预防措施

下面再用前面 PCB 功能测试不良的案例，其纠正措施、预防措施的内容和针对的原因分析如下图所示。

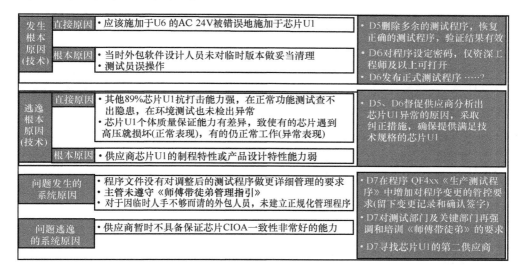

纠正措施主要针对用 3×5Why 法分析的技术性根本原因，包括问题发生和问题逃逸的技术性原因；预防措施主要针对用 3×5Why 法分析的管理系统原因，也包括问题发生和问题逃逸的管理性原因。

针对 PCB 测试不良，采取了那么多纠正和预防措施，主要是因为用 3×5Why 法做了充分的原因分析。3×5Why 法在拓宽拓深纠正预防措施方面起到的作用很明显。这是为什么作者强调在根因分析和问题解决中，一定要用 3×5Why 法分析，即使六西格玛项目同样如此。可惜的是，几乎所有的六西格玛工具箱里都未把 3×5Why 法作为六西格玛工具。其实，很多六西格玛项目要解决的是浅层次技术性问题，不管这些技术性问题是否应用了 DOE 工具或其他高级统计工具，这些技术性问题本该是第一次就做对却未能做正确的。这些技术性问题属于操作层面的，并未上升到经理或管理部门的管理改进。因此，如果六西格玛做好了，可以培养大批"扁鹊"，在培养大批"扁鹊"的基础上，把 3×5Why 法用好，则可以培养大批的"扁鹊哥哥"。

根因分析和问题解决面临"三度"：一是根因分析的技术性原因可能遇到难

度上的挑战，"扁鹊"是发现技术性原因并解决技术性问题的高手；二是根因分析的广度；三是根因分析的深度。后两个度都需要在突破技术性原因分析的难度后才能够更好地发挥作用。当根因分析和问题解决抵达广度和深度后，就能够解决系统性问题，真正从预防上提升能力，举一反三，这是"扁鹊哥哥"的能力体现和做法。下图是关于根因分析三度的示意图。

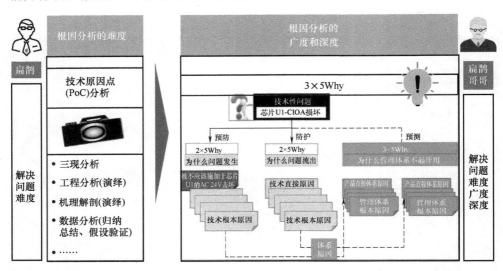

严格的 8D 分析和改进报告是一项严格且严肃的工作。对于一般小问题如漏放螺钉或意外碰伤一个产品或某产品某一般性能指标不合格等，通常用纠正（Fix It）的方法处理；不用采取 8D 法做过多深入分析，进而采取烦琐的纠正措施和预防措施。作者在介绍 3×5Why 法的章节，介绍了某一产品附件包中少装了两个螺钉附件案例并进行了分析，但其主要目的是做方法上的引导，实际工作中也许不必要那么深入地分析，除非客户有强制要求。那么是否对小问题就不用进行系统改善呢？也不是，需要监控这些小问题发生的概率，把这些小问题归纳总结成系统的原因，从整体上分析，是操作人员奖惩措施不够呢？还是公司的作业指导书制定得不够详细，或者可操作性不强呢？或者是工艺水平低下呢？或者是设备能力落后呢？考虑一系列相关问题。总之，需要系统地分析和总结，并从总体上采取批量化改进措施，从技术能力或管理能力方面提升，从整体上降低这些小问题发生的概率。

三、问题解决的三个层次

纠正行动、纠正措施和预防措施，其实是问题解决的三个层次。日本质量大师石川馨在 1981 年出版的《日本的质量管理》一书中，提出改善的三个层次：一、针对现象进行改善；二、针对原因进行改善；三、针对根本原因（其实是深层次的预防性原因）进行改善。这三个层次的改善分别对应于纠正行动、纠正措施和预防措施。

石川馨也用实例对改善的三个层次进行了说明。

案例 6：石川馨的改善案例

石川馨举的例子是某个装置用 4 根螺栓固定在机械上。但是，用户投诉说螺栓 1 断了。因此，厂商的措施是把螺栓 1 换成了一根粗的，问题立马得到解决。不久客户又投诉说螺栓 2 也折断了，这回把螺栓 2、3、4 都换成了粗螺栓。这下以为问题解决了，谁知用户不久又投诉，说台座的铁板断裂了。因此厂商又加厚了铁板，这家公司说："这样可以防止问题再次发生了。"

这是典型的"头疼医头、脚疼医脚"的临时纠正行动或补救措施，起到立竿见影的效果。但问题没有得到真正解决，因为没有分析导致螺栓柱和铁板断裂的原因是什么，没有针对根本性原因采取纠正措施，因此问题不能得到真正解决。

厂商找到石川馨教授，他详细地调查便发现了问题的原因：因为振动传入此装置导致螺栓折断，最后铁板也断裂。因此去除振动这个原因才能防止加粗的螺栓和加厚的铁板不再折断和断裂。此纠正措施有确定性的效果，确保螺栓和铁板不会因为振动而断裂。这是第二层次的改善。

石川馨教授介绍的第三层次改善是更新关于螺栓的试验方法，即通过增加振动来测试螺栓的强度，并增强螺栓强度，使其在振动条件下也不断裂。这是改善试验的技术标准及螺栓的设计能力，属于预防措施。此预防措施不是针对该具体装置的问题，而是对所有相关的新产品设计过程都适用，因此针对的是深层的设计和试验这样的根本原因。

石川馨教授第三层次的预防措施可能不够全面，因为振动只是诱发螺栓断裂的条件之一，可能还有其他使用条件和应用环境等导致螺栓断裂。另外，可能还需要从螺栓的设计标准（含螺栓材质及设计流程）上进行完善。

第三节　问题解决的创新性方法

与目标有差距的一般性现实问题，只要把原因分析清楚了，就可以比较容易地找到相应的解决方案。这是因为绝大多数问题是这些问题对应的各因子不满足要求，如电路的元器件选型错误、元器件的参数低于规定值、元器件制造过程出现差错、软件工程师写错代码、工人忘记某个工序动作等。这些问题都是由于现实与目标之间的差距所导致的，因此只要填补差距即可达到解决问题的目的。

有时候虽然清楚问题的原因，却不是单线思维就可以解决的，或者解决措施受到成本或技术条件等限制；或者语言描述清楚，解决措施也不复杂，但常规的措施虽然理论上有用，但实际上执行性很差；或者有时候寻找问题的原因有困难，那么需要避开此问题来解决问题；或者为了挑战更高目标而设定的问题，非当前技术或知识可以解决的，等。这些都需要有创新性的解决方法。

常用的创新方法：头脑风暴法、逆向思考法、科学创造法、戈登法（不直接讨论问题本身，只让讨论问题的某一局部或某一侧面，逐步引导到问题本身上来）、检验法（为准确把握创新的目标与方向，避免泛泛地随意思考，而设计的一份系统提问的清单）、属性列举法、仿生学法（通过模仿某些生物的形状、结构、功能、机理及能源和信息系统，来解决某些技术问题）、形态学分析法（研究如何把问题涉及的所有方面、因素、特性等尽可能详尽地罗列出来，或者把不同因素联系起来，通过建立一个系统结构来求得问题的创新解决）、TRIZ法（创新性问题的解决方案，有些人认为该方法曾是苏联的国家机密）。

创新性的解决问题方法，是对基于根因分析解决问题的方法的一种有益补充，是必不可少的方法。如下图所示的9个点，9个点均匀分布在正方形的四边和中心。现在要求用一笔画（从落笔到起笔之间不能离开纸面）四条直线把9个点连接起来。如何解决此问题呢？用根因分析来解决此问题好似没有好的办法，因此需要打破常规的惯性思维和旧有的认知，需要创新性的解决问题方法才能够达成目标。

•   •   •

•   •   •

•   •   •

这是个有趣的问题。一位德国专家在工作闲聊时问了我这个问题，我当时没有给出正确答案，下班后绞尽脑汁想出了答案，第二天把答案告诉给他了。第二年见到我他又问这个问题，我思索了好一会儿才回想其答案来！各位读者朋友们不妨拿出纸笔试着画一画，我把答案放在本章最后。

近些年非常成熟的创新理论是发明问题解决理论（俄文 теории решения изобретательских задач，拉丁语音标缩写为 TRIZ）。TRIZ 是在苏联专家 Altshuller 的带领下，联合苏联 1500 多名专家，经过 50 多年，对 250 万份专利、文献加以搜集、研究、整理、归纳、提炼和重组而建立起来的体系化的实用的解决发明问题的理论方法体系。TRIZ 不仅用于解决发明创新问题，对于管理创新、流程创新等也是很有帮助的。其解决问题的逻辑如下图所示。

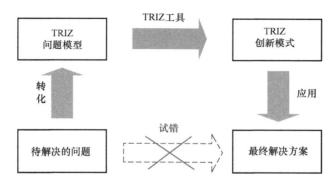

TRIZ 解决问题的建议方法如下：

（1）首先使用物质-场模型和 76 个标准解来解决，这是一种标准化、模式化的方法。

（2）如果物质-场模型和 76 个标准解不适用，则使用技术矛盾和物理矛盾解决问题。

1）用技术矛盾解决问题时，可通过 39×39 矛盾矩阵分析，在矛盾表中查找可能的解法（解法是由 40 个发明原理组成）。

2）当应用物理矛盾解决问题时，有 11 条分离方法和 4 大分离原理。

3）在应用技术矛盾和物理矛盾时，尽量将技术矛盾转化为物理矛盾并激化物理矛盾，往往有助于问题的解决。

（3）如果遇到非标准问题，则使用发明问题解决算法（Algorithm for Inventive-Problem Solving，ARIZ）来解决。

TRIZ 方法博大精深，有很多参考书籍和学习网站，大家可以自行补充了解甚至深入学习。下面用一个例子加以说明，以帮助大家了解 TRIZ 方法。

案例7：解决摩擦焊问题的TRIZ方法

问题：摩擦焊是连接两块金属的简单的方法。将一块金属固定并将另一块对着它旋转。两块金属之间还有空隙的话，就什么也不会发生。但当两块金属接触时，接触部分由于相互的相对旋转摩擦就会产生很高的热量，金属开始熔化，再加以一定的压力，两块金属就能焊在一起。一家工厂要用每节10m长的铸铁管建成一条通道，这些铸铁管要通过摩擦焊接的方法连接起来。但要想使这么大的铁管旋转起来需要建造非常大的机器，并要经过几个车间。

用TRIZ方法解决该问题的过程如下。

最小问题：对已有设备不做大的改变而实现铸铁管的摩擦焊。

系统矛盾：管子要旋转以便焊接，管子又不应该旋转以免使用大型设备。

问题模型：改变现有系统中的某个构成要素，在保证不旋转待焊接管子的前提下实现摩擦焊。

对立领域和资源分析：对立领域为管子的旋转，而容易改变的要素是两根管子的接触部分。

理想解：只旋转管子的接触部分。

物理矛盾：管子的整体性限制了只旋转管子的接触部分。

物理矛盾的去除及解决对策：用一个短的管子插在两个长管之间，旋转短的管子，同时将管子压在一起直到焊好为止。

以上解决问题的方法其实并不是多么先进或高深，但却属于利用TRIZ的一种创新性方法。

不仅技术问题需要创新性的问题解决方法，文科类问题也同样需要。《你的灯亮着吗》是一本关于解决非技术性问题方面的书，是美国人用其擅长的讲故事的方式写的，对专业人士来说没什么深度，但有些浅显的故事蛮有意思。其中第13个故事"隧道尽头的灯"，就是解决"你的灯亮着吗"的问题。下面就引用该故事作为案例，并加以分析。

案例8：你的灯亮着吗

故事发生在20世纪80年代初，在日内瓦湖上的山脉中，建成了一条很长的汽车隧道。为了警告汽车驾驶人在进入隧道之前把车灯打开（尽管隧道的照明设施很好），于是总工程师安排工人做了一个标牌，上面写着"警告：前有隧道，请打开车头灯"，并把标牌挂在隧道入口处。

从隧道东出口再往前400m是世界上风景最优美的度假胜地，可以俯瞰整个日内瓦湖。隧道通车后，每天都有成百上千的游客在此处欣赏美景，放松他们疲惫的身体，也许享受一下美味的"野餐"。

这当然是好事，当这些神清气爽的游客返回他们的汽车时，每天都有数十名游客意外地发现汽车电池没电了，因为他们忘了关掉车灯！

警察们被迫用上所有的资源，好让车启动起来，或者把它们拖走。这哪是什么有效措施，纯属纠正补救，没有针对原因采取纠正措施，看来这些警察应该学习根因分析与问题解决方面的知识。

游客们怨声载道，并且很多人赌咒发誓要劝说他们的朋友都不要到瑞士来旅行。

该书作者启发式地询问，这是谁的问题？（a）驾驶人，（b）乘客（如果有的话），（c）总工程师，（d）警察，（e）州长，（f）以上都不对，（g）以上都对。

书中说，很多人认为这是总工程师的问题，因为建筑师、工程师和其他设计师的职业道德中有这样一条：他们必须做好所有的事情。

但我认为这个问题的答案是g，因为这个问题对以上所有人都有影响。对驾驶人来说，他要解决自己忘记关灯的问题；总工程师要解决游客们在出隧道后忘记关灯的问题；警察、州长、乘客等，都要从各自利益受损中去解决各自的问题。

不过呢，所有问题都最终因为同一个原因：隧道太长需要开灯，通过隧道后有人忘记关灯就停车去欣赏风景了。所以能够让大家的问题都能够得到解决的最核心的人物确实是桥梁的总工程师。

总工程师考虑了以下几种解决办法：

① 可以在隧道尽头立一块标牌，写上"关掉车灯"。但是这样会致使夜晚行车的人们也会关掉车灯。

② 可以装作不知道，顺其自然！不，这本来就是现状。

③ 可以在风景俯瞰处建造一个充电站。但是建造、维护要花很多钱，并且如果出了故障，人们会更加恼火。

④ 可以授权一家私人公司经营充电站。但是这会使风景区变得商业化，这是政府和游客绝不允许的。

⑤ 可以在隧道尽头树立一个表意更明确的标牌，比如"如果这是白天，并且如果您的车灯开着，那么熄灭车灯；如果天色已晚，并且如果您的车灯没开，

么打开车灯；如果这是白天，并且如果您的车灯没开，那么就别打开；如果天色已晚，并且如果您的车灯开着，那么就别关它。"等人们读完这个标牌，汽车早已经飞过围栏，并且咕噜咕噜地沉到湖底了。

最后，总工程师想出了个简单易行的办法，在隧道尽头加一块标牌，写上"您的灯亮着么？"

这个标牌使问题基本解决了，而且因为这条信息足够短，所以在标牌上可以用多种语言提示。

这个故事说明，即使问题的原因清楚，也很简单，解决措施也不复杂，而且可以选择各种解决措施，还是需要良好的创造力、周全的考量和敏锐的判断力，选择简便易行、卓有成效的措施。在同一个问题的诸多解决措施里，有些措施的可执行性不好，等于问题不能得到解决，这在文科类问题中比较普遍。

我自己在解决一些文科类的麻烦问题时也有不少体会，问题原因都很清楚，但如果不用创新方法，要想高效地解决问题还真不容易。如果认真学习和思考、经常运用、熟练掌握创新地解决问题的系列方法，时不时会创造出令人愉悦的解决方案。

案例9：停车位紧张矛盾

当作者还在西门子工作的时候，兼管过公司的行政管理部门。大家都知道现在私家车多，每家公司车位都不够用。行政经理说有个别员工把车子停在消防车通道上，她发现后让员工挪车，员工不听；让员工的经理管，其部门经理说管不了。问我这个问题如何处理？

这个问题原因很清楚，根本原因就是车位不够用，而这个问题也没办法彻底解决，既没办法增加车位（车位用地规划没有空间），也没办法不让员工买车。次要原因是员工违反停车规定，占用消防车道。次要原因可以改善，但很难彻底杜绝，靠教育员工少开车或教育员工遵守交通规则和安全意识这些软性要求，与员工追求方便和美好生活的愿望是相违背的，因此这个预防性措施的力度和可执行性都会较差，效果有限。

那么如何解决车位数量与员工开车数量之间的矛盾呢？需要创新性的方法，根因分析要打开思路，解决方案要打开思路。

作者于是利用自己的特长，首先到消防通道现场了解实际情况路况，然后对问题从原因上进行客观分析。员工能够把车停在消防通道上，这个说明两点：一是消防通道的位置可以停车；二是即使车辆停在消防通道上使道路变窄，但不影响车辆双向通行。认真读过本书第四章的读者可能发现了，这是采用了阿波罗根因分析方法并带有创新性的分析。

原因找对了，于是提出创新性的解决措施：在道路中间用矮隔栏把道路一分为二。这样如果还有员工把车停在消防通道上，既可能因为别人停在前后造成自己用车不便，又会堵住另一个方向的车流，那么造成的麻烦不仅会让行政部门找来，也会给相互基本熟识的全公司员工造成不便。因此，没人再把车停在消防通道上，员工来晚了就把车停到公司外面。这个解决措施其实并不完美，但也算解决了矛盾。

九点连线参考答案如下：

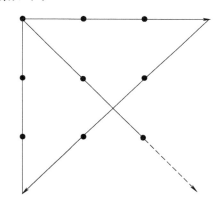

第八章　建立问题解决管理体系

第一节　问题解决的常见问题 ································· 215
　一、错误的问题解决方式 ································· 215
　　　案例1：改正还是改进 ································ 216
　二、问题解决"失能" ···································· 217
　　　案例2：问题与销售之战 ······························ 217
　三、问题解决"失明" ···································· 219
　　　案例3：统计分析"掩耳盗铃" ························ 219
　四、问题解决"缺魂" ···································· 221
第二节　抓问题解决的基本要素 ····························· 222
　一、问题解决的方法论 ··································· 222
　　　案例4：西门子的两种问题解决方法 ···················· 226
　　　案例5：丰田问题解决方法 ···························· 227
　二、问题解决的工具 ····································· 230
　　　案例6：数据可能说谎 ································ 233
　三、问题解决的流程 ····································· 234
　　　案例7：客户投诉无门 ································ 235
　　　案例8：某公司问题解决流程 ·························· 235
　　　案例9：是技术问题，还是质量问题 ···················· 238
　四、问题解决的文化 ····································· 240
　　　案例10：华为关于问题解决的文化演进 ················· 244
　五、问题解决的能力 ····································· 245
　　　案例11：缺能的形式化 ······························· 247
第三节　建立1125持续改进管理体系 ························ 247
　　　案例12：管理，从何突破 ····························· 253

　　前面7章主要围绕根因分析，以及问题解决的思维、思路、逻辑、方法和工具等层面进行了介绍，主要是为了帮助读者个人成为根因分析与问题解决高手。

　　本章是本书最后一章，主要讨论公司层面在问题解决方面存在的主要问题，以及如何构建公司级问题解决方法以及管理体系。

本章包括三部分内容：

第一节介绍公司层面进行问题解决时的常见问题——错误方式以及"失能""失明"和"缺魂"的症状。

第二节介绍问题解决的五个基本要素，分别是问题解决的方法论、工具、流程、文化和能力。

第三节介绍如何在公司层面建立1125持续改进管理体系，给出把公司打造成一支能征善战的队伍提供建议。

> 企业要创新和发展，出现问题是正常的。可是，只有为数不多的企业能够正确、有效地解决问题。
>
> 在进步和发展的过程中，不少企业即便是面对"太阳底下无新鲜事"的问题（即又遇到常见的老问题），却仍然是"滚油锅里捡金子——无从下手"（即不知道如何下手解决问题）；即使下手解决问题，由于原因分析不透彻、不全面，甚至不正确或不准确等，导致根因分析和问题解决的效果不好。

第一节 问题解决的常见问题

一、错误的问题解决方式

解决问题不仅是让具体问题消失，还应当为相关人员和过程提供保驾护航的预防系统，以降低甚至杜绝类似问题再次发生。也就是说，要进一步完善和改进相关人员和过程的管理水平。因此，解决问题不只是灭火、消除误差，这只是解决问题的临时措施或纠正行动，属于第七章所讲的解决问题的第一个层次。解决问题是立体的改进，包括纠正行动、纠正措施和预防措施，共三个层次。类似医生治病的三个层次：急救、根治和保健养生。

改正听起来积极向上，其实属于最低层次的纠正，顶多把管理水平和绩效水平控制在当前水平使其不恶化。但是，逆水行舟，不进则退，因此需要改进，通过根因分析和问题解决，推动管理水平和人员意识及能力进步。

因此，如果一家公司的质量水平、准时交付率、研发绩效、生产效率等指标常年停滞在某个中低水平，那说明这家公司常年召集的诸多问题解决会议和各种改进项目效果不好，甚至是失败的，勉强在为公司"续命"。而那些处于中高水平甚至行业领先的公司，每年以10%左右甚至更高速度提升绩效水平，这样的公司在问题解决和创新应用方面是成功的。

案例1：改正还是改进

序号	日期	机型	问题描述	解决办法	目前状态	负责人
1	201x.1.03	H5-ZH	北京JZ有铅助焊剂发现活性不好，造成焊接质量出现问题	是由于厂商更改pH值趋近中性造成的，厂商回去处理	厂商重新配比，完成	孙某某
2	201x.5.27	WX-I5	外壳由于扣孔在灌顶胶后会溢出	改善绝缘纸尺寸，将扣孔挡住	已经更改	王某某

这个案例列举的是某电子企业质量异常处理日志中的两个实例。第一个是因为供应商更改pH值而导致助焊剂活性不好，从而导致焊接质量问题。其解决办法是通知供应商处理，供应商重新调整pH值而使助焊剂质量恢复正常。第二个是因为外壳扣孔没有东西挡住而导致胶的溢出，改正的办法是重新设计绝缘纸的尺寸，使其挡住扣孔。这两个问题就这么轻易地解决了，但用的是"救火"办法，就像质量管理大师朱兰举的例子——"投宿旅馆时，假设你听到有人高喊失火，按警铃通知消防队，让所有人安全逃出——看来似乎做对了，但扑灭火焰这件事并未改善旅馆的消防系统"。

该企业在处理几乎所有问题包括质量问题、生产交付问题或研发设计问题时，都用类似方式改正、救火。因此，企业每年的质量、生产和研发水平都比较稳定，虽然处于受控状态，却是一个较差的受控状态（类似问题不断发生，管理水平中等甚至偏弱），属于朱兰质量三部曲的第二部"控制阶段"。在这样的情况下，企业虽然按照ISO 9001管理体系在年终统计问题关闭率时超过98%，都达成目标。但真正把原因分析透彻，真正彻底解决并关闭的问题几乎为0%。这样的质量管理体系，大家是不是很熟悉？

这种问题解决方式很轻松，对问题有基本的分析和改正，起到"止血"的作用。很多公司都是这种情况，绝大多数问题也不那么复杂，因此比较擅长"救火"。这些问题看似简单，原因分析和问题处理却往往流于表面，就像对漏装产品附件的问题就给客户补货,画错图样就改正,小孩子旷课就骂一顿……这属于治标不治本。因此,问题有可能会在同样的人、同样的地点、同样的事情上发生,或者有可能在其他类似的人、地点和事情上发生。

这种错误方式在现实工作和生活中比比皆是,其实只要脑子和手脚勤快些,多问几个为什么,多记录、多分析,多与几个人沟通、协作,对这些看似简单却又比较典型的问题就可以找到更透彻且更全面的原因,并做出系统性改进。

二、问题解决"失能"

当遇到比较困难或棘手的问题时,或者问题以较高概率相继发生时,有些公司就"傻眼"了,连改正或"止血"的能力及措施都没有,能够采取的措施就是返工或返修。只要问题暂时不影响公司的正常业务,能躲就躲,想着大事化小、小事化了。当不得不解决时,有人会拿公司规章制度当挡箭牌或扯皮推诿,最后由最着急部门推动。即使最后把人员组织起来讨论问题解决时,因为组织能力弱、缺方法、没工具,或者不会活用问题解决方法及工具等困扰,导致原因分析不到位,解决措施流于表面。这样的企业上上下下都"身心疲惫"。特别是与产品相关的研发、采购、生产、物流交付及质量部门等都压力很大,销售部门则只能着急上火,大家似乎都无能为力。

问题解决"失能"的企业典型特征,类似下面某制衣厂。

案例2:问题与销售之战

福建某个性化制衣厂因为款式新颖,为品牌服装设计和加工的衣服比较畅销。但是内部质量问题很多,生产线不良率高达百分之二三十,有时客户验收时也会出现百分之二三十的不良率。下面是某年2月份的一张统计报表。

	QA 稽查				客户验收		
工厂	抽查数量	不合格数	不良率	工厂	抽查数量	不合格数	不良率
一厂	21901	2159	9.9%	一厂	21901	2388	10.9%
二厂	32155	0	0.0%	二厂	32155	0	0.0%
三厂	40888	7572	18.5%	三厂	40888	15262	37.3%
精品	1200	0	0.0%	精品	1200	276	23.0%
外协	4699	0	0.0%	外协	4699	0	0.0%
总计	100843	9731	9.6%	总计	100843	17926	17.8%

该工厂在面临如此严峻的质量问题时不知道如何处理,因为质量问题太多

了，剪不断、理还乱。所以每天就是检验、返工、再检验、再返工，直到全部合格为止。内部问题还可以通过加班加点、返工返修进行处理，遇到客户投诉时，只能不断给客户赔礼道歉，为客户维修或更换产品提供优质、热情的售后服务，然后写个分析报告回复客户，并表明解决问题的决心。

当不良率实在高得惊人时，或者客户特别不满意时，才硬着头皮召集大家开会解决。但要解决问题时，又因为公司没有解决问题的流程和章程，人员能力也跟不上，所以推诿扯皮是常态。即使制定了改善对策，措施也未必能对应真正原因，多是泛泛的措施，如加强人员培训、加强检验力度、惩罚供应商的物料质量问题等措施。

公司老板在面临这些质量问题时并未把产品质量作为"第一要事"，因为该公司的技术有一定优势，有稳定的客户、订单和利润。公司把提高生产效率作为优先事项，并聘请精益生产方面的专业人士提供了咨询服务。不幸的是，由于咨询预算较低，很多方面都不涉及咨询服务，聘请的精益生产顾问不仅没能帮助解决现场质量问题，使得过程质量控制缺失，甚至连精益生产方面也未有多少提升，待检的产品和待返工产品堆放在多处生产通道，生产工序之间用在线库存方式生产和流动，现场3S（即现场管理的整理、整顿和清扫三个方面）凌乱……

该制衣厂面临的不只是某些具体的问题，而应当解决的是系统性的普通性的问题；不仅要解决某个产品的质量问题，更要解决诸多系列产品的问题；不仅要解决生产制造导致的质量问题，还要解决研发、采购、工艺、质检等各部门专业技术性和管理体系问题；不仅要解决产品质量问题，还要解决员工质量意识差和质量流程失控的问题；不仅要解决短期质量问题，还要培训、辅导、提高员工能力……这一系列问题都需要进行根因分析，有针对地采取相应高效的管理和技术措施，对症下药。

但该制衣厂从上到下都显得无能为力，看到问题想解决，却有心无力。内部问题能返工就返工，不能返工就报废；外部投诉就赔礼道歉、表决心。造成以上困境的原因是该公司还有独特的技术优势，有订单，在赚钱，小日子过得还可以，所以公司老板还未下决心正视这些问题。因此，该公司目前的处境是质量问题与销售业务之间的矛盾，老板在主抓销售，认为目前的问题虽然严重，但暂时对销售没有致命影响。但问题如此之多却有利润，说明是个蓝海技术，迟早会有竞争者搅局逼迫提高质量。一旦下决心提高质量水平，需要舍得合理成本找到合适的经理人（同时外来经理人能够适应企业文化，企业也能够包容并帮助其适应企业环境），或选拔培养合适的中层干部，并授权和支持干部团队去解决问题。如果能够聘请合适的咨询顾问，则更好。

质量提升的决心和行动宜早不宜晚，可以在公司经营战略会上进行讨论和部署。

三、问题解决"失明"

问题解决的前提是发现问题，从而知道差距。如果不知道问题或没有发现问题，或者没有意识到问题的严重性，那是犯了问题解决的最大忌讳。大野耐一经常说"没有问题是最大的问题"。这句话不仅适合个人，也适合组织。

作者就喜欢朋友指出不足，特别是不自知的短板，帮助改进。唐太宗李世民有句千古名言"以铜为镜，可以正衣冠；以古为镜，可以知兴替；以人为镜，可以明得失。"说的就是魏征经常给他"照镜子"，找问题，提建议。当然，魏征提问题的方式其实也可以更委婉一些，不然换个皇帝，魏征的脑袋也许早就没有了。

可惜的是，不少优秀人才特别是某些业务带头人或一把手等，常常自我感觉良好，可能听不到甚至听不进别人的逆耳忠言，可能又未意识到问题的存在，导致某些显眼的问题得不到改进。比如作者认识的一位四十多岁的高中特级数学老师，参与过高考出题，业务水平很高，但上课特别爱讲故事，喜欢讲他辉煌的数学战绩，导致每次上课的有效时间都被大幅压缩，学生的成绩并不太好。如果他能够意识到问题并把上课讲故事时间压缩大半，学生的成绩可以普遍提高很多。

个人的问题需要及时反省、检查，企业的问题同样如此。如果企业从上到下都不知道问题所在，那么企业就像瞎子一样"失明"了，不要说解决问题，甚至连路可能都走错。企业高层一般都更关注宏观的问题，掌握了很多宏观的好消息。对于大部分经营尚好的公司，一般高层都比中基层乐观，这因为他们大多不了解公司基层的问题，即使到基层去调研，基层也一般只说好消息。因此，高层要真想了解基层的实际情况，必须得想办法。

另外，公司高层若想了解真实信息，首先在政策上要支持建设公开透明、实事求是的企业文化，并注意避免甚至要批判报喜不报忧的作风；其次要注意数据源的收集渠道和方法；最后对数据源的分析要注意确保全面、客观，避免"混淆视听"，高层对于公司的数据也要有一定的敏感度。

案例3：统计分析"掩耳盗铃"

下表所示是某大型企业某年12个月的市场投诉资料，在统计问题发生不良比例时就存在"混淆视听"的倾向，也不知统计人员是否故意去"大事化小，小事化了"。先看看下面的数据，按投诉台数的年度比例是 1405/107508 = 1.31%，其实蛮严重的，因为这些都是性能不良。但报告的年度投诉率是 0.35%，这是严重的"掩耳盗铃"，难道小学数学逻辑没学好吗？

科目	1月	2月	3月	4月	5月	6月	7月	8月	9月	10月	11月	12月	全年
投诉次数/次	17	22	33	30	45	31	34	39	22	28	38	32	371
投诉台数/台	76	44	186	37	82	231	42	200	47	37	82	341	1405
出货总数/台	3601	4094	9600	9200	6588	15574	7522	11562	10516	9193	11020	9038	107508
投诉率（%）	0.47	0.54	0.34	0.33	0.68	0.2	0.45	0.34	0.21	0.3	0.34	0.35	0.35

在 0.35% 的投诉率的"光环"下，企业高层"迷之自信"，认为这些都是异常原因，不用对问题作深入分析和改进。因此，收到客户抱怨的功能性问题就是更换、延保或赔礼道歉等措施。

而上面质量报告还作为公司年度的质量管理评审会议的资料之一，而管理层也未发现数字"猫腻"提出质疑（"猫腻"在于，投诉率应当是被投诉台数除以出货总数，而不应当是投诉次数除以出货总数）。说明管理层对数据不敏感。该企业的竞争优势在于凭价格优势暂时留住了客户，但如果企业长期都未意识到客户投诉的严重性，以及需要推动问题解决的紧迫性，迟早会在产业转型升级中被淘汰。

上面这家企业因为在统计资料的分析和使用过程中出现无意或有意的误导，导致问题被缩小从而降低了问题严重性，甚至不用解决。

另外一种情况是企业想解决问题，但却没有充足的信息和数据，变成解决问题的"睁眼瞎"。作者辅导过的一家企业的情况就是如此。某生产线最后一个工位是质量终检，发现有很多问题，肯定需要解决，但分析原因时，不知道是哪个工位导致的问题，也不知道前面的每个步骤的不合格率分别是多少。所以，每次要做原因分析时都用头脑风暴，或者重新去生产线排查和验证是哪里出了质量问题。后来作者建议，对每个工序都要作严格的质量管控与统计，把每个工序的输入物料和输出质量标准搞明白，及时在每个工序上发现问题，并通过 3N（Not Accept，Not Make，Not Release）质量检验（指不接收、不制造、不流出不良品），及时控制每个工序的问题，及时解决每个工序的质量问题，从而提高过程质量能力，不要等到最后才统一做质量检查。

下图上半部分所示就是该企业改善前的质量情形，每个工序相当于黑匣子，不知道过程的输入、输出质量状况。下半部分所示的是作者建议的质量控制要求示意图。

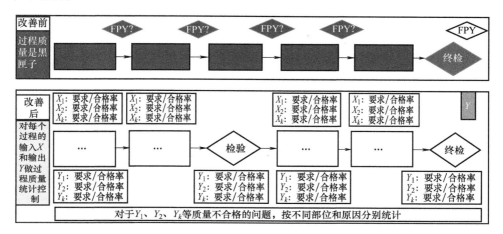

四、问题解决"缺魂"

错误地实施问题解决的方式很多，阻碍解决问题的问题也很多。其中，阻碍问题解决的最大"毒瘤"是人的思想。大野耐一曾经讲过改善之"魂"，认为非常重要。石川馨在1981年出版的《日本的质量管理》一书中总结了十种阻碍管理改善的人，这是十种典型的缺乏改善之"魂"的人，分别如下：

① 面对问题消极、逃避责任的经营者和管理者。

② 认为现在一切都搞得很好、没有任何问题的人，没有观察和认识问题能力的安于现状的人。

③ 认为自己这里搞得最好、唯我独尊型的人。

④ 认为习惯了的事情最容易干，只相信自己经验的人。

⑤ 只考虑自己和本部门的本位主义者。

⑥ 不能倾听他人意见的人。

⑦ 抢头功心切，或者只考虑自己的人。

⑧ 容易灰心或畏难、吃醋或嫉妒的人。

⑨ 坐井观天，不了解部门外部、企业外部及世界环境的人。

⑩ 感觉迟钝及教条主义者。

石川馨第一条就专门讲经营者和管理者存在的问题，看来他最重视公司管理层在推动问题解决方面的重要性。

希望读者朋友不是上述任何一类人，而是知难而进、迎难而上、善于学习、善于应用和善于解决问题的高手！只要具备改善之魂，即使问题解决的方法和能力现在还有所欠缺，也还可以通过学习和努力探索，在必要情况下获得团队协助，用锲而不舍的精神战胜困难，解决问题，同时提升个人能力，并推动公司管理进步和技术进步。

第二节　抓问题解决的基本要素

公司层面的问题解决也得基于具体问题解决。前面介绍了根因分析与问题解决的最核心和实用的方法和工具，现在把问题解决的基本要求作个归纳总结，不论是解决具体问题，还是在公司层面推动解决问题，要高效地解决问题，需要抓好以下五个基本要素：

① 能够熟练掌握并应用问题解决的方法论。
② 能够熟练掌握并应用问题解决工具。
③ 建立职责明确、分工明晰且能协同合作的问题解决流程。
④ 建立直面问题、探寻"真理"的文化。
⑤ 培养动手解决问题的能力。

下面就分别对上述五个方面展开论述。

一、问题解决的方法论

问题解决的方法是用 PDCA（计划、实施、检查、改进，Plan、Do、Check、Action）法，还是 8D 法或六西格玛 DMAIC（定义、测量、分析、改进、控制，Define、Measure、Analyze、Improve、Control）法，或者中国军工企业采用的双五归零方法（简单说来就是五条技术归零原则和五条管理归零原则，归零的含义就是根治问题），或者在面临具体问题时采用的其他各种方法。总之，每种方法都有可取之处，关键是灵活用好。每种方法要用好，都需要亲自践行至少两个以上的实际问题解决案例，否则就容易纸上谈兵。

在此先介绍一下 PDCA 法的渊源，这是因为 PDCA 法不仅包含着"假设和验证"的科学思想，而且衍生出 8D 法和 DMAIC 法。PDCA 法其实是日本人在引进戴明环时，针对日本自身的人文特色制定的一套定制化的管理方法。在日本，PDCA 法也有两个版本：一个是 PDCA 六步法，是针对"正向"的质量管理制定的程序；另一个是 PDCA 九步法，是针对"逆向"的质量管理问题制定的解决问题的程序。根据 1984 年企业管理出版社出版的石川馨的《日本质量管理》中译本，PDCA 法刚开始是用于"正向"的质量管理，而非问题解决的品管圈（Quality Control Circle，QCC）小组所使用的方法。书中介绍，企业管理要有规律地进行计划、执行、核对、处理（plan-do-check-action）这一循环，具体又分为如下六个步骤：

① 确定目的、目标
② 确定达成目标的方法并将工作标准化 ｝计划
③ 进行教育、训练
④ 实行工作 ｝执行
⑤ 核对工作实施的结果　核对
⑥ 采取措施　处理

上述六步用 PDCA 循环展示，如下图所示。

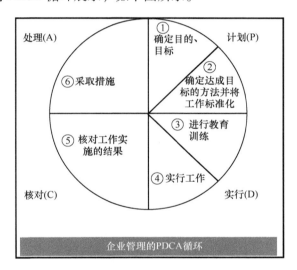

企业管理的PDCA循环

从以上六个步骤看出，它并不是针对具体问题做根因分析和解决问题而制定的工作方法和步骤，而是任何企业管理工作都通用的方法：①是做工作计划，分解工作目标；②是确定和制定实现工作目标的方法，并将工作标准化，以便于员工根据流程和标准开展工作；③是后续对员工进行教育和训练，确保员工技能满足要求；④是对具体工作进行展开和实行；⑤是在执行过程中和结束后都核对实施效果，检查过程中的异常问题，并对问题进行原因分析；⑥是采取改进措施，避免问题再次发生并提高管理能力。这是日本20世纪50年代开始的"正向"质量管理方法，也是适合企业的管理方法，到现在为止也是适合的。

后来，日本 20 世纪 60 年代开始推动 QCC 小组改善，在石川馨的带领下为满足问题解决需要而对 PDCA 进行了修订，于是变成了新版 PDCA 循环九个步骤，如下图所示。

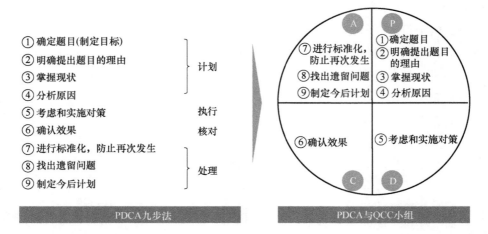

现在品管圈 PDCA 法有的是八个步骤，有的是十个步骤，都是从石川馨的这个九步法演变而来，都属于"逆向"的质量改进。

PDCA 法虽然是从戴明环来的，但是戴明却并不认可 PDCA 法，戴明发明了 PDSA（计划、执行、研究、行动，Plan、Do、Study、Act）法。戴明的 PDSA 法的 A 是 Act，与 PDCA 法中的 A 不同。戴明的 PDSA 法的 S 是 Study，是研究和观察之义，作者认为对于比较复杂的管理或科研工作，研究（Study）比核对（Check）更妥当一些，毕竟对于比较复杂的工作，不是简单地与标准比较、发现差异而改正，而是需要更多学习与分析、研究。

关于戴明 PDSA 法和日本 PDCA 法的发展脉络图如下。

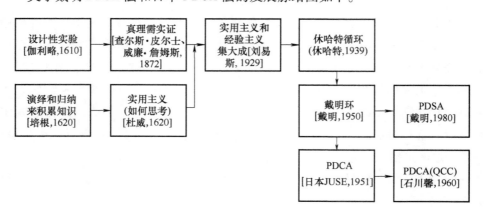

PDSA 循环和 PDCA 循环都是基于休哈特循环演变而来。1939 年出版的《质量管理角度上的统计学方法》一书引入了休哈特循环，包括三个步骤的科学流程，即标准、生产和检验。标准、生产和检验分别对应科学方法中的假设、实验和对假设的检验这三个步骤，而这三个步骤就构成了获取知识的动态科学流程。再往前推可以看到休哈特循环是基于科学实验、演绎和归纳推理及实用经验主义等观点而形成的。

1950 年戴明去日本教授统计质量管理时，在休哈特循环的基础上提出了戴明环。最初的戴明环是关于企业业务的演变逻辑，用的是圆圈闭环的形式，具体如下图所示。

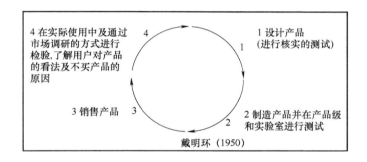

戴明环（1950）

戴明环只是在戴明教授日本学生质量管理方法时的一个过渡理论。1980 年他在美国本土提出的 PDSA 循环是为更多人知晓的。但比戴明 PDSA 循环更广为人知的是日本的 PDCA 循环。特别用于"逆向"质量改进时，PDCA 法几乎是默认方法。不仅在质量管理领域，在企业管理领域，PDCA 法也广为人知。

除了上述通用的问题解决方法之外，不同的公司针对某些特定课题有自己独特的解决问题方法。比如，咨询公司麦肯锡针对咨询项目提出的问题解决有七步成诗法，即陈述问题、分解问题、问题排序、制定详细的工作计划、对关键的议题进行分析、归纳总结并建立有结构的结论、整理结果，并形成一套清晰明了的文件。

再比如西门子集团公司，有推动问题解决的各种不同方法：针对不同问题有 PDCA 法、六西格玛 DMAIC 法、8D 法、A3 法（源自丰田的方法）、QCC 小组改善法、合理化 3I（建议、激励、主动性，Ideas、Impulses、Initiatives）实施法。除了这些通用型的改进方法外，西门子公司针对某些专题还制定了特定的问题解决方法。

案例4：西门子的两种问题解决方法

针对1~3年的公司级改进项目，西门子有六步法，六个步骤如下：

① 定义改进目标，针对全公司范围1~3年的业务改进目标，而非具体项目目标。

② 确定主要的改进业务范围，如通过标杆对比、平衡积分卡及战略解码等分析公司业务差距，以确定主要改进领域。

③ 识别全公司范围的管理改进举措，而非具体项目的改进措施。

④ 确定具体的改进项目及改进计划。

⑤ 对具体项目按计划实施改进。

⑥ 对整个企业的改进项目成果进行控制，并进入下一轮公司级业务改进计划。

上述步骤①~③是针对公司整体业务的改进策划，步骤⑥是整体业务改进的评审和对下一步计划。步骤④、⑤是针对具体改进项目的改进实施，可以用六西格玛方法或其他具体的改进方法。下图所示是西门子公司的六步法英文版示意图。六步法也是一种通用方法，不是一成不变的，在实际应用过程中要适时调整和修正。

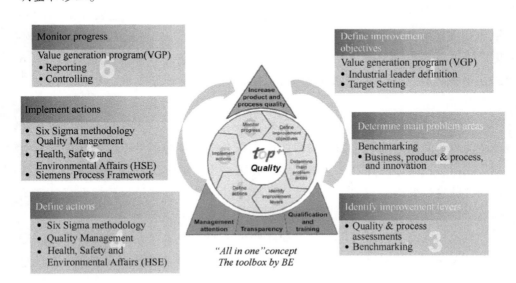

可以说，西门子是一个方法论公司，除公司层级的中短期改善项目六步法推进之外，针对"成本驱动的效率提升"项目，还特别制定了五步法，如下图

所示。当然，西门子还有类似的各类持续改进方法。

西门子针对"成本驱动的效率提升"项目编写了五十多页的实施指南。此实施指南也是根据经验教训和最佳实践不定期更新，以更好地指导旗下各家公司开展降本提效的项目。

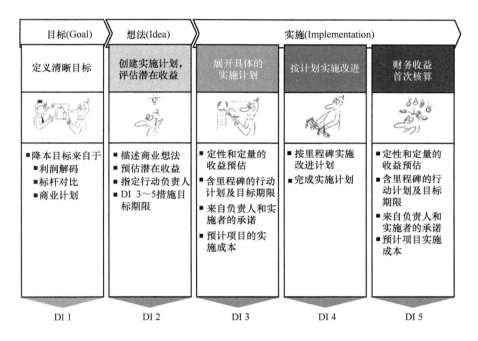

上图所示的 DI 指降本提效项目的实施度（Degree of Implementation），D1→D5 是项目实施程度递增的过程。因此，五个步骤其实是公司层面的降本提效的推进步骤，也是总部对子公司实施降本提效措施的过程监控。

丰田公司在问题解决方面也有一套成熟而具体的方法，叫丰田的问题解决方法（Toyota Business Practices，TBP）。TBP 是基于日本 PDCA 法的八步法，但丰田根据自身多年的实践和总结对每个步骤提出了具体的方法和要求，并且这些方法简单易学，实用价值高。TBP 不仅可用于制造业，同时可用于销售和管理问题的解决，八步法的方法都是一致的，只是针对不同的业务和场景，采用针对性的案例，帮助学员更快掌握和应用。

案例 5：丰田问题解决方法

丰田问题解决方法与丰田之道的相互关系如下图所示。

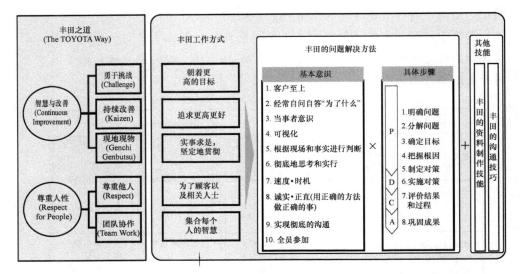

丰田之道的核心思想是"生产更好的产品，为社会做贡献"，围绕这个核心思想，丰田提出了两大支柱：智慧和改善、尊重人性。智慧和改善有三条原则：勇于挑战、持续改善和现场现物。尊重人性有两条原则：尊重他人和团队协作。这五条原则被外界称作是"丰田真北指标"，因为管理者或责任人遇到困难会从这五条原则出发，反省自己，以求真正解决问题。

TBP 大体上遵循 PDCA 法中管理循环四个阶段、八个步骤。常规的 QCC 不也是采用 PDCA 法中的四个阶段、八个步骤吗？8D 法不也是八个步骤吗？那丰田的 TBP 与 QCC、8D 法有什么区别呢？下面就对丰田特色 TBP 的问题解决八步法进行简介。

第一步 明确问题

1）思考工作的"真正的目的"。

2）思考工作的"理想状态"。

3）将现状和理想状态的差距"可视化"。

第二步 分解问题

1）将问题从内容、地点、时间、人物（What、Where、When、Who）等方面分层，并具体化。

2）决定要着手解决的问题。

3）现地现物地考察流程，明确问题点。

第三步 确定目标

1）下定解决问题的决心。

2）制定具体、定量、富有挑战性的目标。

第四步　把握根因

1）抛弃先入为主的观念，从多方面思考原因。

2）本着现地现物的精神，在尊重事实基础上反复追问"为什么"。

3）明确根本原因。

第五步　制定对策

1）思考尽可能多的对策。

2）筛选出附加值较高的对策方案。

3）寻求共识。

4）制定明确具体的实施计划。

第六步　实施对策

1）齐心协力，迅速贯彻。

2）通过及时的报告、联络和商谈共享推进情况。

3）决不放弃、迅速实施下一对策。

第七步　评价结果和过程

1）对目标达成的情况和过程做出评价，并与相关人员共享信息。

2）站在客户、公司和自己的角度上反思。

3）学习成功和失败的原因。

第八步　巩固成果

1）将成功的过程作为机制巩固下来（标准化）。

2）将成功的机制横向展开。

3）开始下一个改善。

TBP 的核心特点是，问题解决方法具体，逻辑和思路清晰，以及解决问题的决心、原则和文化。这是丰田的独特文化和方法，一般的方法论不会出现如"下定解决问题的决心""齐心协力、迅速贯彻""站在客户、公司和自己的角度上反思"等这些看起来很虚幻、觉得"没用的"要求，但这确是丰田的问题解决方法的"精气神"。在工具方面，TBP 只推荐了一个 5Why。

配合丰田公司 TBP 的实施还有十个基本意识，与八个步骤相辅相成。如果，只讲方法论，但不从心里面下定决心，不从心里面热爱问题的解决，那么再好的方法也可能打折扣。另一方面，如果，只有决心和意愿，但没有恰当的方法，也可能有心无力。除此之外，TBP 还补充了两项丰田特色的软技能："丰田的资料制作技能"以及"丰田的沟通技巧"。

丰田内部很重视员工的资料制作技能，主要就是用 A3 方法（丰田公司的 A3 法有四种用途，包括大家熟知的用于解决问题的 A3，还有提案 A3，计划进展状况 A3，信息传递 A3）制作的，很少用 PPT。很多公司在 PPT 资料制作方面或用 Word 呈报资料上确实存在很多问题，让大家花很多时间去制做报告，而且所制作的资料也很"不像"（见下表）。提升资料制作技能其实也能够提升根因分析和问题解决的技能。下面是关于丰田资料制作技能的评价水平矩阵表。

表中的"是"，表示找准了关键问题，解决了问题，达成了目标。这是核心。

表中的"像"，表示所表达的内容层次结构清晰，逻辑顺畅，简单易懂。这是沟通和表达的重要技能。

资料制作技能评价水平	像	不像
是	☐ 找准了关键问题、解决了问题、达成了目标 ☐ 所表达的内容层次结构清晰、逻辑顺畅、简单易懂	☐ 找准了关键问题、解决了问题、达成了目标 ☐ 所表达的内容层次结构模糊、逻辑混乱、文字生涩
不是	☐ 未判准主要矛盾、问题解决乏力、目标未达成 ☐ 所表达的内容层次结构清晰、符合逻辑、图表丰富	☐ 未判准主要矛盾、问题解决乏力、目标未达成 ☐ 所表达的内容层次结构模糊、逻辑混乱、文字生涩

丰田的沟通技巧包括用 A3 法报告沟通，也包括作战室办公（即研发项目或解决问题团队集中办公的一种方法）、"根回"法（在正式会议之前与相关人员沟通以修正相关资料并获得对方认可，提高正式会议的质量）、沟通会议及其他沟通技巧等。

二、问题解决的工具

问题解决过程中需要一定的分析和决策工具，以帮助问题识别和定位，以及根因分析、解决措施及对解决措施的有效性验证也需要适当的工具。根因分析和问题解决的思路、方法和逻辑很重要，但适用的工具也不能缺少。在某些情况下，哪怕没有深厚的思考能力，只要有合适的工具就能够"手到病除"。比如锯木头，如果选用的工具是水果刀或菜刀，工作将异常艰辛，甚至做不了，但如果选用合适的锯子就比较容易地把树木锯成想要的木材。

适用的问题解决工具可以起到事半功倍的作用；不适用的工具会让使用者有"老水牛拉马车"的感觉，不仅用起来别扭，而且事倍功半。因此，问题解决的工具不一定多么高深，最重要的是基于问题事实和本质，基于常识、逻辑及专业技能等，灵活地选择并应用相应工具。

美国汽车工业行动集团（AIAG）制定的关于有效问题解决（Effective Problem Solving，EPS）指南 CQI⊖-10 推荐了如下表所示的工具供选择使用。

			问题解决工具矩阵		
工具	问题识别	围堵	失效模式和根本原因分析	选择及实施纠正措施	控制和标准化
初级工具	排列图 检查表 是或否（分层分析） 测量系统分析	围堵过程 描述统计 趋势图 链图（run chart）	5Why 分析 因果图 头脑风暴 直方图 流程图 作业流程分析 失效树分析 散布图	决策矩阵 甘特图 趋势图	控制图 过程控制计划防错 经验教训数据库
中级工具	宏观流程图（SIPOC） 能力（质量）指数 Cpk、Ppk		失效模式和影响分析（FMEA） 集中图 假设检验 线性回归分析 P 图/参数分析	链图、趋势图 能力（质量）指数	统计过程控制（SPC） 预控制图
高级工具	质量功能展开 顾客的呼声（VoC） 过程的呼声（VoP）		试验设计 统计公差	失效测试 田口稳健性设计	

AIAG 可能不想沿用美国福特公司发明的 8D 法，所以另起炉灶搞了一套标准和问题解决方法 CQI-10，但其问题解决方法与 8D 法几乎相同。现在汽车行业及诸多行业在处理客户投诉时都在使用 8D 法和相关模板，连德国汽车工业协会（VDA）都在推广 8D 法，并且专门为 8D 法编写了一套 70 页的管理手册《8D-问题解决的八个步骤》（8D-Problem Solving in 8 Disciplines）。

CQI-10 除了介绍问题解决的步骤、方法、模板和主要工具之外，还介绍了问题解决所需要构建的问题文化、问题解决领导力，以及问题解决团队角色和职责等重要内容，这是 CQI-10 相比 VDA 的 8D 指南所增加的亮点。

⊖ CQI：Continuous Quality Improvement，持续质量改进。

一般来说，不管是CQI-10，还是VDA的8D指南，抑或六西格玛等，真要解决一个问题不需要太多工具，大致用三到五个工具即可，而核心工具大概两三个甚至一个就可以了。很多精益六西格玛项目组不得要领而被都被"洗脑"了，动辄用十来个工具，一个项目用五六十页甚至近百页PPT展示。这种解决问题的方法违背了精益六西格玛的原则。

不管解决什么问题，用什么方法，根因分析和问题解决的工具都可以分为数据统计工具和非数据统计工具。非数据统计工具有很多，如本书介绍的5Why法、鱼骨图、FTA法、现场观察分析法等。数据统计工具现在从小学、中学到大学等都一直在教，简单的有帕累托图、散点图、趋势图、柱状图等，稍微复杂的有过程统计分析、假设检验、方差分析和实验设计等。

现在，大家都比较注重用数据分析，不管用什么数据方法分析，有三个简单实用但很重要的注意事项：

一是，确保数据的真实性，不能是假数据或错误的数据。

二是，确保数据的准确性和精确性。准确性高是指，得到的数据与真实数据的偏差小。精确性高是指，观察到的数据偏差波动小。

三是，通过抽样得到的数据，要确保抽样有代表性。代表性又包含两个方面的要求。一方面是样本的多样性与总体多样性尽可能保持一致。这需要系统的抽样方法，尽量不要随机抽样。另一方面是需要一定的样本数量才有统计意义。

对于抽取的样本数量，作者推荐以下几个经验法则：

1）用帕累托图、柱状图、饼状图等对分类数据作统计分析，总体样本量要大于50个以上，小于50个的样本统计值很难代表总体的分布。

2）0-1分布的百分比统计时，属于二项分布。n 要满足 $n \times p \geq 5$，或者 $n \times (1-p) \geq 5$。其中，p 代表出现0或出现1的概率。举例来说，如果某个生产线不良率是1.2%，当作完根因分析之后采取改进措施，假设改进之后的不良率大致可以降低至0.5%。则对于改进后的效果验证要收集多少样品呢？至少要收集1000个样品，如果收集了1000个样品发现只有4个不良品，则按照 $n \times p \geq 5$ 的经验法则来说，仍然需要继续收集样品，直到收集到5个及以上不良品时才停止。这是最基本要求，但也有点教条，实际工作中可以更灵活一些，因为实际工作中的验证不是抽样，而可能是全检，如很多性能指标都是自动化的全检测试过程。

3）对于全检的数据，不属于抽样，而属于总体样本。因此，对某个改善效果进行对比，不用假设检验，而通过一天、一周、一个月甚至几个月的持续跟踪，经过较长时间的总体数据比用百分比假设检验的说服力强太多了。一些六西格玛项目在改进阶段僵化地使用假设检验的工具，通过 p 的数值来验证改善的显著性，这种看起来高大上的统计学工具真没必要。

4）当分析计量型连续数据［指在一定区间内可以任意取值、相邻两个数值可作无限分割（即可取无限个数值）的数据］时，如零部件的规格尺寸、性能指标、人体身高、体重、胸围等均为连续数据，取多少样本量才有统计意义呢？这主要取决于四个参数。一是要比较的两个值之间究竟差异多大，用第四个希腊字母 δ 表示。二是两个对比数值的标准差异大小，用希腊字母表的第十八字母 σ 表示。三是比较统计的显著性可接收的拒真风险大小，即"两个比较对象无差异时而被判定为有差异"，用希腊字母表的第一个字母 α 表示。α 一般取 0.05，根据情况也可以取 0.01 或 0.1 不等。四是比较统计的显著性可接收的拒伪风险大小，即"在比较两个对象有差异时而被判定为无差异"，用第 2 个希腊字母 β 表示。β 一般取 0.1。关于具体 n 的数值如何计算，大家可以参考《六西格玛管理统计指南》或其他统计学资料。

要足够的样本数量，目的是为了能用样本的统计值推断总体的统计值，如说用抽样均值推断总体的均值。那么，样本的统计值是否能够代表总体的均值呢？最重要的前提条件是抽样的代表性，否则再多样本量的统计值都不能代表总体统计值。幸存者偏差就是样本代表性与总体出现严重偏离的一种现象。下面用一个著名案例说明样本代表性的重要性。

案例 6：数据可能说谎

1936 年美国正从经济大萧条中复苏，全国仍有九百万人失业。当年的美国总统大选，由民主党员罗斯福与共和党员兰登进行角逐。《文学文摘》杂志对结果进行了调查预测。根据当时的电话号码簿及该杂志订阅俱乐部会员名单，邮寄了一千万份问卷调查表，回收了约 240 万份。工作人员获得了足够多的样本，对此进行了精确的计算。根据分析结果，断言，在总统选举中兰登将以 57 : 43 领先 14 个百分点击败罗斯福。

但是，一个名叫乔治·盖洛普的人，对《文学文摘》调查结果的可信度提出质疑。他也组织了抽样调查作民意测试。他的预测与《文学文摘》截然相反，认为罗斯福必胜无疑。最终的结果是，罗斯福赢得了 2770 万张民众选票，兰登得到 1600 万张选票，罗斯福以 62 : 38 压倒性地大胜兰登。这一结果使《文学文摘》名声扫地，而盖洛普则名声大噪。

《文学文摘》和盖洛普都采用了抽样调查的方法。在《文学文摘》的调查中，样本是回收的约 240 万份问卷调查中所反映出的意愿，这 240 万个被调查者是能装电话或订阅《文学文摘》杂志的人，在 1936 年，这群人是经济上相对富裕的群体。而《文学文摘》杂志忽视了没有电话及不属于任何俱乐部的占多数的低收入人群，他们大多数支持罗斯福。因此，《文学文摘》的样本抽样不具有代表性，造成严重误判，并被历史淘汰。

《文学文摘》财大气粗，发放 1000 万份、回收 240 万份调查问卷，可以说远远超出了统计所要求的样本量。如果改变策略，根据美国选民的经济富裕程度、地区人数比例、受教育程度和人种比例等因素，精心策划和设计数十万份甚至几万份问卷就可以得到具有代表性的统计数据，而且基本反映总体选民的投票意向。

三、问题解决的流程

对于绝大多数的问题解决都需要团队协作，只是对于简单的问题，通过电话或邮件沟通就可以解决好，必要时追加会议沟通解决。当问题较为复杂时，通过简单的沟通不容易或根本解决不了问题，而需要较长时间及较多人员协同参与，就应当明确问题解决的流程或指导原则。

问题解决流程，主要描述问题解决过程中的 RACI[⊖] 职责，特别是其中的 RCI 三个角色。问题解决过程包括，报告问题，问题的澄清，临时解决措施，问题的信息收集和确认，实验验证，原因分析和改进措施，一直到举一反三和经验总结等各项活动。

如果问题解决的职责不清，流程不适用或流程缺位等，再加上问题又比较复杂，那么问题解决过程中就会出现击鼓传花都想法尽快脱手、变成批斗会、变成扯皮会、将就着救火应付交差、找不到解决问题的责任人等情况。从而导致问题得不到解决，或者问题即使被临时解决了，但不彻底，问题会反复发生。

问题解决不好还会导致许多后遗症，如人员能力没有得到提升、人员士气受影响、跨部门之间的信任与合作关系遭破坏等。

所以，问题解决流程的建立和完善，对于一个公司的经营管理能力提升意义重大，可以从下面的实例中体会到这一点。

⊖ R 指 Responsible，负责；A 指 Accountable，审批；C 指 Consult，支持（作者更建议用 Contribute，贡献）；I 指 Inform 通知。

案例 7：客户投诉无门

作者为某北方客户进行内部培训时，一位负责销售业务的云南省公司领导问了两个问题："某新产品上市，出现一些质量问题。客户基于消费者利益要求用新机更换，但公司基于产品利润只应许做维修处理。这个问题应该如何解决？""在客户勉强同意不良品维修之后，维修后的部分产品再次出现问题，甚至有个别产品需要做第三次维修。因此不得不多次向总部各相关部门反映情况，但各部门都有解决不了的理由，因此问题迟迟没得到圆满解决。该如何应对这个质量问题和客户投诉？"

该公司研制的是定制化、小批量的产品，从研制到上市过程的样机生产数量少，新产品在上市初期存在较多问题。有问题不是好消息，可怕的是没有合适的方法解决问题！就像此案例中的这位销售负责人，她很愿意把质量问题圆满解决，但因为公司没有一套合适的问题解决流程，遇到问题都不知道找谁负责解决。即使找到总部各部门人员，但这些人员都站在自己部门考虑问题。比如，找到质量部，质量部说公司没有此类问题的管理制度，而且这个问题不仅是质量问题，还涉及经济损失问题，因此质量部处理不了；找到研发部，研发部说只负责设计缺陷的处理，对于如何维修及更换货问题，研发部处理不了；找到财务部，财务部说这是质量问题，财务部做不了任何决策……总之，各部门可能都有道理，但在销售那里、在客户眼里、在公司最高层眼里，这些都毫无道理。所以，最倒霉的是客户，其次是业绩受影响的销售，最后让公司的口碑和销售受影响，长远来说，霉运将会"回报"给质量、研发、财务等各部门人员。

处理这种问题可能有两种办法：一是销售部门要非常强势，公司相关部门如果不能给出满意解决方案，销售直接打电话投诉到公司总经理，让总经理出面推动解决；二是公司有一套运作良好的问题解决流程，出现问题之后知道找谁来牵头推动问题解决，然后由牵头部门协调大家做根因分析，并分析问题的严重程度和风险，以此采取相应的措施。第一种是人治的方法，"会哭的孩子有奶吃"；第二种属于法制的方法，用流程和制度来解决问题。当然流程和制度需要合情、合理、合法才好用。

案例 8：某公司问题解决流程

某高科技公司的产品比较复杂，研发技术和元器件技术都较为复杂，产品更新换代快，研制周期短，生产过程和售后服务时常有一些质量问题。公司按照 ISO 9001 体系的不合格品管理程序进行处理，更多侧重于不良品的隔离、标识、叫停和纠正处理等动作，对于如何把各部门协同在一起做根因分析，并采取纠正预防措施的流程不清楚，职责也模糊，分析方法几乎没有。遇到客户投诉，在处理完实物质量后补一份整改报告，整改报告的原因分析多数限于现象层面，整改多局限于问题纠错层面。

为了扭转这种局面，公司外请老师做问题解决 8D 法培训。培训之后内部对解决问题的困境进行反思和讨论，并制定了《解决质量问题流程》。该文件明确了各部门的主要职责，并用二维流程框图梳理出主要的工作步骤和跨部门协作关系，如下图所示。

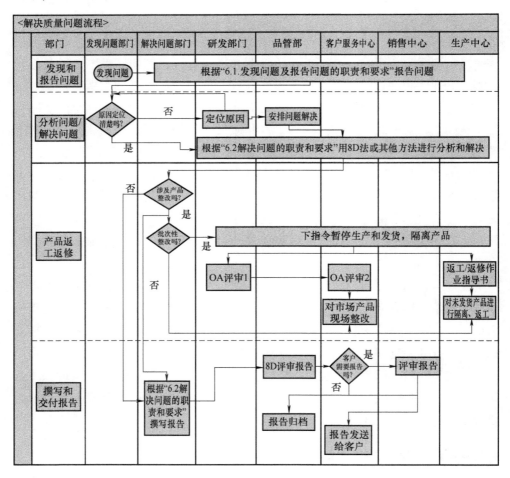

该问题解决流程把 8D 法（对于复杂原因的突发性问题）或 5D 法（对于简

单原因的突发性问题）及 3×5Why 工具融入其中。同时，针对具体的根因分析和问题解决的 8D 法过程在"6.2 解决问题的职责和要求"中进行了详细描述，在此就不赘述了。

关于问题解决流程，最重要的是理清楚相关职责，并注意避免以下两个问题点：

一个是，不要误以为问题解决的职责自始至终都由问题的制造者或协调部门负责。这种想法有很大负面影响，因为要想透彻地对问题进行根因分析并全面深刻地解决问题，需要跨部门调动资源群策群力。如果由某个人或某个部门自始至终负责，其他部门就会想"这个问题不关我事"。因此，对跨团队解决问题的伤害极大。

另一个是不要误以为问题比较清楚，只需要走电子流程或走纸质的问题分析与解决报告（如 8D 报告），责任部门把相应的分析和处理措施填入报告，交给协调部门就可以关闭问题了。这样会导致很多问题的分析和解决都流于形式，问题解决浅尝辄止。即使问题关闭率是 100%，但很少能从根本上把问题解决掉或改进好。

在此，以 8D 法为例说明问题解决的过程及对应的职责，如下图所示。

		负责人	支持者	知会者
D0	紧急反应措施			
D1	描述问题			
D2	成立小组			
D3	实施和验证临时性纠正措施			
D4	确定和验证根本原因和逃逸点			
D5	基于根本原因和逃逸点选择并验证永久性纠正措施			
D6	实施和确认永久性纠正措施			
D7	预防问题再次发生			
D8	表彰团队贡献，总结经验教训			

在问题解决过程中，每个步骤主要是三个角色，即负责人、支持者和知会者（RSI）。而且不同步骤的负责人可能不一样，即使在同一个步骤也可能有几项子任务，虽然有一个总负责人，但每个子任务还是由不同人担当的。每个任

务可能都需要支持者，并通知任务干系人。比如 D3 阶段"实施和验证临时性纠正措施"，可能就需要销售人员负责与客户沟通市场流通的产品如何处理，物流人员需要同企业仓库和外部仓库沟通如何处理库存品，内部生产部门需要处理在线产品的隔离及返工等，技术部门可能需要制定返工方案及临时生产的技术方案，质量部门可能需要隔离不良品及可疑产品，整个 D3 阶段可能由质量部门总体负责。

总之，问题解决需要团队分工与协作，特别对于复杂的问题，需要团队会议群策群力讨论决策。问题解决小组长根据不同任务合理地部署工作，布置的任务需要得到大家认可和支持，并被赋予责任和权力以调配必要资源，扫除问题解决过程中遇到的障碍，必要时争取更高层的支持。同时，作为"项目经理"要跟踪各项措施的完成情况和进度，直至每个步骤、每个任务和措施都妥善完成，并验证措施有效，确认问题解决及进一步改进和提升的目标达成。

案例9：是技术问题，还是质量问题

有一次，作者为一家企业中高层进行质量与流程管理培训，负责销售的一位副总问道："您说市场上出现问题时，有什么方法判定是技术问题还是质量问题？"听到这个问题后作者大吃一惊，怎么会有这样问题呢？技术问题表现为质量问题，质量问题可能是技术问题，如此区分有什么用呢？难道和克劳士比（质量大师，零缺陷质量首创者）有一样的观点吗？

克劳士比曾经在国际电报电话（ITT）公司的一次高层会议上扭转了最高管理层对质量管理的错误看法。

负责销售的老总开口说："主管部门又大力表彰我们了，我们也确实值得表扬。不过，要命的是，我们的质量还很差，还有很多投诉啊！"他的声音并不大，可当听到他小声地说了一声质量之后，78 颗脑袋就刷地一下看向了一个人。没错，他们看的就是克劳士比，谁让他是负责质量的呢？克劳士比不慌不忙地站起来，改变了平时笑容可掬的形象，却摆出了一副十分严肃的表情，他说："你们都不要看我！我可以告诉你们，根本没有所谓的'质量问题'。你们知道，我们质量人员从来不去设计一件产品，对吗？"他指着主抓设计的老总。设计老总点了点头。

"我们从来不去采购一个产品！"他指着采购老总。采购老总点了点头。

"我们也从来不去销售一件产品！"他指着销售老总。销售老总也点了点头。

"当然，我们也从来不去制造一件产品，从来不去做售后服务。那么，我们是干什么的呢？我们只是帮助你们解决问题的。当然，千万不要指望我们一出

手就能够帮你们把一切问题全部解决，更不要奢望我们每个人会点金术，所到之处手到病除，解决所有的问题。"

他停了一下，看到大家都瞪大了眼睛看着他，似乎是在揣测他葫芦里面到底卖的什么药，于是，便接着说道："我可以清楚地告诉各位，根本没就有所谓的'质量问题'！我们有的只是销售问题、市场问题、设计问题、制造问题、安装问题、采购问题、物流问题和服务问题……"

最后，他环视了在场的各位高管们，接着说道"所以，我们集团真正的质量杀手，不是我们，而是在座的各位，负责销售的、负责设计的、负责采购的、负责物流的、负责安装的、负责制造的、负责服务的等等。我说完了！"

在场人都全神贯注地盯着克劳士比先生，直到他啪的一下，坐回到位子上。所有人一下子全都愣住了，然后，每一个人都若有所思地低下了头，不说话了。

从此以后，ITT公司开始有了一种全新的思考模式，也开始一步一步踏上了革"传统质量智慧"之命的征程，并一举成为全球的质量标杆。

上面故事节选自中国零缺陷首创者杨钢博士的《质与量的战争》，虽然与解决问题的流程没关系，但却触及问题解决文化及质量意识。

参加培训的销售副总不像ITT公司当时的那些高管那样把质量问题归结为质量人员的问题，相反，他还很想把问题的归属搞清楚，只有质量问题才找质量部，技术问题就找研发部门。可见，他和该公司在质量意识和文化方面比当时的ITT公司要强许多。但要把所谓的质量问题和技术问题区别开，存在如下几个问题：

第一，当客户投诉产品有问题时，销售很难准确地判定究竟是什么原因导致的产品问题，因为销售人员可能并没有见到不良产品及问题现象，而且销售人员一般也不具备问题分析能力，特别是与技术相关的质量问题。

第二，如果问题与客户使用无关，那么问题往往是由于企业多个部门都可能存在技术或管理上的漏洞，而且问题未被企业检测发现，却被客户发现了。所以，不能假设只是某个部门的问题。如果只是让某个部门对客户投诉负责的话，不仅导致原因分析和改进措施不完全，更坏的结果是容易导致各部门之间推诿和扯皮。

第三，如果要辨别问题归属后才找对应部门处理客户投诉的话，可能找不到处理问题的负责部门。因为有可能原因很复杂，在深入分析前找不到原因，也就找不到对应的负责部门，或者因为有可能问题是由几个部门导致的，如果没有清晰流程的话，也没有人愿意牵头负责。

第四，即使不同问题也找到了不同部门负责处理，但如果没有清晰的问题解决流程和方法的话，那么问题解决方式方法不统一，水平差异很大，不利于推动持续改进。

总之，这种处理问题的方式有很多缺点，不管是问题发现者，还是问题解决小组长，还是问题解决支持者，大家在遇到问题时不知道如何推进问题得以解决，甚至有很大的分歧或争议。

再回归案例，为什么这位销售副总会问"究竟是技术问题，还是质量问题"呢？

难道他是糊涂虫吗？不是的，他既是20世纪90年代初从名校毕业的高才生，又是在市场里拼杀多年的高手。难道是因为该公司没有问题解决的流程吗？不是的。该企业制定了《双五归零管理办法》。但是，该办法中关于解决问题的流程和职责接口不是很清晰，相反却有两点很清楚："对于按照管理归零的报告，由质量最高负责人批准管理归零报告；按照技术归零的报告，由技术总工批准技术归零报告。"

基于《双五归零管理办法》的规定，在这位销售副总的眼里，研发技术导致的问题就找技术人员负责处理；其他与研发技术无关的质量问题，如原材料、设备、工艺、人员等导致的问题都属于质量问题，质量问题属于管理问题，由质量部负责处理。显然，这样制定的双五归零的管理办法就不合理了。

不少企业都把双五归零理解偏了，因此执行起来困难重重，甚至对问题解决造成了诸多困扰。其实很多问题既有技术性的原因，也有管理性的原因。更进一步说，不仅研发技术是技术，需要技术归零，工艺、设备、物料等造成的问题也是技术性问题，也应该从技术上做客观的分析并进行技术归零。

任何一个问题，作者都建议大家从技术和管理两个方面做根因分析，哪怕是漏放一颗螺钉，也要从技术的思维、客观的逻辑找出"技术性"漏洞，再从人和流程等相关因素找管理体系原因。关于具体的技术性原因和管理体系原因分析，本书介绍3×5Why的章节有详细描述。

四、问题解决的文化

在掌握了问题解决的方法和工具，并建立清晰的问题解决流程之后，想要顺利解决问题的话，还要解决人的思想问题，即面对问题的态度、看法及其相应的行为模式。

在组织层面，不管是技术问题还是人事问题，不管是市场问题还是产品问题，不管是成本问题还是质量问题，都能够直面问题并持续改进，适应业务和环境的变化和挑战，推动组织从优秀到卓越。而有的组织面对积年累月的问题却视而不见；或者只能修修补补，被动应付；或者改善只挑软柿子，对于常年的硬骨头摇头晃脑。

在个人层面，有人视问题为机会，通过分析问题和解决问题，持续学习和进步。而有人视问题为拦路虎，逃避退缩，能力停滞不前甚至倒退，人未老，心已死。

不管是组织还是个人，要想解决问题，最重要的是直接面对现实和问题，要让问题极度透明（对利益相关方而言），不要对问题抱着侥幸和幻想的心理，要有解决问题的强烈意愿。只有想解决问题、愿意解决问题，才可能解决问题、打破禁锢、推动进步。

因此，组织需要建立起积极的问题解决文化，视问题为机会而非拦路虎，根据问题解决流程和团队协作原则，对问题进行透彻的根因分析，并据此采取全面深入的改进措施，完全可以做到"吃一堑，长一智"，不仅"不在同一个地方摔跟头"，而且"换一个地方也不再摔跟头"。正确的问题解决文化要做到下表所示的八个不能。遇到问题时不能侥幸，不能害怕……

八个不能	问题直接造成者 R	R 的同事或主管	组织文化
1. 不能侥幸	√		√
2. 不能害怕	√		√
3. 不能逃避	√		√
4. 不能隐瞒	√		√
5. 不能找借口	√		√
6. 不能相互指责		√	√
7. 不能对人不对事		√	√
8. 不能以罚代管			√

上面八个不能中，1~5 是问题当事者个人需要警惕的负面清单；6、7 是问题当事者的同事或主管人员需要警惕的负面清单；全部 8 个不能都与公司倡导的问题文化导向相关。

八个不能中，危害最大的是第 8 个。如果公司遇到问题就惩罚员工，那么就会导致 1~7 对应的负面影响！因为人都不想受到惩罚，要让人可以实事求是地承认错误，并得到相应宽恕。其实不少人在多数情况下连错误都不愿意承认，虽然心里知道是错的，也愿意去改正和改进。

因此，一旦公司对出现的问题采取过度的惩罚措施，员工遇到问题自然就会害怕,就不敢直面问题并暴露问题,这不利于及时解决问题。更糟糕的是,在遇到问题时因为害怕而失去理智,会导致更大的问题。

一位朋友告诉作者一个真实案例,他们公司针对质量问题有严厉的惩罚政策。有一次某员工不小心做错了一件产品,按理需要报废产品而受到惩罚。但员工由于害怕受惩罚,于是偷偷地返修,并正常地进行了成品组装。最后在客户处出现严重的质量事故,公司质量声誉和经济都受到严重伤害。后来公司查明了原因,发现由于该员工违反质量标准而返修应该报废的不良品,不得不开除员工,但公司的损失已不可挽回,同时对员工也是一种伤害。

对问题采取严厉的不恰当惩罚措施还会导致其他诸多,如员工隐瞒事实或问题、员工之间的相互掐架甚至拆台、让员工不敢创新、使员工做事畏首畏尾等。那么,是不是一点惩罚也不行呢?

作者个人建议以奖励为主,惩罚为辅。奖励是鼓励积极的企业文化,鼓励大家发现问题、改进问题,并提出好的建议。作者在西门子工作时制定了《最佳工作质量奖》,奖励项目包括问题的改进贡献、跨部门协同支持改进问题及工具方法的应用推广等,也包括对有价值的问题线索和发现问题给予奖励;同时,几乎没有惩罚措施,主要是公司总经理担心惩罚的负面影响。其实,没有适当的惩罚措施也会有一定的负面效果,作者在西门子公司就发现有个别问题与管理的过度"人性化"是有关系的。而作者也见过一家民营科技公司,就太注重惩罚了,很多问题都要开罚单,遇到稍微大点的问题就"稽查",写调查报告,然后开"罚单"。被罚的人虽然也写整改报告,但根本原因并未分析透彻,改进流于纠正层面,类似问题不仅可能还会发生在别人身上,而且被罚人仍然可能再次出错。同时,被罚员工认为自己不再对问题负责了,因为自己都已经被处罚了。被处罚事件和次数多了,员工也变得麻木。

总之,作者认为,合理的奖惩文化好于只有奖励的文化,只有奖励的文化好于只有惩罚的文化,因此奖罚要分明。惩罚是有策略的,不能一出现问题就惩罚,而主要应针对严重的"违法乱纪"或"渎职失职"的行为。其他不经意的或由于能力不够等原因造成的失误,一般不作惩罚。对于这样奖惩分明的制度,员工也会理解和支持,并且有利于公开透明地暴露问题、正视问题,以及分析问题并解决问题,也有利于扬善抑恶。

就个人层面来说,对问题心存侥幸是危害很大的:一方面容易让员工漠视问题,使得问题得不到解决,久而久之小问题可能变成大问题,让公司损失更大;另一方面会让大家对问题习以为常,慢慢让员工失去解决问题的能力和意愿，这对公司的发展可是致命的，最终导致公司缺乏能力而被市场残酷淘汰；还有一方面是，某些看似很小的问题，风险和影响却十分严重，甚至造成财产和生命的双重损失。

　　人们对问题持侥幸心理的原因很多，《质量管理领导力》一书中有专门论述。在此作者想补充一点，决策者在处理问题时的信息不透明或不恰当时，也会导致操作者存在侥幸心理。

　　举个例子，在为一家材料制造商提供质量管理提升的咨询时，该企业的质量首席官问作者如何提升生产线员工的质量意识。作者告诉他几条建议，其中有一条是关于企业的管理层和工程师导致的问题。他非常赞同作者的观点，并举了个例子。工艺工程师设定某个产品过程参数，如产品 A 某尺寸规格大于 20mm。大部分时间都满足质量标准，但某批次产品尺寸变成 19mm。于是停下生产找工艺工程师调整工艺，工艺工程师调整工艺参数后，产品尺寸重新回到 20mm 以上，但未要求对尺寸为 19mm 的产品做返工或做报废处理。于是，当产品下次变成 19mm，甚至更小时，工人可能会侥幸地认为不是问题。这样一来，当产品尺寸变成 18mm 甚至 17mm 而真的不满足要求时，某些员工还可能侥幸地认为是合格品。

　　总之，不要用负面或消极懒政的方式处理问题。如果用负面手段对付问题，那么也会对问题产生负面的响应，让问题有机会"溜逃"，之后再找机会显示威力，或者小问题"聚沙成塔"变成不可收拾的大问题，直到付出惨痛代价来正视问题。

　　问题是暴露薄弱环节的"帮手"，应当视问题为"朋友"，视问题为训练场，从问题中学习和锻炼问题解决的能力，并广泛吸取经验教训提高工作能力。根因分析和问题解决是公司获取宝贵知识财富的好方法，要善于从亏本的问题当中找回赚钱机会的好办法！这些道理不仅员工需要明白，更需要公司创建一种直面问题、积极解决问题的文化，避免"八个不能"。

　　对于企业，问题解决的文化是非常重要的。2020 年 4 月 23 日，红杉资本全球执行合伙人沈南鹏与黑石集团联合创始人、董事长兼 CEO 苏世民（Steve Schwarzman）在抖音、今日头条通过视频连线进行了一场巅峰对话，以下是苏世民关于企业文化的几条"金句"。

　　"企业文化比管理更重要"。

　　"我信奉零缺陷的文化，这意味着你可以在判断上出错，但在工作中绝不能出错"。

　　"我们黑石的文化是不要有旁观者。如果你在场，你必须发言。你必须说出自己的想法，而不是别人的想法"。

"我们在黑石会有非常激烈的辩论——这是我们企业文化的一部分，每一次决策都会有——但从不针对个人"。

"在黑石，我们营造的环境是你必须要讲真话，讲你真实的想法，不针对个人。一旦大家都知道每一个会议都是这样的做法，你就可以体会到集思广益的好处，而这是非常重要的。"

上面这些就涉及了问题解决所需要的企业文化和价值观。这样的企业文化和价值观对解决问题是非常重要的。有了良好的问题解决文化，员工在面对问题时就愿意想方设法找方法，不会去学习或向人请教，因此方法和能力总是可以训练和提高的。但是，如果缺乏良好的问题解决文化，即使掌握了问题解决的方法和工具，遇到问题也不容易解决，或者根本就不想解决问题。

案例10：华为关于问题解决的文化演进

华为轮值CEO徐直军几年前在公司内部一次讲话上举了两个关于流程建设的例子，其中一个是ITR（Issue To Resolution）流程，即从问题到解决的流程。ITR是华为三大重要的端到端流程之一，可见，华为多么重视问题解决的流程。ITR要解决的是从客户抱怨到客户满意的问题，华为的另外两个端到端流程是IPD（Integrated Product Development）和LTC（Lead To Cash）。IPD中文意思是集成产品开发，该流程是负责从客户需求到满足客户需求的产品实现的端到端流程。LTC中文意思是从线索到现金，该流程是指从发现跟踪客户线索到投标、中标、工程实施，一直到合同验收和回款等一系列过程。下面看看徐直军是如何论述ITR流程改进的。

"我们的ITR流程以前根本不关注客户。所有的问题定级都是基于不同产品不同问题来进行等级定级的，然后相互吵架，吵得一塌糊涂。其实问题是从客户那里触发的，客户是最急的。我们不去关注问题对客户的影响，以对客户的影响来评价级别，而在内部吵。因为研发人员有客诉考核指标，所以以前都和GTS（全球技术支持，Global Technical Support）部门吵。后来ITR流程和IT系统进行改变：以客户对故障的定级来对问题定级。客户很清楚问题对其用户的影响，通过问题影响客户的数量、时间和严重性三个要素来分档定级。然后所有的IT和流程都以快速了解网上发生的问题、快速解决网上问题为优先，所有内部考核的事情先放在一边。流程和IT系统先解决客户问题，然后能考核就考核一下，考核不了就算了。流程IT系统支持公司快速响应客户需求，知道网上发生的问题，升级上来，快速去解决，其他一切都要让位于这个目的。"

华为把解决客户的问题作为公司的一项端到端的重要流程加以重视，这个做法在业界非常少见。虽然其他企业不可能照搬华为的做法，但华为对客诉问题解决的重视程度及内部建立的问题解决流程和文化非常值得参考和借鉴。

五、问题解决的能力

问题解决的方法和工具可以培训，甚至有相应证书考试，但如果不能灵活运用，那也不是真正拥有了问题解决的能力。靠机械模仿去解决问题，或者抄模板等方法解决问题，对初学者有一定帮助，但如果不能丢掉模仿、模板等"拐杖"，就不能吃透方法和工具，能力是欠火候的。比如社会上有些人拿着各种学位证书或国内外考试证书，但在实际工作中遇到问题时却不知所措。但也有不少人通过考证或自学，反复钻研、实践和总结后，不仅能熟练掌握和应用工具方法，而且能够自成体系。

问题解决的方法和工具一般不是参加过一次培训或读了一遍书就真能掌握的，也不是理解了理论就掌握了，关键是要反复地"学、用、思、习、悟"，能够熟练掌握和应用这些工具方法才行，如果能够形成自己的体系，那就更好了。

熟练掌握并运用问题解决的方法和工具是一项不错的通用的能力。要解决不同领域和专业的具体问题，还需要有专业能力，如芯片工艺技术、计算机算法技术、机械技术、化工技术、电路技术等。在非技术领域也有其专业能力，如法务、行政、市场营销、客户服务、经济政策等。数学可认为属于通用的方法和工具。

不管是发明创新，还是解决问题，专业技术（后面提到专业技术也包含非技术领域的专业能力）能力要结合通用的方法和工具，才能够事半功倍。比如爱迪生发明电灯泡，他有优秀的专业技术，但不掌握试验设计的数理统计方法，得通过试错法去寻找灯泡灯丝材料的解决方案。灯丝材料属于化学材料配比的问题研究，正可以使用 DOE 的数理统计方法，如果爱迪生明白 DOE 方法则可以大大缩短寻灯丝材料的周期，他也可以发明更多新东西。可惜的是，DOE 方法是电灯发明后四十多年才由著名统计学家费希尔（Ronald Aylmer Fisher，1890—1962）提出的。费希尔利用其统计学方法的天赋，把统计学应用于农业和遗传学科，研究小麦品种遗传问题，大幅提高了小麦的产量。

掌握通用的方法和工具会使人拥有一项优秀的技能，但工具方法一定要与科学技术或非技术业务相结合并解决其痛点问题。这样才能让方法和工具发光发热，科学技术或非技术业务也因此受益，达成双赢。费希尔的成功就是把数理统计方法和科学技术进行了融合。

像费希尔这样的天才毕竟是少数,他首先是方法论和数理统计方面的天才,其次他也学习和研究农业和遗传学,因此他可以高效地把工具方法与技术融会贯通。1925年出版的《研究工作者的统计方法》就是费希尔把科学研究和统计方法结合的经典著作,并成为世纪经典。为了应对生活工作中的问题,任何人都应该学习和掌握一些基本的问题解决方法和工具。以研究和应用方法论为主的咨询顾问,则要与企业的技术专家或业务专家共同合作,以放大技术和工具方法的价值和作用。

总之,问题解决的能力包括,通用的问题解决方法和工具应用能力,以及特定领域的专业能力。当根因分析与问题解决需要团队协作时,组织协调能力也很重要,这是问题解决的第三项能力。在特别需要团队协作解决问题并推动改进时,组织协调能力非常重要。能够把人组织在一起高效地解决问题,一是靠企业文化,往小的方面说靠问题解决的文化;二是靠问题解决的组织协调者的组织协调能力。在问题解决会议上,问题解决协调者如果能够为团队讨论会议塑造出"团结、紧张、严肃、活泼"的氛围,那这个组织协调能力简直太完美了,剩下的就交给另两项能力:方法和工具应用能力,以及专业技术能力。

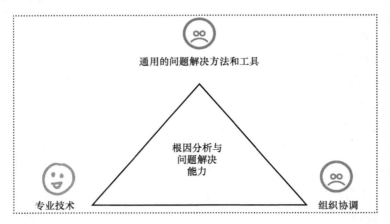

根因分析与问题解决能力如上图所示的三角形,三条边的长度取决于三个能力之间的大小。三角形面积越大,问题解决的能力也越大。对很多企业而言,专业技术能力是不缺的,公司也愿意在技术能力上投资,包括人才引进和培养及必要的先进设施设备。主要缺乏的是熟练掌握并运用通用的问题解决方法和工具的能力。组织协调能力也比较欠缺。所以很多企业需要在这两方面补短板。

下面举个例子加以说明。

案例 11：缺能的形式化

作者曾经为一家汽车零配件企业提供咨询服务。某知名整车厂曾经为该企业导入了一整套持续改进体系，主要包括以下七个改进：

① 确定改进目标。
② 组建问题解决小组。
③ 建立质量数据收集系统。
④ 设置目视化质量改进"作战室"。
⑤ 通过制定"会议地图"，定期组织包含持续改进要求的各类会议。
⑥ 培训问题解决方法和工具。
⑦ 改进效果跟踪和评审。

这套方法体系对于解决大部分日常问题是可以的，并且可以协助夯实管理基础。但该公司的员工并不能灵活运用这些方法和工具，这套体系的推动者的组织协调能力也比较欠缺。因此整套体系运作形式上像那么回事，却解决不了根本问题。

一次某个质量主管说，"老师，您在的时候，大家的问题解决会议讨论很高效，也能够解决问题。等您走后，我们会议组织效果就不好了，有时候连人都组织不齐。"从那以后，作者每次去该客户时就手把手地教导他们如何组织会议，会议组织者要如何引导大家发言，讨论和分析问题时如何利用白板和笔把大家的意见整理出来，以便于更高效地讨论，甚至指导他们如何写有效的会议纪要等。同时，结合他们实际问题反复培训和指导应用根因分析与问题解决方法，如故障树分析、鱼骨图、3×5Why、基本统计工具、8D 等工具方法。通过如此反复培训、练习、实践和指导等方式，企业各部门骨干人员在问题解决方面越来越自信了，各部门合作也得到改进，质量水平也稳步提升。

第三节 建立 1125 持续改进管理体系

那么如何在企业层面建立问题解决管理体系呢？

公司层面要想高效地解决问题并维持成果，不能靠个人英雄主义，花钱培养人才也不够，还需要制定配套的问题解决流程，创建优秀的问题解决文化，同时需要适当的方法和工具等。大家心目中还可以列出一些其他要素，把这些要素有效地搅拌、混合，使得各要素的比例和黏稠度合适，颜色和耐久度等满足要求。因此，通过构建问题解决的各要素组成的有机的问题解决管理体系，能够提升公司的整体问题解决能力及经营管理水平。

那么前面介绍的关于西门子、麦肯锡、丰田等公司的问题解决方法论是这样的问题解决管理体系吗？还不是。那什么样的才是呢？下面先了解一下 AIAG 制定的 CQI-10《有效解决问题指南》（*Effective Problem Solving Guideline*），其副书名为《关于文化、流程、工具和培训的指南》（*A Guideline for Culture, Process, Tools, & Training*），因此 CQI-10 算是问题解决管理体系。在 CQI-10 的基础上，还补充了 CQI-20《有效解决问题 从业者指南》。

下图所示是 CQI-10 关于问题解决的管理体系示意图。可以看出，AIAG 的观点是，公司要高效解决问题，主要取决于三个支柱：一是期望的问题解决行为，即人（People）层面；二是问题解决流程（解决问题的步骤、方法及相应职责等），即流程（Process）层面；三是问题解决所需要具备的技能和工具，即技术（Technique）层面。CQI-10 关于技能和工具用的是培训（Training）。

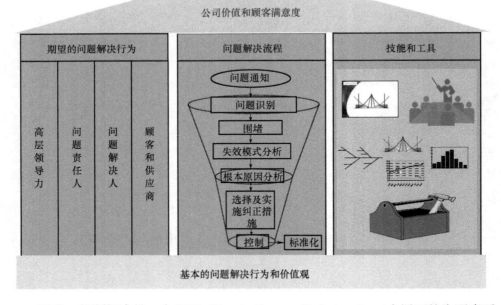

因此，问题解决是一个 PPT（People-Process-Technique）三个层面的全要素系统方法。当企业的问题解决效果不佳时，可以从 PPT 三个层面剖析原因。不光是解决问题需要从 PPT 三个层面同时发力，预防问题及第一次就把工作做正确，同样需要从 PPT 三个层面同时发力。第一个支柱关乎高层在问题解决方面的领导力，关联着问题责任人、解决人和相关方,因此最为关键。人都有不同的行为习惯和价值观,必须通过沟通、培训等方式,达成在"基本的问题解决行为和价值观"方面的共识,才能利于开展后续的问题解决流程及技能和工具的应用,因此把"基本的问题解决行为和价值观"作为整个问题解决管理体系的地基。

CQI-10 主要是主机厂对其供应商的问题解决体系的要求,其解决问题的方法是 8D 法的变种。因此,如果把 CQI-10 作为公司的问题解决体系,略显单薄。

作为问题解决的高手大体将难题分为两个层次:第一层是自己能够解决的工作范围内的难题;第二层是自己能够协调组织跨部门团队解决的业务或技术难题。作为问题解决推动者或公司而言,则需要在公司范围建立一套问题解决管理体系,让大家都成为问题解决高手,让"公司内没有难解决的问题",助力"公司高管天天睡个好觉"。

如何建立公司级的问题解决管理体系呢?经过多年六西格玛项目的推进、汽车供应链持续改进、零缺陷策划和推进,再结合本书的问题解决方法,提出如下图所示的问题解决管理框架,称之为"1125 持续改进管理体系"。持续改进管理体系包括对于不满足基本要求的问题解决,也包括与目标宗旨有差距的持续提升,而且"持续改进"比"问题解决"更积极正面,由此取名"1125 持续改进管理体系"。

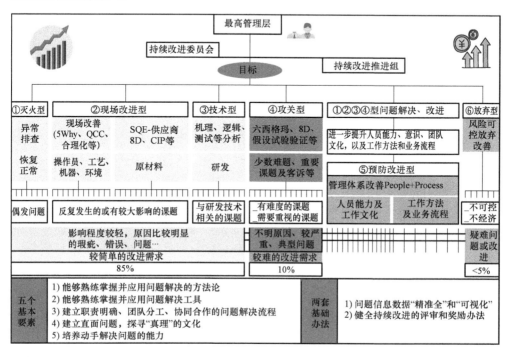

1125 持续改进管理体系的含义和方法如下。

(1) 第一个1，代表一个持续改进的领导班子

主要由最高管理层领导和授权，跨部门管理层组成持续改进委员会，下设持续改进推进组。持续改进委员会和最高层主要负责审批相关计划和政策，布置年度改进目标，督促重大问题解决，定期评审持续改进的成果，批准对成果的奖励申请，提供适当的支持，清除文化阻力等。推进组负责培训方法和工具，辅导员工动手解决问题，辅导和监控持续改进项目的计划和实施，并评审和验证改进项目的效果等。在规模较小的公司，推进小组一般是兼职的，如果公司规模比较大，可以组建专职的推进团队。有条件的公司可以聘请咨询顾问协助。

(2) 第二个1，代表一个持续改进的中长期目标

人生没有好走的路，公司也似逆水行舟，持续改进一定要设定一个有挑战性的目标，用目标驱动项目改进和公司进步。持续改进目标主要有两种：一种是针对让人烦恼的问题进行改进；另一种是针对不满意的现状而追求更高目标进行改进。第一种改进属于被动的问题解决和持续改进，第二种属于有追求的主动的问题解决和持续改进。持续改进的目标就是，通过第一种改进让问题比例越来越少，通过第二种改进让企业管理水涨船高。

大野耐一还有一句话，"若知还有更好，则永远不会停息，这就是改善之魂！"他把追求更好当作改善之魂了，骨子里永不满足，永远追求更高的或新的目标，这是改进的精神力量。

(3) 2，代表两套基础办法

第一套办法是促成问题信息数据"精准全"和"可视化"，第二套办法是健全持续改进的评审和奖励办法。

日常各类问题需要第一时间得到解决，使工作迅速恢复正常秩序。对这些问题也尽可能做信息统计，让班组、车间、业务部门及管理部门知道问题的大小多少及问题的趋势动向等，以便于在解决日常问题的同时，监控总体的问题态势，并从系统和整体的角度策划和推动持续改进项目，降低问题发生概率。对于问题数据要尽可能收集，对于非问题的有些数据也要收集，从而准确把握业务整体，这对于发现整体问题或分析原因都是有益的。

收集问题信息的基础是测量，西方有谚语说"没有测量，就没有管理"（No measurement, No management），也有科学家说"没有测量，就没有科学"。因此，综合起来就可以说，"没有测量，就没有科学管理"。科学管理当然有必要基于事实和数据，所以问题信息数据要"精准全"。收集到准确全面的问题信息

后，还要善于展示，让问题浮出表面，让问题无藏身之处，并第一时间解决问题。日本的松下幸之助提出的"玻璃式经营"，稻盛和夫提出的"算盘经营"，这两个方法都是关于经营状况和绩效的测量。可见，信息测量非常重要。

第二套办法就是前面所说的健全持续改进的评审和奖励办法。特别对于非日常性的持续改进项目，改进周期较长，问题解决有一定难度，项目管理较操心，改进的意义较大，甚至有一定财务收益。对这类项目需要按里程碑或定期评审项目，并及时为项目提供支持，帮助项目顺利开展。项目结束后评审取得的成果，并对项目成员进行相应的物质和精神奖励。奖励能够激发大家的成就感和积极性，促进持续改进文化，同时项目团队也有经费奖励项目取得的成就，并交流感情，促进团队合作，并积极投入到下一轮持续改进活动中。对持续改进的奖励，公司是花小钱，赚大钱。

（4）5，代表五个基本要素

五个要素在前面已经详细介绍过了，在此把第一个要素"能够熟练掌握并应用问题解决的方法论"，结合上面示意图做个补充说明。

对于占比大概85%的属于较为简单的小问题，用简便实用的方法处理即可，如制造业中下工序发现上工序的个别小问题，下工序对上工序的问题进行纠正，或者把产品返回上工序纠正即可。这是第一类灭火型的处理问题方式。如果下工序发现上工序出现较多问题，则事后需要采用第二类现场改善型。现场改善型针对操作员、工艺方法、机器设备或环境等原因导致的问题，可以采用简单的5Why法，QCC法甚至合理化方式等。针对供应商物料问题，由供应商质量工程师发起8D法进行分析和改进，或者辅导供应商做持续改进。对于研发技术问题，一般用机理分析、逻辑分析及问题测试等方法做原因分析及技术改进，采用的是第三类技术型方法。大概有10%的问题属于原因不明确，或者比较严重的问题，或者典型问题等情况，用第四类攻关型方法，成立改进团队进行重点攻关。攻关型方法有几个特点，一是面临的问题可能有难度，不仅对方法工具要求更高，而且改进小组的能力要过硬；二是重视程度更高，特别是影响客户的问题，或者高层关注的问题，因此即使问题没有那么复杂，但因为关注程度高，所以要求根因分析和解决措施必须全面、系统和深入。

二三四类持续改进方法不仅适用于不满足要求的问题解决，也适用于设定更高目标的持续改进项目。

不管是问题解决，还是持续改进项目，一二三四类改进方法都要回归到第五类预防改进型措施。预防改进主要是针对管理体系进行改进，即从人

（People）方面提高人员能力、优化和改进工作文化（包括意识、团队协作、担责、严谨认真等）、提高个人及团队工作质量。从流程（Process）方面，优化和改进工作方法及业务流程，目的也是为了帮助员工易于工作，降低出错概率，促进团队协作。团队协作的重要性毋庸置疑，但问题也普遍存在。除了加强团队文化、企业文化建设外，可以用可用RACI⊖流程工具或者，用简化的RSI⊖流程工具，在为客户提供流程梳理和优化时一般都推荐并应用这个工具，梳理跨部门的角色职责、分工及协作方法，解决孤军奋战或扯皮推诿等问题。

只是从技术上解决问题是不够的。很多公司高调地开展精益六西格玛改进项目，完成了很多绿带和黑带项目，取得了上百万、上千万甚至上亿的收益。这当然可喜可贺，但绝大多数项目只是把迟到的理应正确的解决方案给找回来了，阻止了公司继续"滴血"，为公司管理水平提升所贡献的力量微乎其微。其原因就在于这些精益六西格玛项目过于注重工具应用，并主要侧重于解决技术性问题，未对管理体系的漏洞做深入而广泛的分析和改进。所以，对公司整体收益和改进提升的帮助是有限的。因此，精益六西格玛项目一定要结合管理体系改善，要把"扁鹊"及"扁鹊哥哥"的方法融会贯通。精益六西格玛的目标是减少精益六西格玛项目数量，把预防的方法、工具和业务流程方法融入业务过程中，降低问题发生的风险和概率。

不是所有的问题都要展开对管理体系做预防型改进。针对管理体系的两个P作预防型的五类改进，其数量相比具体的技术性问题的一二三四（即图中①②③④）类改进少。①②③④⑤类的改进比例大概如下图所示，只有少部分典型的问题、关键问题或一类普遍性问题，涉及人员和流程方面的漏洞或不足，才需要作五（即图中⑤）类预防型改进。

⊖ R指Responsible，负责人；A指Accountable，审批人；C指Consult，咨询者、支持者；I指Inform，知会者。

⊖ R指Responsible，负责人；S指Support，支持者；I指Inform，知会者。

在所有问题当中，还有不到5%的属于难题，要么因为外界因素不可控而难以解决，要么解决的成本代价太大，或者说解决的投入产出不经济，而且这类问题风险可控。对于这类问题可以用第六类方法，放弃改善。

1125持续改进体系是个系统的长期工程，虽然条条道路通罗马，但罗马可不是一天建成的。所以，企业要根据实际情况逐步建立和完善持续改进体系。下面举个例子进一步说明。

案例12：管理，从何突破

一位就职于工业大数据设备公司的副总曾经问作者，"如何推动研发质量管理？"他很苦恼，因为高科技公司的研发比较强势，而他负责的供应链和质量管理部门手下缺少精兵强将。在大概了解其公司的人员、产品、技术、质量、工艺、制造等情况后，作者开始给出如下建议。

"如果要从正向的预防方法抓研发流程、质量计划和质量门评审等，在目前的企业文化和管理水平下很难让研发人员接受。但研发肯定有问题让你苦恼吧，因此可以逆向入手，把问题作为抓手，作为"外人"不分析研发人员的问题，但可以分析研发流程管理的薄弱环节，从而规范研发流程、方法和工具。"

他说："研发确实有很多问题，经常做设计变更。比如，研发把硬件图都设计好了，已经采购物料做样品了，结果公司领导说客户要的不是这样的产品，又得从头开始设计。研发和供应链人员都头大。"

作者说："对这样的问题要分析原因呀，为什么会出现这样的问题呢？是没有相应的需求管理流程吗？产品研发流程完善吗？有设计开发的质量门评审吗？还是流程规定不合理？或者相关人员不遵守流程？总之，只要原因分析合理，建议的解决方案合理且可行，大家都是讲理的知识分子，只要想解决问题，就会支持你的工作，你就可以逐渐推动研发质量提升工作，同时协助优化研发流程。"

他恍然大悟，大腿一拍，"是呀，以前我们老是说公司领导不会管理，或者公司管理混乱。但我们从未对问题做深入分析，都是笼统地说说，也没向公司提出建设性建议。因此下面的人说上面的不懂管理，上面的说下面的能力、责任心不够……"

他基本上上路了，然后作者建议他们把最近两年的所有与研发相关的问题都收集起来，一方面从总体上统计分析研发问题的数量、类别和趋势等，另一方面抓几个典型问题，从 PPT（People-Process-Technique）几个方面深入地分析原因。然后在公司经营管理会议上，汇报并营造"研发管理问题很严峻"的紧迫氛围，同时给出建设性的改进思路和对策……

　　师傅领进门，修行在个人。在修行的道路上，师傅给指点迷津了，是否需要师傅给扶上马并继续送一程呢？

附　　录

附录A　复杂问题的故障树定性分析与定量分析

案例：关于某压力容器喷溅烫伤的故障树分析（FTA）

　　某压力容器在某个时间段内发生几起喷溅烫伤的事件，当时对这几起事件组织调查，可是到现场去调查时，问题未再复现，把产品拿到实验室进行各种模拟试验，同样没有出现类似的问题。把产品的零部件剖开检查，也未发现任何异常现象。对这样的售后事件进行根因分析会很麻烦，既找不到输出的故障，也找不到输入故障。对于这种疑难杂症的分析和排查确实非常棘手，发生频次属于小概率事件，但会伤人，虽然烫伤未致命，但终归也属于较为严重的质量问题。导致这样的故障不仅有客观存在的产品缺陷，同样也有"现场条件"共同促使。但是，"现场条件"稍纵即逝，当问题发生过后，"现场条件"和产品状态都发生了变化，所以在实验室也很难模拟出复现的故障。

　　在这种情况，团队于是运用可靠性分析技术的FTA方法进行分析。此时FTA方法既无法依据观察数据，也无法基于试验数据，而需要基于压力容器喷溅伤人的超强热气做系统分析和机理性原因分析。用FTA方法进行故障的机理性原因分析主要有三个步骤：

　　第一步。从顶事件开始，从上到下进行分析，直到分析到底事件。顶事件一般是某个系统的问题，底事件一般是到具体的某个零件甚至材质等级别的问题，当不能再继续分析或不需要继续分析的基本事件，也叫底事件。从顶事件分析到末端事件有一些中间的传递事件过程，称为中间事件。当然，从顶事件开始分析各种中间事件，以致最末端的基本事件，这个分析过程光凭FTA工具是不够的，还需要了解这个顶事件所属系统的专业技术知识。第一步的分析结果，可以画出FTA的故障树，并清晰表达失效机理的逻辑结构。对于较为复杂的系统，最好能够使用专业的可靠性工具（如 ITEM ToolKits 里的 Falt Tree），用微软加工软件或手工画都会比较吃力。

第二步。通过对 FTA 的故障树及其逻辑结构图，找出导致顶事件的最小割集。比如下图所示的顶事件问题 X，其最小割集是 $\{问题 X_1\}$、$\{问题 X_2\}$、$\{问题 X_3\}$、$\{问题 X_4\}$ 及 $\{问题 X_5 \times 问题 X_6\}$。也就是说，导致问题 X 发生有多种可能，当 X_1、X_2、X_3、X_4 任何一个发生，或者 X_5 和 X_6 同时发生，这 5 种情况当中的任何一个或多个组合发生，顶事件 X 都会发生。关于最小割集的更多概念，可以参考相关书籍或教材。

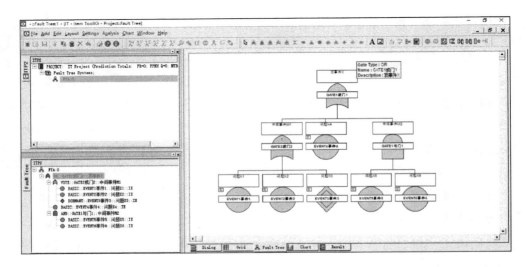

上图是用 ITEM 软件制作的一个 FTA。此可靠性软件工具易于操作，功能也很强大，不仅方便画图，而且也便于进行量化的失效概率的计算，以及 FTA 中所涉及的各事件的重要度计算。

第三步。对最小割集的底事件进行一一确认和排查，确认是哪个最小割集导致的顶事件。如果不能确定，则对所有的最小割集发生的严重度及可能概率进行分析，对其中风险较大的最小割集采取改进措施。

下图所示就是对该压力容器喷溅烫伤所做的 FTA，使用 OpenFTA 软件做的 FTA 示意图。因为末端事件太多，所以非常拥挤，读者朋友可能不方便阅读。但是大家大概可以体会到这个分析过程比较复杂，中间事件和底事件都比较多。

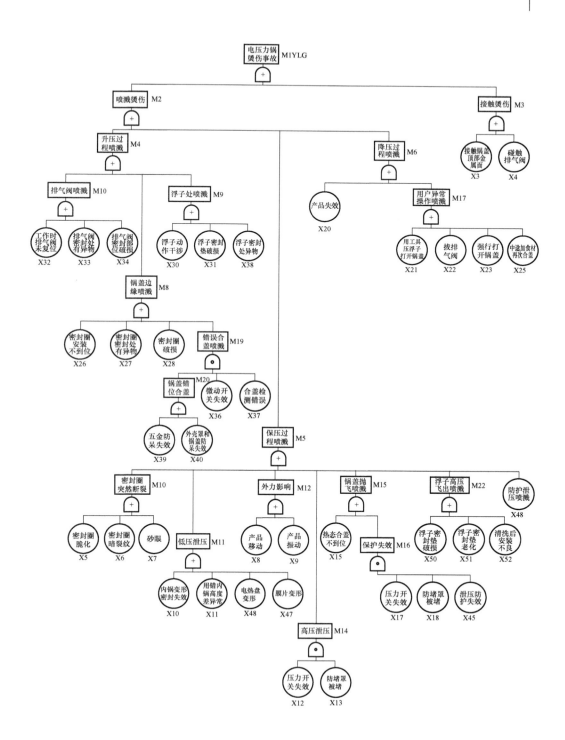

上述故障树图是第一步分析的成果，下表所示是第二步（找出最小割集34个）和第三步（原因确认及改进措施）的结果。

#	顶事件	最小割集原因 X_s	危险情形	风险评估 严重度	风险评估 伤害概率	风险评估 风险水平	风险缓解措施
1	压力容器喷溅烫伤	$\{X_{10}\}$，X_{10} 为内锅变形密封失效		危险的	罕见	RM	提高强度，减少变形 1. 使用不锈钢内锅加翻边 2. 铝内锅增加厚度
2		$\{X_{11}\}$，X_{11} 为用错内锅高度差异常	低压泄压，沿锅盖周边喷出高温蒸汽	危险的	罕见	RM	加强制程检测，防止混料。说明书提示使用原配内锅
3		$\{X_{12} * X_{13}\}$，X_{12} 为压力开关失效，X_{13} 为防堵罩被堵		危险的	罕见	RM	提高压力开关可靠性，在寿命期不失效。说明书提示排气阀非正常排气及时断电。清理防堵罩
4		$\{X_{15}\}$，X_{15} 为热态合盖不到位	余热使压力升高，少量扣合锅盖弹开，喷出蒸汽	危险的	偶尔	UA2	结构防呆设计，锅内余热使浮子浮起时不能扣合
5		$\{X_{17} * X_{18} * X_{45}\}$，$X_{17}$ 为压力开关失效，X_{18} 为防堵罩被堵，X_{45} 为泄压防护失效	锅盖掀飞，可能打到人。喷出高温蒸汽	危险的	偶尔	UA2	提高压力开关可靠性，提高泄压防护可靠性。在寿命期不失效。说明书提示排气阀非正常排气及时断电。排气阀芯内径增大
6		$\{X_{21}\}$，X_{21} 为用工具压浮子打开锅盖	高温蒸汽和水从浮子喷出，打开锅盖时沿锅盖周边喷出高温蒸汽	严重的	罕见	RM	结构改善防呆，不使用工具不能按下浮子
7		$\{X_{22}\}$，X_{22} 为拔排气阀	高温蒸汽和水从排气阀喷出	严重的	罕见	RM	结构改善防呆，不使用工具不能拔出排气阀

（续）

#	顶事件	最小割集原因 X_s	危险情形	风险评估 严重度	风险评估 伤害概率	风险评估 风险水平	风险缓解措施
8	压力容器喷溅烫伤	$\{X_{23}\}$, X_{23} 为强行打开锅盖	锅盖突然打开,喷出高温蒸汽甚至伤人	危险的	偶尔	UA2	结构改善,提高锅盖的强行开盖力
9		$\{X_{25}\}$, X_{25} 为中途加食材再次合盖	余热使压力升高,少量扣合锅盖弹开,喷出蒸汽	危险的	偶尔	UA2	结构防呆设计,锅内余热使浮子浮起时不能扣合
10		$\{X_{26}\}$, X_{26} 为密封圈安装不到位	密封失效,沿锅盖周边漏气	次要的	偶尔	A	说明书提示清洗密封圈必须安装到位
11		$\{X_{27}\}$, X_{27} 为密封圈密封处有异物	密封失效,沿锅盖周边漏气	次要的	偶尔	A	说明书提示清洗密封圈必须无异物
12		$\{X_{28}\}$, X_{28} 为密封圈破损		次要的	偶尔	A	说明书提示经常检查,及时更换新密封圈
13		$\{X_3\}$, X_3 为接触锅盖顶部金属面	高温接触烫手	次要的	偶尔	A	警示标贴——防烫伤
14		$\{X_{30}\}$, X_{30} 为浮子动作干涉	浮子干涉不浮起,漏气	次要的	偶尔	A	说明书提示及时清洗浮子附近的异物
15		$\{X_{31}\}$, X_{31} 为浮子密封垫破损	不起压,浮子漏气	次要的	偶尔	A	说明书提示及时更换浮子密封垫,确认密封良好
16		$\{X_{32}\}$, X_{32} 为工作时排气阀未复位	不起压,排气阀漏气	次要的	偶尔	A	说明书提示正确安放排气阀,检查确认是否已经复位
17		$\{X_{33}\}$, X_{33} 为排气阀密封处有异物		次要的	偶尔	A	说明书提示正确清洗排气阀,确认无异物

(续)

#	顶事件	最小割集原因 X_s	危险情形	风险评估 严重度	风险评估 伤害概率	风险评估 风险水平	风险缓解措施
18	压力容器喷溅烫伤	$\{X_{34}\}$，X_{34} 为排气阀密封部位破损	不起压，排气阀漏气	次要的	偶尔	A	说明书提示及时更换排气阀，确认密封良好
19		$\{X_{36} * X_{37} * X_{39}\}$，$X_{36}$ 为微动开关失效，X_{37} 为合盖检测错误，X_{39} 为五金防呆失效	锅盖掀飞，可能打到人。喷出高温蒸汽	危险的	罕见	RM	提高微动开关和电控可靠性，五金防呆设计
20		$\{X_{36} * X_{37} * X_{40}\}$，$X_{36}$ 为微动开关失效，X_{37} 为合盖检测错误，X_{40} 为外壳罩和锅盖防呆失效		危险的	罕见	RM	提高微动开关和电控可靠性，外壳罩和面盖防呆设计
21		$\{X_{38}\}$，X_{38} 为浮子密封处异物	浮子干涉不浮起，漏气	次要的	偶尔	A	说明书提示及时清洗浮子密封处异物
22		$\{X_4\}$，X_4 为碰触排气阀	排气阀喷出蒸汽	严重的	罕见	RM	说明书提示高温下不能碰触排气阀
23		$\{X_{46}\}$，X_{46} 为电热盘变形	低压泄压，沿锅盖周边喷出高温蒸汽	危险的	罕见	RM	提高电热盘可靠性
24		$\{X_{47}\}$，X_{47} 为膜片变形		危险的	罕见	RM	提高膜片可靠性
25		$\{X_{48}\}$，X_{48} 为防护泄压喷溅	安全阀泄压排气	危险的	罕见	RM	安全阀防喷溅设计
26		$\{X_5\}$，X_5 为密封圈脆化	沿锅盖周边喷出高温蒸汽	危险的	罕见	RM	说明书建议1年更换密封圈

（续）

#	顶事件	最小割集原因 X_s	危险情形	风险评估 严重度	风险评估 伤害概率	风险评估 风险水平	风险缓解措施
27	压力容器喷溅烫伤	$\{X_{50}\}$，X_{50} 为浮子密封垫破损	浮子喷出高温蒸汽	危险的	罕见	RM	
28		$\{X_{51}\}$，X_{51} 为浮子密封垫老化		危险的	罕见	RM	说明书建议 18 个月更换浮子密封垫
29		$\{X_{52}\}$，X_{52} 为清洗后安装不良		危险的	罕见	RM	
30		$\{X_{53}\}$，X_{53} 为产品失效	产品破损，喷出高温蒸汽	危险的	罕见	RM	说明书提示对于产品缺陷要及时更换
31		$\{X_6\}$，X_6 为密封圈暗裂纹	沿锅盖周边喷出高温蒸汽	危险的	罕见	RM	说明书建议 1 年更换密封圈
32		$\{X_7\}$，X_7 为砂眼		危险的	罕见	RM	
33		$\{X_8\}$，X_8 为产品移动	排气阀喷出蒸汽	次要的	偶尔	A	说明书提示产品有压力时不要移动
34		$\{X_9\}$，X_9 为产品振动		次要的	偶尔	A	说明书提示产品使用时避免振动

上述第三步的分析结果属于定性分析，并且因为无法对故障产品进行原因确认，因此，只有依据经验和零部件等测试结果进行综合评估，并进行风险评估。风险评估根据严重度和风险发生的概率两个维度综合评价，分为三个等级（见下表）：可接受（Acceptable，A）；风险需要缓解（Risk Mitigation，RM）；不可接受（Un-Acceptable，UA）。

风险可接受度矩阵							
风险矩阵	伤害的概率						
严重度	不可能	罕见	偶尔	频繁			
次要的	A	A	A	RM	风险等级	疑问缩写	
严重的	A	RM	RM	UA2	可接受	A	
危险的	RM	RM	UA2	UA1	风险需要缓解	RM	
致命的	RM	UA2	UA1	UA1	不可接受	UA1 & UA2	

34个最小割集的风险情况用帕累托（Pareto）图排序，如下图所示。共有18个风险属于RM等级，需要采取改进措施，降低风险；4个属于UA等级，不可接受风险，需要从源头上进行设计改进，或者对供应商的来料进行改进；12个属于A等级，可接受风险，可以不用改进，或者在不用额外成本的前提下从说明书或标签上进行提示说明。

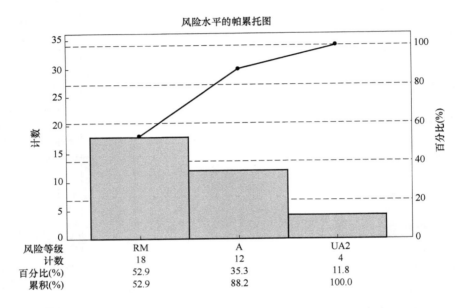

上面的分析过程是属于技术性的原因分析过程，对于原因比较复杂、不能定位、各零部件的失效概率也未知的情况下，用上述的FTA过程是一种较为有效的方式。

当进行新产品设计时，对产品的严重失效模式（如通过FMEA得出的严重失效模式）可以用FTA方法进行分析。如果有一些历史数据或行业数据，则可以采用可靠性软件进行失效概率的计算。下面分析过程要具备一定的可靠性概率统计知识，对于不熟悉可靠性的朋友，也可以浏览一下，了解一下FTA的量化分析相关概念和知识。

仍以上面压力容器喷溅烫伤事件为例，其直接原因有三种可能：升压过程喷溅，降压过程喷溅，保压过程喷溅。下面仅以升压过程喷溅为例深入展开FTA，然后用ITEM软件中的FTA工具进行分析。先不进行量化分析，ITEM则先输出失效树图，如下图所示的树图（在不进行量化分析时，没有图中关于Q和W的数值显示）。

附 录 | 263

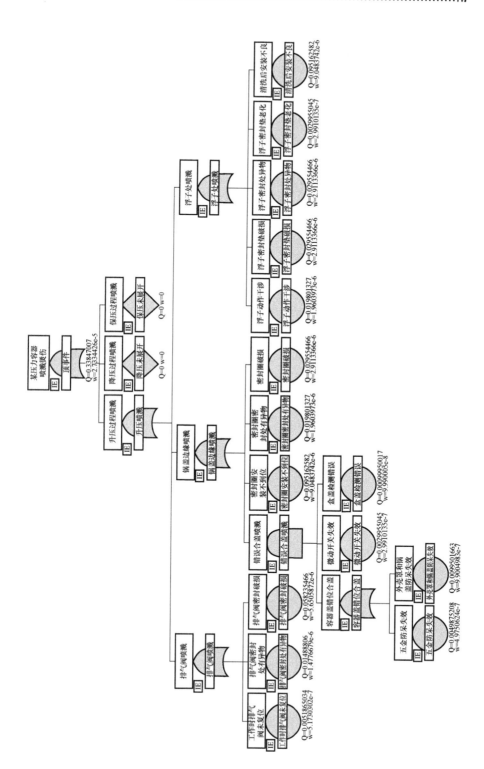

当需要对顶事件计算失效概率时，则可以应用 ITEM 软件的强大可靠性统计分析方法进行计算。假设已知底事件属于威布尔分布、指数分布或其他分布类型，则在 ITEM 软件选定相应的分布类型［Type（CDF）］，并输入相关参数，如威布尔分布的形状参数、尺度参数及位置参数，指数分布的失效率及维修率，或者其他分布形态的参数，再设定工作任务时间，ITEM 软件就可以对每个底事件和顶事件的不可用度和失效频率进行计算。

比如，以底事件"浮子密封垫破损"为例，假设根据历史数据或经验已知该问题的发生概率属于指数分布，指数分布的失效率为恒定的，所以选择累计分布函数 Type（CDF）的模型为"Rate"，如下图所示。然后输入指数分布的失效率"Failure rate"，如 3×10^{-6}（即 0.000003），维修率输入为 0（为简化起见设定为 0，即不可修复），设定工作时间为 10000 小时。当输入完这些数据后运行 ITEM 软件，ITEM 软件可自动计算出此底事件的两个失效统计量：一个是不可用度（Unavailability）Q，即底事件工作 10000 小时的累计失效概率；一个是失效频率（Failure frequency）W，即当工作刚好 10000 小时的产品会失效的概率。计算结果如上图所示的 Q 和 W 两个数值，浮子密封垫破损的不可用度 Q = 0.02955446，失效频率 W = 2.9113366×10^{-6}。ITEM 软件在完成对每个底事件的两个统计量计算后，还会自动计算顶事件的两个统计量，顶事件的不可用度 Q = 0.33847007，失效频率 W = 2.7334426×10^{-5}。

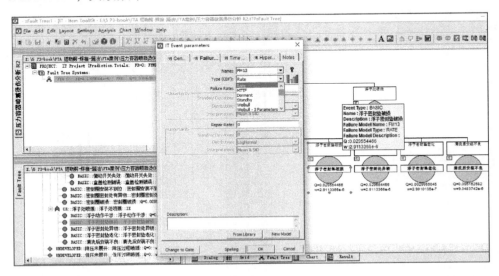

同时，ITEM 软件可以输出最小割集的两个统计量（不可用度和失效频率），对于不可用度 Q = 0.33847007 的故障树割集报告如下表所示。

名称	序号	最小割集 (Minimal Cut Set)	割集不可用度 (Set Unavailability)	割集失效频率 (Set Failure Frequency)
顶事件	1	排气阀密封破损	0.095162582	9.0483742×10^{-6}
顶事件	2	密封圈密封处有异物	0.095162582	9.0483742×10^{-6}
顶事件	3	清洗后安装不良	0.058235466	5.6505872×10^{-6}
顶事件	4	工作时排气阀未复位	0.029554466	2.9113366×10^{-6}
顶事件	5	浮子密封垫老化	0.029554466	2.9113366×10^{-6}
顶事件	6	排气阀密封处有异物	0.029554466	2.9113366×10^{-6}
顶事件	7	浮子密封处异物	0.019801327	1.9603973×10^{-6}
顶事件	8	密封圈安装不到位	0.019801327	1.9603973×10^{-6}
顶事件	9	浮子动作干涉	0.01488806	1.4776679×10^{-6}
顶事件	10	浮子密封垫破损	0.0051865034	5.1730302×10^{-7}
顶事件	11	密排圈破损	0.0029955045	2.9910135×10^{-7}
顶事件	12	外壳罩和锅盖防呆失效； 微动开关失效；盒盖检测 错误	2.979087×10^{-8}	$8.9164346 \times 10^{-12}$
顶事件	13	五金防呆失效；微动开 关失效；盒盖检测错误	1.4932673×10^{-8}	$4.4730867 \times 10^{-12}$
顶事件	14	降压未展开	0	0
顶事件	15	保压未展开	0	0

除了能进行上述量化分析之外，ITEM 软件还有诸多量化分析功能，且可以导出 Office 文件。

关于量化分析的统计量，类似下图所示的操作界面的参数（Parameter），共 18 个统计量。这些统计分析涉及相关可靠性统计知识，有兴趣的读者可以进一步参阅有关可靠性的相关书籍。

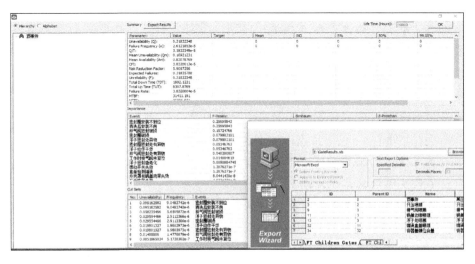

ITEM 软件功能强大、运行快速、操作简便，用户可以很快上手并熟练应用。而且 ITEM 软件有大量的元器件可靠性数据库，为用户节约大量的查询及计算时间。如果读者朋友对 ITEM 可靠性软件感兴趣，您可以下载 30 天免费的试用软件进一步了解。

附录 B　一起司法案件的根因分析

我国早已进入法制化社会，所有公民都应该对法律有基本常识。当遇到法律纠纷事件时，可以借助根因分析的方法，对事件的来龙去脉进行因果关系分析，并依据法律条文进行解释和责任分辨。同时，除了进行法理上的根因分析之外，可以进一步进行情理上的根因分析，以提高人生修为和素养。

比如，2020 年 5 月 28 日十三届全国人大三次会议表决通过了《中华人民共和国民法典》，自 2021 年 1 月 1 日起施行，婚姻法、继承法、民法通则、收养法、担保法、合同法、物权法、侵权责任法、民法总则同时废止。

对于《民法典》，著名民法学家、中国人民大学常务副校长王利明指出："民法典是新中国成立以来第一部以'典'命名的法律。它是市场经济的基本法，是'社会生活百科全书'，是保护公民权利的一部重要法律……"

民法与人民大众的生活关系密切，各位读者有时间不妨深入学习了解。但下面要引用的是宋树林博士提供的很有特点的一起刑事案件，来辨析因果关系。

案例：简单又复杂的一起刑案

孙某、朱某与任某是室友关系，因任某个性张扬，收入较好，多次当众羞辱家境贫困的孙某。孙某怀恨在心投毒欲杀害任某，多次向任某水杯投入微量慢性毒物（每次不足以致命），朱某、任某对此毫不知情。某日，朱某发现任某竟然与自己女友存在不正当关系，急匆匆赶回住地，此时孙某和任某都在家中。朱某二话不说用刀追砍任某，任某由于长期中毒，体力不支，被朱某砍伤倒地。孙某在场，但未阻拦朱某行凶。后朱某后悔，打 120 将任某送往医院救治。途中因一货车违规行驶导致发生交通事故，致任某死亡。朱某归案后供述其并无杀死任某的主观故意，只是想教训一下任某。

导致任某死亡因果关系分析（因果关系是一种引起与被引起的关系）。

1. 货车违规行驶导致交通事故的发生是导致任某死亡的直接原因，是造成任某死亡充分必要条件。此案中，货车司机违反交通管理法规直接造成任某死亡的后果，按照《刑法》第一百三十三条的规定，货车司机构成交通肇事罪。

2. 孙某投毒行为是造成任某死亡的间接原因，对任某的死亡结果而言属必要不充分条件。在此案中，孙某为泄私愤，以杀人为目的，长期向任某杯中投毒，由于每次剂量少不足以致命，并未导致任某因中毒而死亡的结果发生，构成故意杀人未遂。同时，由于孙某投毒导致任某在与朱某打斗中体力不支，使任某被砍伤，是导致任某最终死亡的原因之一。但是朱某对孙某的投毒行为毫不知情，双方没有共同犯罪的意思表示，朱某不属于孙某故意杀人行为的共犯。

3. 朱某用刀追砍的行为是造成任某死亡的间接原因，对任某的死亡结果而言属必要不充分条件。朱某出于报复目的，用刀砍任某致其倒地，并未造成任某被砍身亡，事后朱某打120救治任某。朱某属激情犯罪，从朱某上述行为看，其砍伤任某的行为已构成故意伤害罪。虽然其事后打120救治任某，但并没有阻止伤害结果的发生，不构成犯罪中止。同时，正是由于朱某砍伤任某，致其被送医院救治，朱某的行为是导致任某出交通事故的前提条件之一。

4. 朱某打120将任某送往医院的行为，是导致交通事故发生的间接原因，对任某的死亡结果而言属必要不充分条件。此案中，朱某砍伤任某后反悔，打120对任某进行救治，以防任某死亡结果的发生。同时，可以看到朱某伤害任某的行为已实施完毕，故意伤害的行为已既遂，不属于犯罪中止，朱某仍构成故意伤害罪。朱某打120将任某送往医院的行为，是导致交通事故发生的前提条件之一。朱某对交通事故的发生无法预见、无法克服，朱某对打120将任某送往医院的行为不承担任何法律责任。同时，朱某与货车司机没有共同犯罪的故意，双方不构成共同犯罪。

5. 孙某虽在案发现场，但未阻止朱某行凶，对任某的死亡结果而言属必要不充分条件。虽然孙某与朱某是室友关系，但双方并不存在法律意义上的相互扶养关系，孙某不负有救助任某的法律义务，不存在过失犯罪。同时，此案中，孙某与朱某虽都杀害或伤害任某的目的，但两人并未进行意思联络，两人不具有共同杀人的故意，双方在各自独立犯罪行为承担各自的法律责任。若孙某在现场积极阻止朱某行凶，或许会避免任某受伤，从而避免任某因交通事故死亡的结果发生，孙某构成刑法意义上的立功表现；但孙某并未帮助任某，最终导致任某受伤并在送医途中死亡，孙某未阻止朱某行凶和对任某进行救助的行为，孙某不承担任何法律责任。

综上所述，根据《中华人民共和国刑法》的相关规定，同时依据犯罪行为与危害结果发生之间的因果关系，在上述案件中，孙某最终构成故意杀人罪未遂，朱某构成故意伤害罪，货车司机构成交通肇事罪，上述三人承担各自的刑事责任。

普通公民郭彬点评：

以上是宋博士以法理和原因分析的逻辑推理方式论述了整个刑事案件的来龙去脉和因果关系，条理清晰，分析严谨。我以普通公民身份，再以根因分析的视角发表一点看法，相对于法理而言属于情理的推论吧。

关于事件中的任某，宋博士已经通过法理对其死因做了很充分论述，我认同整个分析过程和刑事责任的判断结果。

而于情理而言，任某死亡最根本、最源头的原因是他自己的品德问题：一是因为任某个性张扬、收入较高、目中无人，多次当众羞辱家境贫困的孙某，导致孙某怀恨在心而多次私底下向任某水杯投入微量慢性毒物；二是因为任某与朱某女友存在不正当关系，导致朱某发觉后发怒，而用刀追砍任某。所以，任某虽然人已亡，但其本身是有过错的，其过错造成的影响已然存在，其影响导致的死亡已成事实。

而且，孙某变成坏人投毒构成故意杀人罪未遂，朱某发怒失去冷静而构成故意伤害罪的必要条件原因，都是任某的品德问题。虽然孙某和朱某都有自身的过错，但因为任某的过错在先而激发了他们两人的过错，然后他们两人的过错再"反馈"到任某本人。

虽然法理上未对死者任某做任何判定，但是用根因分析方法，从情理的角度不难得出结论：任某不仅是受害者，也是施害者；不仅是他人的受害者，也是自己的受害者；不仅是他人的施害者，也是自己的施害者。古人提出的"自作孽，不可活"，在某种意义上而言，成为他人生的一种因果规律！

附录 C　软件 Bug 的根因分析

软件开发质量越来越重要，而且软件开发质量提升的空间很大，可能比硬件开发及制造工厂的质量改进空间更大。作者的北京汇航科技有限公司这两年也在开拓软件开发质量方面的咨询服务工作。

针对软件开发存在的质量问题，不少软件开发工程师在做原因分析时不够深入，而软件质量管理人员好似也没有办法说服或帮助软件工程师进行深入、系统的根因分析。但是优化管理对于研发质量管理体系非常重要，像软件质量管理体系的能力成熟度模型集成（Capability Maturity Model Integration，CMMI

评估的最高级别第 5 级是优化管理级。在优化管理方面只有两个过程域，其中之一就是原因分析及解决方案（Causal Analysis and Resolution，CAR）。可见，研发领域特别是软件开发领域，CAR 是高级技能，该技能难以彻底掌握而又意义作用巨大。现实中，不少人对问题的根因分析的方法和能力普遍掌握得偏弱，甚至连问题描述都很有普通软件开发工程师的"范儿"——简单、生硬。下面就是这方面的两个例子。

问题一：授权失败问题。直接原因是，全部销权后，设备位点信息不对。

问题二：平台绑定海思设备，设备端会黑屏。直接原因是，设备通信不同步，接口一样但数据有差异。

上面两个软件问题的描述及原因分析，够简单了吧，但分析确实不透彻、不深入、不全面，只是局限于问题的症状描述，但一些软件开发工程师们还认为这就够了，也不愿意向软件质量工程师提供更多分析，与团队做更多交流，质量工程师想改变但心有余而力不足。软件开发工程师们没怎么学习过质量分析工具，对故障树分析（FTA）也不感冒，即使接受了 8D 法，不少人是凭自己的理解去照猫画虎，还有一些会嫌弃这些质量分析方法。

上面两个软件问题根本就没有做到根因分析，仅限于本书前面章节的 What 型原因分析，没有深入到 Why 型原因分析。与之相对的是另一种"根因分析"，没有认真对具体技术原因做分析，直接就总结为人员问题或管理流程问题。人员或管理流程问题等变成"背锅"的常客，因为没有哪一家公司没有人员和流程问题，但究竟是人员有什么问题，流程的哪个方面有问题，如何改进才不会让该技术问题或类似的技术问题发生呢。只有进行全面深入的根因分析，结果才会让人信服。

一个软件公司的质量副总跟作者说，"我们也是在这两年做根因分析比较多，遇到的问题很多都是产品设计缺陷，或者人员执行问题。然后请曾服务过华为的咨询老师指导分析，他们指出的很多问题都是制度或流程原因。但我也发现，不论制度流程或 IT 系统辅助做得再好，总还是会发生问题"。因此，如果把软件 Bug 笼统地归纳为设计问题，或者人员执行问题，或者流程问题，那么会有两个难题：一个是这样的归纳非常笼统、不具体，无法有针对性地先做改进；另一个是缺少了问题产生的逻辑链条，中间关于技术问题的发生过程链条断掉了，因此无法很好地从技术上进行系统性改进和突破。

虽然软件开发主要是系统设计和计算机逻辑语言的表达设计，但仅有计算机技术是不够的。根因分析要具体、深入、广泛，要从两个方面入手：一方面要用技术方式表达问题发生的来龙去脉；另一方面要用文科的管理思维分析系统性的管理体系原因。从技术的原因、理科的原因分析到管理的原因、文科的原因是有逻辑链条关系的，把这个逻辑关系打通了，把逻辑链条上的相关性、充分性和必要性等搞清楚了，那么根因分析才到位了。

下面这两句话，是作者在进行根因分析培训时向学员阐述的，总结了理科原因和文科原因的关系：

没有理科类分析和改进的基础，文科类管理是沙滩上建高楼！

没有文科类管理体系的夯实，理科类技术如脱缰之马，会横冲直撞！

作者的好搭档宋荆汉老师是软件开发的高手，曾经在中兴通讯公司作为软件开发资深工程师斩获了十余项发明专利，后来对质量管理着迷而转行从事软件测试和质量管理等工作。离开中兴后，他到民企任职研发副总和业务单元（Business Unit，BU）总经理等，是软件开发技术和软件质量管理的两栖专家。他在公众号"质量与创新"的一篇文章《研发质量提升三板斧》里谈及了某个关于软件开发 Bug（是一个关于缺少了某判定条件产生的处理错误）的原因分析。下面案例谈及的两种分析方法，引得了同行们的共鸣，值得借鉴。

案例 1：缺少某判定条件的软件 Bug

分析路径一

◇ 软件 Bug 产生的原因是代码书写错误

◇ 代码书写错误的是设计有误

◇ 设计有误的原因是条件分析不足

◇ 条件分析不足的原因是考虑不周

◇ 考虑不周的原因是缺少辅助分析的检查单

⇨ 改进措施就是建立分析辅助工具——条件分歧检查单

分析路径二

◇ 软件 Bug 产生的原因是代码书写错误

◇ 代码书写错误的原因是违背了单一职责原则

◇ 违背单一职责原则的原因是开发者缺少相关知识

⇨ 改进措施是进行面向对象技术培训

当然，上述两个分析也有一些不足，但至少比很多软件问题的原因分析都更深刻，不仅从技术上分析了一些原因，从流程上、软件开发的方法上及知识技能上都做了分析。这样的分析基本可以满足 CMMI-5 级 CAR 的分析要求了。

作者在写本书时告诉宋老师，此问题的根因分析还有改进空间，技术原因分析上可以更具体，流程和方法的原因分析也可以更系统、更全面一些。

对此案例，作者与宋老师一起应用根因分析的方法更深入地进行了结构化分析，但在深入分析时发现，问题涉及软件代码的设计原则和设计模式的方法应用，通过代码设计方法来降低软件逻辑中大量使用"if…else…"导致的复杂性高和可维护性差的过程十分繁杂。因此，如果真要把软件技术问题的整个分析过程，通过书面形式展现给读者朋友们，可读性差，会让大家读不下去那就会收获甚微。底层软件的代码编写问题，不仅涉及软件工程师在设计时的技术逻辑错误，而且涉及更深层的关于软件开发方法、软件架构设计、软件化繁为简设计等诸多人员、能力、流程和技术方法等。因此，软件 Bug 同样可以用本书的根因分析方法，对问题做出深刻、立体、系统的根因分析，并制定系统而彻底的改进。

鉴于上述软件 Bug 涉及很多代码编写的技术和方法，根因分析过程对很多读者会显得比较枯燥，非软件专业人士难以理解。所以，宋老师分享了另一个软件 Bug 的问题，该问题不仅是软件问题，而且涉及软件开发的输入、输出和评审等流程性问题，所以相对来说更容易解释清楚，也是非常典型的研发质量问题。

案例 2：机器出现 Boot 0 失效

201×年×月×日下午接到客户反馈，SX 苏州工厂发现，150 台设备中有 10 台出现 Boot 0 失效问题，导致该项目的客户产线全停。

问题定位分析：

1) 通过对 SX 打印机启动失败的问题进行分析，发现由于 P2WI 通信失败导致启动失败。

2) P2WI 通信失败的原因是 A31s（主控 SOC 芯片）的软件设计违反了电源管理单元（PMU）的正确操作流程，一开始就采用 1.5MHz 通信，而不是先通过小于 400kHz 的频率模拟 TWI 通信，切换速度后，再用 1.5MHz。

3) A31s 直接采用 1.5MHz 通信导致通信概率性异常，是因为 PMU 内部有一个针对 SCK 信号的延时单元，而延时单元的时延（Delay）为 320～350ns，1.5MHz 的半个周期为 333ns。而部分 IC 刚好落在 333ns 附近，因此导致 SCK 信号时有时无而通信失败。

在梳理完上述问题后，再继续询问技术问题发生的为什么已经失去意义，因此需要变换询问为什么的方式。这就是 5Why 法在询问时需要注意的地方，也是需要灵活处理的地方。

按照本书的根因分析的理论和实践方法，上述 1）、2）、3）这样的递进式的原因分析，其实属于 What 型原因分析，是针对问题的症状进行分析。换句话说，是针对软件代码写错造成的不同层级的影响在做分析。研发人员的根因分析范围基本上局限于上述三个层次所涉及的范围，甚至不少研发人员只处于分析的第一层、第二层。而根因分析还要对 Why 型原因进行深入分析。宋老师团队当时针对此问题确实继续深入到了 Why 型原因分析，如下图所示。从分析过程来看，软件编码错误的根本原因不在于软件工程师写错了代码，而在于系统设计（System Design, SD）的设计规格出了错。这个规格错误是指规格文档说明不完整，导致软件工程师对系统设计工程师的要求出现理解上的问题。

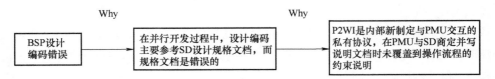

上面是对软件 Bug 的发生原因所做的 What 型和 Why 型 5Why 分析，同时对问题流出也做了原因分析，如下图所示。导致该软件 Bug 流出的两个控制点：测试过程中都没有覆盖此类缺陷的测试；从技术发生的偶然性方面不能发现此设计缺陷。

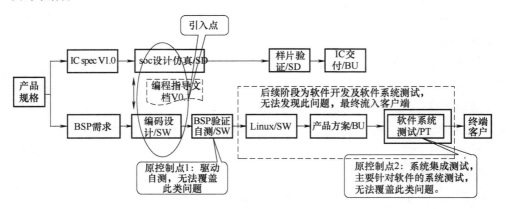

此问题的技术性原因分析并不困难，难的是针对软件问题背后的流程原因分析。能够如此进行原因分析，那么至少可以秒杀 98% 的软件根因分析了。更难能可贵的是，问题解决小组对软件开发过程的流程体系原因进一步进行了分析，这完全是 3×5Why 分析方法。虽然其中未提及 3×5Why 法，但其实隐藏着

3×5Why 法的分析思路和方法。下面就是利用 3×5Why 法进行管理体系原因分析的过程。

软件编码错误是因为设计输入是错误的；导致设计输入出错的原因是，对于较为复杂的操作约束，系统设计工程师没有通过文档形式进行完整的记录，并传递给软件开发工程师，因此软件设计文档有错误，或者说不完整。这是问题发生的流程上的根本原因。

同时，软件开发工程师也未参与前期的产品设计过程，设计文档也未经过软件开发工程师评审确认，开发流程方面的缺失是问题流出的根本原因。

设计文档的输出控制及评审缺失存在的问题，其深层原因又是当时没有完善的配置管理支持流程。

在做根因分析时，一般是以线性的原因分析为主，同时从非线性的角度对问题的原因进行补充分析。宋老师团队在分析此问题的原因时就新增了一个不同角度，从更高的维度进一步进行了分析，分析结果如下。

如果在产品的系统设计上进行预防性设计，将时延与频率的匹配兼容性设计得更稳健，那么此产品的时延与频率就不会相交重叠，即使产品技术规范的沟通、表达和确认、评审方面存在瑕疵与漏洞，此产品也不会产生问题。因此，产品的稳健性设计，也是提高产品质量的重要举措之一。

关于软件 Bug 根因分析的案例就分享到这里。如果您是软件开发人员、软件质量管理人员或是技术负责人，并且对此案例有切身感受，甚至想改变公司的软件质量管理现状，欢迎与郭老师和宋老师讨论、交流。

附录 D 缩 略 语

3I	Ideas Impulses Initiatives	建议激励主动性，是西门子公司采用的一种合理化建议方法
3N	Not Accept Not Make Not Release	不接收、不制造、不流出
4W	What Where When Who	对象、地点、时间、人物，是一种原因分层方法
4P	Product Price Promotion Place	产品、价格、促销、渠道，是一种经典的营销理论
4C	Customer Cost Convenience Communication	消费者、成本、便利、沟通，是一种现代的营销理论

5M1E	Man Machine Material Method Measurement Environment	人、机、料、法、测、环,是一种在制造业分析产品质量的结构化方法
8D	8 Disciplines	问题解决 8D(八步)法,是由美国福特公司提出的方法
A3		日本丰田公司提出的关于解决问题或简明报告的一种方法
ABC	Activating event-Belief-Consequence	激发事件—信念—后果,是由美国心理学家埃利斯提出的一种心理学理论
AIAG	Automotive Industry Action Group	汽车工业行动小组,最初由美国三大汽车公司通用、福特和克莱斯勒于 1982 年成立的组织
ARIZ	Algorithm for Inventive-Problem Solving	发明问题解决算法
B2B	Back to Basic	回归基础
BoB	Best of Best	优中选优,可将其与 WoW 一起构成成对比较的原因分析的方法
CA	Corrective Action	纠正措施,是针对根本原因采取的改进措施
C&E	Cause & Effect(Matrix)	C&E(矩阵),该矩阵是一种分析原因和结果之间的相关关系的方法
COPQ	Cost of Poor Quality	不符合质量的成本
COVID-19	Corona Virus Disease 2019	新型冠状病毒肺炎
CQI	Continuous Quality Improvement	持续质量改进
CTP	Critical To Process	关键过程特性
DoE	Design of Experiment	试验设计,是一种统计试验方法
DMAIC	Define Measure Analyze Improve Control	定义、测量、分析、改进、控制,是精益六西格玛的改进方法
EPS	Effective Problem Solving	有效问题解决法
FMEA	Failure Mode and Effect Analysis	失效模式与影响分析,是一种质量和技术风险分析及预防对策的工具方法
FTA	Fault Tree Analysis	故障树分析,是一种用于技术问题的定性或定量的分析方法
IPD	Integrated Product Development	集成产品开发,是美国 IBM 公司提出的我国华为公司发扬光大的一种科学研发流程体系
IPO	Input-Process-Output	输入-过程-输出,是一种详细的流程梳理方法

IQC	Incoming Quality Control	进料质量检验
ISO	International Organization for Standardization	国际标准化组织
ITR	Issue To Resolution	从问题到解决，是华为的一种端到端流程方法
JIT	Just In Time	准时制，是一种无库存的准时制精益生产方式
LTC	Lead To Cash	从线索到现金，是一种端到端的流程方法
MECE	Mutually Exclusive, Collectively Exhaustive	相互独立、完全穷尽，是美国麦肯锡公司提出的分析问题的结构化方法
MCS	Minimum Cut Set	最小割集，是FTA中的一种方法
PA	Prevent Action	预防措施，针对影响管理体系有效性的原因采取的改进措施
PDCA	Plan Do Check Action	计划、实施、检查、改进
PDSA	Plan Do Study Act	计划、实施、研究、改进
PoC	Point of Cause	直接原因点
PPT	People-Process-Technique	人员-流程-技术，是根因分析及质量管理、研发管理等所涉及的重要三元素
PCBA	Printed Circuit Board Assembly	焊接有电子元器件的PCB
QCC	Quality Control Circle	质量控制小组，是一种基层（质量）持续改进团队方法
QW	Quick Win	快赢，是一种快速改进的便捷方法
RACI	Responsible Accountable Consult Inform	负责审批支持通知，是一种梳理流程管理所涉及的各种角色职责的方法
RCA	Root Cause Analysis	根因分析法
RPN	Risk Priority Number	风险优先级系数，是FMEA用于风险分析和评估的方法
SIP	Standard Inspection Procedure	标准检验程序，是用于指导质量检验的作业指导书
SIPOC	Supplier-Input-Process-Output-Customer	供应商-输入-过程-输出-客户，是一种高阶的流程梳理方法
SMT	Surface Mounting Technology	表面贴装技术，是一种表面贴装电子元器件自动化焊接工艺技术
SOP	Standard Operation Procedure	标准作业程序，用于指导工人操作

	的作业指导书
SPC	Statistical Process Control　统计过程控制，是一种过程统计学方法
TBP	Toyota Business Practice　丰田工作法
TPS	Toyota Production System　丰田生产方式
TRIZ	теории решения изобретательских задач　发明问题解决理论，TRIZ 为其俄文的拉丁语音标缩写。这是一种创新性解决问题的方法
WoW	Worst of Worst　差中选差

后　　记

　　好友刘东升再次在审读书稿提出很多宝贵的修改建议之后，为本书写了下面这首小诗。这首小诗大体上反映了本书的思想和内容，所以分享给大家，我顺便再写点感想。

　　他山之石，可以攻玉；
　　根因分析，星散神聚；
　　萃智创新，问题解决；
　　博见旁通，光来影去。

　　作者只是他山之石，作为读者的您是美玉；本书根因分析是他山之石，读者的智慧和潜能是美玉。攻玉是对于美玉的切磋琢磨，使之光滑圆润熠熠生辉。

　　要善于发掘和发现问题，并善用、活用根因分析方法和规律，找对问题、找准问题、找全问题。星散，类似多角度、多维度分析原因；神聚，类似分析之后的归纳总结，并提炼出占比80%的关键原因及问题本质。生活和工作中充斥着各类问题，解决问题的方式方法和工具也如满天繁星，但是根因分析和问题解决的大道是相通的，神韵是相似的，精诚合作的团队精神和力量是无穷的。

　　萃智（TRIZ的一个中文译名，我觉得很合适就用在后记中）是创新解决问题的极佳方法，可与基于根因分析的问题解决方法互为补充。而且通常做法是，先做根因分析明确问题根本矛盾，再应用萃智法化解矛盾、解决问题。

　　熟练掌握并应用根因分析与问题解决方法，需要博学深思、增广见闻、勇于探索、勤于实践、旁征博引、触类旁通。

　　如果只是一个方向的光照到物体上，必然会在物体后面留下阴影。我们要善于运用根因分析法，全方位、全角度、全深度地多光源照射，照亮"问题物体"，让其没有死角，没有影子，没有黑暗，从而找出关键的根本原因，彻底解决问题，预防问题！

　　本书主要围绕被发现的问题，介绍如何界定问题、分析问题并解决问题，这也是生活和工作中必须具备的一项重要技能。

　　在现实生活和工作中，多数情况下，我们对于面对的问题及其影响是知道的；少数情况下，问题不容易被发现，或者其影响未知而未被重视，或者被视而不见等。对于此类少数情况，根因分析方法，能帮助我们准确客观地认清问题。

发现问题的能力与解决问题的能力同等重要，任正非在 2020 年 12 月 30 日给华为全体员工一封信中的内容就体现了此观点。最后一段话中有"我们要讲清楚作战的战略方针，要讲过河的'船'和'桥'，不能'口号治企'"，接着第一句话是"领袖要有架构性思维，领袖的责任是讲明方向、发现问题"，最后一句话是"领袖要结构性地思考问题，能看见主要矛盾的主要方面……"。

不能及时发现问题或对问题没有给予足够重视，大的影响可能导致贻误战略机会，小的影响可能让小问题变成大问题。一些小病在不受重视或未被发现时，会逐步变成重病。

因此，在深入分析根因和解决问题之前，首先要及时发现问题，并对问题持有正确的认识和态度，这是特别需要注意的事项，需要保持警惕，保持客观。举个例子，我在西门子公司工作时遇到过一个市场召回事件，其间接原因就是由于几个部门经理把该问题当成日常质量问题在处理，我当时太相信他们的问题界定和风险预判能力，而未及早介入和干预。造成的后果是，一方面带"病"继续生产，另一方面把有风险的产品发货到了市场。其实只要当时对该问题的风险有正确认识，并足够重视，此问题是可以得到妥善处置并及时解决的，也就不会生产更多有风险的产品，更不会把有风险的产品发货到市场。因此，在这个事件之后，我们就从管理体系上进行优化，对质量问题的解决流程新增了质量问题的升级管理内容。

学习并践行根因分析方法，不仅有利于及时发现问题、分析问题、解决问题，而且还会提高思辨能力及批判性思维能力。批判性思维不是为了赢得辩论而去"诡辩"，不是智力"骗术"，不是为了贬低对方、骗对方或击败对方而进行思辨。我们需要的是高级批判性思维。高级批判性思维者，能够不被低级批判性思维者的狡黠的诡辩术所蒙蔽，能够客观公正地认清形势和问题、发现问题本质、明确解决方案、及时解决问题。高级思维者拥有高级思维能力，包括根因分析和高级批判性思维，能帮助思考者拥有多种思维技巧和深刻的洞察力。

与您共勉，持续学习、应用和提高根因分析能力，及时发现并解决更多有价值的问题，不断精进高级思维能力，为我们的生活创造更多更好的物质和精神财富，让世界更美好！

郭彬

微信：bretGB

邮箱：bin.guo@marstd.com

公司网址：www.marstd.com